Establishment and Investment Operation of Venture Capital Fund

创业投资基金的募集设立与投资运作

邹 菁
周蒙俊 著
张泽传

法律出版社
LAW PRESS · CHINA
北京

图书在版编目(CIP)数据

创业投资基金的募集设立与投资运作 / 邹菁,周蒙俊,张泽传著. -- 北京:法律出版社,2022
ISBN 978 - 7 - 5197 - 5292 - 7

Ⅰ. ①创… Ⅱ. ①邹… ②周… ③张… Ⅲ. ①创业投资基金－法律－基本知识－中国 Ⅳ. ①D922.287

中国版本图书馆 CIP 数据核字(2021)第 183030 号

创业投资基金的募集设立与投资运作
CHUANGYE TOUZI JIJIN DE MUJI SHELI YU TOUZI YUNZUO

邹菁 周蒙俊 张泽传 著

策划编辑 周 洁 朱轶佳
责任编辑 周 洁 朱轶佳
装帧设计 马 帅

出版发行 法律出版社
编辑统筹 司法实务出版分社
责任校对 王晓萍 王语童
责任印制 胡晓雅
经 销 新华书店

开本 710 毫米×1000 毫米 1/16
印张 18.5 **字数** 263 千
版本 2022 年 7 月第 1 版
印次 2022 年 7 月第 1 次印刷
印刷 三河市兴达印务有限公司

地址:北京市丰台区莲花池西里 7 号(100073)
网址:www.lawpress.com.cn
投稿邮箱:info@lawpress.com.cn
举报盗版邮箱:jbwq@lawpress.com.cn

销售电话:010 - 83938349
客服电话:010 - 83938350
咨询电话:010 - 63939796

书号:ISBN 978 - 7 - 5197 - 5292 - 7
定价:78.00 元

国浩法律文库
编辑委员会

“国浩法律文库”总序

作为我国法治工作队伍的重要组成部分，中国律师已经成为协调推进全面建成小康社会、全面深化改革、全面依法治国、全面从严治党这一治国理政基本方略中一支不可替代、举足轻重的重要力量，并且越来越为党和政府以及社会各界所关注和重视。党的十八届三中全会审议通过的《中共中央关于全面深化改革若干重大问题的决定》特别指出，要“完善律师执业权利保障机制和违法违规执业惩戒制度，加强执业道德建设，发挥律师在依法维护公民和法人合法权益方面的重要作用”；党的十八届四中全会审议通过的《中共中央关于全面推进依法治国若干重大问题的决定》更加明确地指出，要“加强律师队伍思想政治建设，把拥护中国共产党领导、拥护社会主义法治作为律师从业的基本要求，增强广大律师走中国特色社会主义法治道路的自觉性和坚定性”。可以说，对律师行业的发展而言，“这是一个最好的时代”！

在律师业的发展过程中，对律师“专业人士”的角色定位已没有异议，而对于专业人士是应以“学者型”为方向还是以“工匠型”为目标之争却始终存在。其实这应是殊途同归的命题。“学者型”要求才高八斗、出口成章、理论扎实、结合实践，因此注重研讨、注重文章；而“工匠型”也要求一丝不苟、中规中矩、一针见血、心得颇多，所以注重琢磨、注重经验。因此，律师队伍中的“学者们”“工匠们”在日理万机的执业实践中，始终没有放弃研究、忘记总结，不时地成文、著作，并使之成为开拓业务、提高水平的重要手段。而鼓励、引导律师著书立说，一直是律师界的良好传统。

国浩律师事务所作为中国最大的法律服务机构之一，一直专注于服务我国投融资及其相关领域的发展与革新，并坚持在应用法律知识服务于经济社会的同时，不断总结经验，撰写理论与实践相结合的专业文章，并编辑成书。“国浩法律文库”系列丛书就是其成果之一。该丛书因其专业、实用、与时俱进等特点，赢得了各界朋友的较高评价、鼓励和支持。

搭建律师思想碰撞之平台、畅通律师信息传播之渠道、建设律师学问总结之道路、营造律师形象展示之舞台、创建律师文化交流之大厦，这正是我们编辑与出版这一文库的出发点与归宿。

我们真诚地希望“国浩法律文库”能让所有的读者朋友愿意读、读得懂、读后有收获。

中华全国律师协会第六、第七届会长
国浩律师事务所原主席
于　宁

中华全国律师协会副会长
国浩律师事务所首席执行合伙人
吕红兵

专家推荐与分享

创业投资在推动国家宏观经济转型升级、实现国家创新驱动发展战略方面具有非常重大的作用。而创业投资基金是将资本、技术、人才、管理等创新要素与初创企业进行结合的最有效渠道。为创业投资基金制定自律管理框架，提供差异化服务，促进创业投资资本与实体经济有效结合，有效保障投资者权益，是未来的方向。本书从律师的视角，诠释了创业投资基金募、投、管、退的全过程，并通过与国外创业投资基金的对比，对创业投资基金的发展建言建策，值得从业人员阅读和学习，以加强对创业投资基金的理解并提升内功，成为创业企业更好的“辅佐者”和“引路人”。

中国期货业协会会长　洪　磊

2016年国务院发布的《关于促进创业投资持续健康发展的若干意见》，是我国创业投资发展史上具有里程碑意义的重要文件。落实该意见的重要任务之一是完善创业投资监管体制，加快创业投资立法进程。我国目前对创业投资企业仍沿用2005年十部委发布的《创业投资企业管理暂行办法》，十几年来，创业投资行业已经发生了巨大变化，原有办法在许多方面需要补充、完善和优化。特别是对于创业投资基金差异化的监管办法一直没有落地，作为推进创业投资立法的第一步，抓紧制定国家创业投资管理条例势在必行。本书详细论述了创业投资基金的方方面面，有助于业界更深入地掌握创业投资的行业属性和行业特征，在我国经济由高速度增长向高质量发展转变的新阶段，是促进创业投资行业持续健康发展必不可少的“知识宝典”。

中国投资协会股权和创业投资专业委员会常务副会长　沈志群

深入推进“双创”，发展创业投资已然成为举国方针。经过“双创”的洗礼，社会各界对创业、创新建立了充分且深入的认识。即便如此，从更广的范围看，对于创业投资如何对经济结构转型升级起到催化作用，如何扮演创新服务体系中的主体角色，仍面临哪些掣肘，还存在认知不足、理解偏颇等问题。这本书既是全面认知创业、创新、创业投资共振机理的科普书，也是从业者解决实务问题的工具书，更是帮助决策层深入理解创业投资发展问题、促进行业发展的白皮书。

东方富海董事长　陈　玮

笔者参与管理的上海市天使投资引导基金诞生于2014年，至今已累计合作各类创业投资基金近100家，恰好经历了国内创业投资行业迅速发展，并逐渐归于理性的完整周期。从政府出资人的角度来看，创业投资是经济发展“脱虚向实”的重要抓手，是连接创新资本和优秀创业者的重要纽带。而政府引导基金作为国内创业投资基金的重要出资机构类型，希望通过投资创业投资类基金，将政府资金更有效率地送到创业者手中，成为支持我国科技产业创新的“源头活水”。值此创业投资行业方兴未艾的重要阶段，一方面国家正陆续出台各类鼓励性政策，同时也对行业规范提出了更高的要求；另一方面，笔者也看到创业投资人和创业者都在不断进化、修炼自身的核心竞争力。在此过程中，相信本书将成为行业从业者可以信赖的专业性、实操性书籍，提供宝贵的知识和经验。期待大家共创更好的创业投资行业生态，实现社会价值、实现财务价值、实现人生价值！

上海创业接力科技金融集团

（上海市天使投资引导基金受托管理机构）

合伙人　董若愚

当下中国正面临外部疫情风险，放眼中长期，中美摩擦和人口老龄化也将带来极大挑战，但全球竞争格局的天平正在向中国偏移。创业、创新、创投才是中国经济的未来。全世界最好的创业环境在中国，资本在加速向科技创新领域聚集。未来10年，中国在人工智能、生物医药、高端装备等战略新兴领域，将有机会诞生一大批超千亿元市值的公司，投资人将迎来重大机遇。中国创业投资环境还有很大的改善空间，资金募集、基金设立、投资退出、税收政策等方面有待进一步市场化。本书梳理了我国创业投资基金的历史沿革，并详细论述了当下创业投资基金运作的核心问题和关注重点，对比分析了美国、欧盟、以色列等国家和地区创业投资基金的相关监管措施和政策法规，对国内创业投资基金提出了政策立法和实操层面的建议和举措，指明未来可能的突破进展和前行方向，对创业投资基金行业的所有从业者而言，无疑具有重要的借鉴意义。

本人经历了实体企业、证券公司、公募基金、私募理财等多个行业，目前带领团队专注于医疗健康领域的创业和股权投资，深度聚焦生物科技、创新药、医疗器械及服务三大细分赛道的头部企业，将坚定不移地做企业的长期赋能者。

盛山资产创始合伙人　甘世雄

过去30年，我们见证了中国私募和风险投资的飞速发展，中国拥有了越来越多跻身世界前列的“独角兽”，中国也拥有越来越多专业性强、业绩卓著的私募和风险投资基金。可以说，中国私募和风险投资行业取得了不错的成绩。我们对中国创新和投资行业的未来充满信心 。在为好成绩高兴的同时，我们也看到中国创新和投资行业仍旧有一些需要持续努力的地方。

第一，需要坚持投资有长期正向社会价值的创新。投资的目标是获得回报，这点无可厚非。但是，投资也是可以有选择的，在有好回报的基础上，更好地把资源投入能促进更多大胆有价值的创新的创业投资里，是值得我们持续不断努力的。投资人对社会的创新是有指引作用和义务的，我们应该鼓励更多的创业者勇于独立思考、冒对的险、做“有价值”的事。第二，投资人有责任和义务积极协助促进资本市场的发展。特别是过去几年，中国资本市场越来越成熟，机制和法规也越来越健全。投资人应该勇于学习新的资本市场发展机制和政策，有条件的话，从自己专业出发，提出具有建设性的观点和建议，促进新事物的发展和被理解。第三，中国需要更多扎根中国、走向世界的一流私募和风险投资基金。过去30年，我们见证了很多本土基金的发展，以及许多世界一线基金进入中国的蓬勃发展。我们坚信，未来中国需要更多扎根中国、走向世界的一流投资机构。

邹律师是我遇到的非常专业的人民币基金募资、投资和合规律师，我们都在自己的岗位上，把自己所在领域的小事做到极致，为中国的资本市场发展添砖加瓦。

光速中国合伙人　韩彦

我在中国从事风险投资已有20多年，先是代表美国知名投资机构，后出来自己创业。过去20年或者说未来10年是中国创业投资最好的机遇，大量创业公司，人才质量比以往都高，尤其科技公司迎来创业最好的时机。当下中国风险投资机构面临的最大的“痛”是募资，一是市场化的资金缺乏，大部分投资人为引导基金和国有资产机构，市场化的母基金寥寥无几，连高净值客户作为投资人也受到托管银行的限制。二是大部分投资人都有直投团队，存在LP向GP转化的趋势，定位不清晰，团队专业度和经验缺乏。三是很多母基金的投资期限短，比直投基金的期限长不了多少，导致很难进行匹配，甚至出现要求直投基金提前进行回购的现象。四是母基金条件高，引导基金要求返投和招商、市场母基金要求高DPI，直投基金往往很难满足这些条件。建议国家在创业投资基金资金供给和结构上进行创新和推动，例如引导更多的银行、保险的资金投向创业投资领域，不仅有利于创业投资机构的发展，也终将大力推动中国的科技创新。

硅港资本创始合伙人　何　欣

创投基金的发展史和产业的变更发展息息相关。过去20多年来，中国创业投资基金的每一次发展都伴随着产业的更新迭代。从2000年的半导体、软件，到2003年开始的互联网，再到后来的移动互联网，今天的硬科技，无一不是产业的变化带动VC的变化。早期在产业发展有限的情况下，可投范围也相对局限，VC从规模到数量都相对较小，一家半导体企业上市的估值也不过1亿美元左右。互联网时代的到来颠覆了人类的生活方式，衣食住行等方面都被全新商业模式改变，造就了一批估值千亿元级别的巨头公司，VC也因此极大地扩大了自身规模，并且开始遍地开花，数量激增。特别是近年来政府大力鼓励科学技术进步，国内创业氛围浓厚，涌现了大批年轻优秀的创业者和创业企业，科创板设立，保险资金加速入局，VC面临重大机遇。

创业投资基金是动力、是血液，因为创业投资基金的陪伴与试错，企业才能无后顾之忧地往前跑。所以希望未来政府在充分发挥监管、维护健康的创业投资环境的同时，能精简监管流程、尽量减少非必要的频繁干预，方便创业投资基金从业者提高工作效率，鼓励更多优秀人才进入创投行业。此外，在税收方面，除了目前的优惠政策外，希望政府能够对基金投资人给予更多优惠，鼓励资本注入创业投资基金产业，放开对民营企业和高净值个人的限制，鼓励他们成为VC的投资人，与现有的基金投资人形成良好的互补效应。

和利资本创始合伙人　孔令国

创业投资基金凭借专业判断和长期价值认同，通过支持优秀企业对新技术、新产品和新商业模式的探索来促进社会进步。比如，全球创新精神的代表——美国“硅谷”，就是靠创业投资基金支持而蓬勃发展起来的。创业投资基金是促进我国科技创新和产业升级的有力工具，对经济高质量发展有重要意义。在全球新一轮科技革命和产业革命的大背景下，我国凭借工程师红利、体制红利和统一大市场，将迎来纵向提升的伟大时代，创业投资基金也将迎来大发展时代。2015年我以“成就他人，创造卓越价值”为初心，创立正心谷资本，通过创业投资基金支持优秀企业家，以“长期、专注、利他”为投资价值观，致力于通过超长期的投资和投资后服务，支持优秀企业家打造世界级的中国企业。

邹菁律师团队与国内一线基金多有合作，凭借专业和敬业赢得广泛声誉。此外，邹律师团队还撰写了大量原创文章和法律类实务书籍，为私募基金行业健康发展作出贡献。这本《创业投资基金的募集设立与投资运作》是邹律师团队的最新力作，详细论述了创业投资基金募、投、管、退四个环节的问题和要点，能有效帮助从业者深刻理解相关法规和政策。

正心谷资本创始合伙人　林利军

当下国际地缘政治环境持续恶化、疫情冲击加速全球产业链重构进程，倒逼我国加快产业结构调整。科技创新、安全可控和国产替代是未来的核心主题。国内经济逆势增长，双循环将引领我国从高速发展向高质量发展转型，一老一小、城市群发展、新能源、数字中国、科技创新等衍生赛道将成为长期发展趋势。另外，金融监管将重塑资产管理行业的业态，私募行业进入行业拐点期。一级市场野蛮生长的时代已经式微，资本“洗牌”，开启炼金时代，投资机构摒弃野蛮生长的状态，进入精细化、专业化运营的阶段。

从未来来看，行业“一九分化”格局在募投两端都已凸显，行业两极分化明显，迎来深度洗牌，对 GP 管理人提出更高的专业性要求，机构化能力打造将成为行业角逐的核心。建议推动募资端银行理财资金、保险资金放开，为私募基金注入源头活水；投资端需要把握不同经济环境下的产业、行业机遇，以多元化、灵活化的投资策略保持行业领先。参考国外发展历程及国内基金规模，S 基金发展空间巨大。希望政府、同业机构着重关注 PE 二级市场交易，并且匹配相关政策、资金，支持 PE 行业长期、健康、稳健发展。

越秀基金总裁　卢　荣

30 年前，深、沪证券交易所相继开业，新中国证券市场的大幕徐徐拉开，主板、中小板、创业板、科创板相继出台，从单一股票市场到多层次体系，短短 30 年，中国证券市场的上市公司已突破 4000 家，总市值全球第二，成为拉动中国经济发展的重要引擎。

中国资本市场的发展离不开诸多创业企业家的努力，也包括身边无数支持其发展的创业投资基金和投资人的助力。资本市场为创业企业家提供了一个更完整和多层次的“闪亮登场”的舞台，也为创业投资基金提供了一个“功成名就”后的退出渠道。可以这么说，创业企业家、创业投资基金和资本市场共处一个产业链和生态圈，以为中国的实体经济的发展联结为纽带，共生、共存，共建、共享，共荣、共赢。

国浩律师事务所从事证券法律服务已有近 30 年的历史，是伴随着中国资本市场成长的一家专业化、规模化、规范化律师事务所。为之欣喜的是，国浩上海办公室合伙人邹菁律师及其团队，始终行进在证券法律服务的“前端”，努力争得了基金律师专业的“上游”，为创业投资基金创新提供了基金设立、基金投资、基金合规等“一站式”的法律服务新模式，成为这个产业链和生态圈不可或缺的重要一环，为资本市场法律服务的可持续发展注入了新鲜活力，写就了丰满篇章，为之祝贺并点赞！

中华全国律师协会监事长、国浩律师事务所首席执行合伙人　吕红兵

股权融资能够促进行业创新，特别是以创业投资基金为代表的股权融资，能够更好地促进高科技行业的创新，在中国建设创新型国家的历史阶段，已成为时代的需要。但在中国的社会融资结构中，虽经十余年的发展，企业每年新增贷款额相对于股权融资额仍占据绝对优势，尤其是与发达国家股权融资份额相比有着非常大的差距。这既有我国金融体系仍是商业银行主导格局的原因，也与创业投资基金等股权融资领域的运作不规范、法治监管规则不足相关。

国浩上海邹菁律师团队撰写的《创业投资基金的募集设立与投资运作》，对创业投资基金的规范运作将是极为有效的促进，将推动未来股权融资成为支持科技创新最主要的融资方式，推动创业投资基金成为支持科技创新最主要的金融主体。

国方资本管理合伙人　孙　忞

中国创业投资基金当下的整体氛围非常好，表现在如下两点：一是法律监管体系经过20年的发展已日趋完备，包括中国证券投资基金业协会监管成体系、托管银行越来越规范等；二是创业投资基金对中国的实体经济作出了很大的贡献，这5~10年IPO的企业上市几乎都有创业投资基金的影子，创业投资基金陪伴企业成长成为常态，这说明创业投资基金对于经济建设的作用还是非常大的。从未来看，创业投资行业存在一些待改善的地方：一是现在对创业投资基金衡量的标准是缺乏的，只有一些IPO的数据，并不能充分反映其整体业绩，导致LP没有统一的评价标准，优秀的创业投资基金成长太慢，虽然有清科、投中这类中介服务机构传递一些行业信息，但仍然缺乏

统一客观的评判标准和手段。二是LP的队伍还不足够，目前以地方引导基金为主，市场化的母基金非常缺乏，包括高净值客户、家族基金，远远不够，导致目前创业投资基金的募集存在很大困难。三是创业投资基金的差异化还不够，有投后赋能能力、清晰投资策略的创投基金还不够多，很多机构还是在抢短平快的Pre－IPO，对于实体企业的赋能助力不够，对中国经济建设的帮助也不够显著。伴随上述问题的逐步改善，我相信中国创业投资行业的未来将越来越美好。

复星集团副总裁、复星创富联席董事长　张良森

前　　言

筹划这本书的时候，中国以及全球正处于前所未遭遇的新冠肺炎疫情期间。2020 年 2 月，春节过后，大家不得不经历在家里办公的蛰伏，感受周遭对于未来不确定性的慌乱。身体以及精神上的压抑，激发了团队创作的想法。拿起笔向疫情“宣战”，成为那段日子的精神支柱。

在这个领域我们有幸经历了 2006 年《合伙企业法》的修订、2014 年《私募投资基金监督管理暂行办法》的出台、中国证券监督管理委员会（以下简称中国证监会）及中国证券投资基金业协会（以下简称基金业协会）自 2014 年起逐步健全和落实对于私募基金的全面的监管体制。同时，我们也经历着我国证券市场的跌宕起伏，从创业板开闸、几次 IPO 审核停摆，到科创板注册制出台并延伸到创业板注册制的整个历程。

作为置身其中的律师，让我们感触最为深刻的有两点：一是资本市场领域的健康发展直接影响私募股权基金特别是创业投资基金的发展，资本市场的退出路径是否顺畅关乎资金与资源能否源源不断地通过这些私募股权、创业基金（PE/VC 基金）载体流向实体经济，PE/VC 基金以及资本市场共同构建了我国对于创业、创新、创造的企业家们的孵化和培育体系；二是我们在从业过程中接触到的很多私募基金，如私募证券基金、私募地产基金以及其他私募另类基金，有的不属于政策鼓励的范围，有的处于严监管的范围，而创业投资基金近几年来得到国家扶持的力度却不断上升，反映了国家对于创业投资的重视，并将其作为我们的经济“脱虚向实”的重要工具之一。

创业投资基金属于股权投资基金的一种类型，由于其主要投资小微企业和早期企业，而这两类企业往往属于市场失灵的领域，世界各国均通过特别立法，一方面明确财税扶持政策，另一方面对其投资领域进行监管引导，以确保政策目标实现。经过20年左右的实践探索，我国在创业投资方面出台了大量的法律法规，包括国务院、国家发展和改革委员会（以下简称国家发改委）、中国证监会等相关部委以及地方政府的各个层级，反映了我国政府高度重视创业投资对国民经济发展的促进作用。

法律规定层面，《创业投资企业管理暂行办法》和《私募投资基金监督管理暂行办法》是我国关于创业投资基金两部基石性的法律规定。其中，《创业投资企业管理暂行办法》由国家发改委等十部委于2005年11月5日发布，2006年3月1日实施，对创业投资企业的设立与备案、投资运作、政策扶持和监管要求作出规定，是我国在国家层面首次出台法律规定对创业投资企业进行系统性的规范和指导。《私募投资基金监督管理暂行办法》由中国证监会于2014年8月21日颁布并实施，其中第八章专门就“创业投资基金”定义、投资范围、差别化监督作出了特别规定。

监管层面，2013年7月5日中央机构编制委员会办公室印发《关于私募股权基金管理职责分工的通知》（中央编办发〔2013〕22号），规定中国证监会负责包括创业投资基金在内的私募股权基金的监管工作，国家发改委负责组织拟订促进私募股权基金发展的政策措施。该通知开启了创业投资基金的双重监管时代。截至目前，我国的创业投资基金或备案于当地发改委，或备案于基金业协会，或兼而备之，从数量上看，基金业协会备案成为绝大多数。

政策层面，国务院于2016年9月16日颁布《关于促进创业投资持续健康发展的若干意见》（国发〔2016〕53号，以下简称“创投国十条”），共10个大项，22个子项，内容涵盖创业投资的各个环节，包括服务实体原则、培育多元创业投资主体、多渠道拓宽创业投资资金来源、加强政府引导和政策扶持、完善创业投资相关法律法规、进一步完善创业投资退出机制，等等。“创投国十条”被誉为我国创业投资体制建设史上具有里程碑式意义的系统性、纲领性文件，体现了国家对于创业投资的高度重视，以及通过创业投资基金振兴实体经济重要性的一种共识。

“创投国十条”之后，相关部委陆续出台了扶持创业投资的规定。首先是关于创业投资基金的税收优惠政策频频出台。财政部、国家税务总局于

2018 年 5 月 14 日发布了《关于创业投资企业和天使投资个人有关税收政策的通知》（财税〔2018〕55 号），该文正式取代了《关于创业投资企业和天使投资个人有关税收试点政策的通知》（财税〔2017〕38 号），成为首个落地实施的全国性创业投资税收优惠文件，对于投资于初创期科技型企业满 2 年的，可以按照投资额的 70% 抵扣创业投资基金或其合伙人的所得额。随后，财政部联合国家税务总局、国家发展改革委、中国证监会于 2019 年 1 月 10 日发布《关于创业投资企业个人合伙人所得税政策问题的通知》（财税〔2019〕8 号），创业投资企业（含创业投资基金）可以选择按单一投资基金核算或者按年度所得整体核算两种方式之一，对其个人合伙人源于创业投资企业的所得计算个人所得税应纳税额，以支持个人投资创业投资基金。紧接着中国证监会也利好不断，先是针对减持于 2018 年 3 月 1 日出台了《上市公司创业投资基金股东减持股份的特别规定》（以下简称《创投基金股东减持特别规定》）并在 2020 年 3 月 6 日进行了修订，给予创业投资基金减持更为宽松的反向挂钩政策；后又针对特定情形下上市公司股东的锁定期给予创业投资基金一定的优惠政策。

上述优惠政策的出台，并不能在短期内即带来创业投资基金的蓬勃发展。创业投资基金的发展还有赖于各个部委全方位深化落实“创投国十条”的政策，并与其他的国家大政方针进行协调和统一。从我国与其他国家对于创业投资基金的横向比较来看，我们还任重道远，无论是在差异化监管上、税收政策的优惠程度上、资金层面的定向供给上，等等，都还有很长的一段路需要走。

本书不仅从理论层面论述了创业投资基金的发展沿革、法律规定和监管体系，并从募、投、管、退四个方面展开，详细论述了创业投资基金在资金募集、基金设立、对外投资、资产管理、投资退出和税收政策的相关问题和关注要点，最后结合与其他国家创业投资基金相关监管和政策的横向比较，对我国创业投资基金政策立法与实际操作提出了建议和举措。

作为私募基金和资本市场的律师从业者，我们推出本书的目的是希望基金和证券从业者可以更为深刻地理解创业投资基金的法律监管规则和逻辑，更为清晰地掌握创业投资基金投资和退出的模式和技能，更为便利地了解创业投资基金的各类优惠政策，以及截至目前我国对于创业投资基金的阶段性的法律政策成果、现存的困惑和未来可能的突破和前行方向。为此，我们也专门邀请了十多位业内专家，他们或者领导一家创业投资基金，或者是创业投资基金的相关行业从业者，针对我国创业投资基金面临的机遇与挑战、未来发展的策略与方向，以及政策支持与监管等方面分享有关感悟、建议和谏言。这些经验的分享对于认识我国创业投资基金的现况和推动其未来的健康发展弥足珍贵。

10 年前，我们刚刚进入这个行业的法律事务领域，怀着欣喜，在中国创业板刚刚启动的轨道上憧憬着未来的大有可为；而今天，我们更多了一份敬畏，经历了 10 年的风雨，创业投资的赛道上成就了不少知名投资经理，却也有很多人遗憾离场，实践让大家认识到，创业投资基金是一个高起点的行业。重逢历史性的机遇，站在注册制的舞台上，我们相信，创业投资基金将迎来的不仅是新的“机”，同时也会面临新的“危”。机会总是垂青那些有准备的人，期待这本书可以成为这个领域各类从业者的知识宝典。

最后，特别感谢团队的每一位成员，尤其是周蒙俊、张泽传、刘军、盛路璟、夏斌斌、吴雄雁、范君艳、周蕾、叶金海、许旻斐、周卓、赵琼、杨奕琳、路银雷、崔炎睿、马桢等律师和成员的帮助，使这本书可以更快地呈现在读者面前。

邹　菁

2021 年 12 月

目　录

第一章

中国创业投资基金概况

一、中国创业投资基金的发展和沿革

20世纪80年代，随着中国投融资体制改革和发展高新技术产业的迫切需求，有关政府部门开始推动专门针对科技事业的投融资活动，创业投资成为对传统银行间接融资方式的一种补充性重要融资渠道。中国创业投资基金的发展与创业投资、创业投资企业的发展相伴而生，并与国家政策扶持紧密相关，在经历了一波三折的曲折发展后，最终形成了如今的格局。中国创业投资及创业投资基金的发展大致经历了如下几个阶段：

（一）从无到有，初步尝试

1984年，原国家科学技术委员会科技促进发展研究中心组织了“新的技术革命与我国的对策”的研究，提出了建立创业投资机制促进高新技术发展的建议。

1985年3月13日，《中共中央关于科学技术体制改革的决定》发布，指出“对于变化迅速、风险较大的高技术开发工作，可以设立创业投资给以支持。”首次给我国创业投资的发展提供了政策上的依据和保证，让高新技术创业投资有了政策层面的依据。

1985年9月，在国家科学技术委员会和中国人民银行的支持下，国务院正式批准成立了中国第一家全国性的创业投资企业，即中国新技术创业投资公司（以下简称中创）。中创的主要发起股东为原国家科学技术委员会（持股40%）、财政部（持股23%）等，成立时拥有资金约1000万美元。经过十多年的发展，公司的业务范围不再局限于创业投资，还包含有金融部、信托部、项目投资部、证券业务部、资产管理部、企业融资部等营业项目，是当时中国境内非投资银行中包含最多投资银行业务的单位。成立初期，中创对中国创业投资作出了很大的贡献，但后来因违规炒作房地产和期货而于1998

年6月被中国人民银行宣布终止金融业务并进行清算。

在这一阶段，财政资金是创业投资的主要来源，主要通过直接参股的方式投资高新技术项目和高科技中小企业。但是，一方面，由于当时的资本市场体制仍不完善，创业投资企业的退出渠道受限；另一方面，由于自身运作不规范，不少创业投资企业后期因涉足证券和房地产行业增加了经营风险，导致包括中创在内的不少国有资产创业投资企业就此“夭折”。

（二）政策指导，反响热烈

1991年3月6日，国务院发布《国家高新技术产业开发区若干政策的暂行规定》，明确提出“有关部门可在高新技术产业开发区建立风险投资基金，用于风险较大的高新技术产品开发。条件比较成熟的高新技术产业开发区，可创办风险投资公司”。

1993年8月，为支持乡镇企业改革和创业发展，原国家经济体制改革委员会和中国人民银行支持原中国农村发展信托投资公司率先成立了淄博乡镇企业投资基金并在上海证券交易所上市，这是我国第一只公司型创业投资基金。

1995年5月6日，中共中央、国务院发布《关于加速科学技术进步的决定》，强调“发展科技风险投资事业，建立科技风险投资机制”，首次提出在全国实施科教兴国战略。

1996年9月15日，国务院发布《关于“九五”期间深化科学技术体制改革的决定》，指出“积极探索科技发展风险投资机制，促进科技成果转化”。1996年5月15日，全国人大常委会发布《促进科技成果转化法》，第24条第1款规定：“国家鼓励设立科技成果转化基金或者风险基金，其资金来源由国家、地方、企业、事业单位以及其他组织或者个人提供，用于支持高投入、高风险、高产出的科技成果的转化，加速重大科技成果的产业化。”

在这一时期，我国第一批互联网企业诞生，外资创业投资企业因试图寻找新的投资机会而选择进入我国创业投资领域，同时大批从事高新技术行业的留学生纷纷回国创业。依靠其在海外成功的互联网投资经验，这一阶段的外资创业投资企业主要投资于中国境内的互联网行业的搜索和门户网站经营企业。1993 年，刚回国的熊晓鸽与上海市科学技术委员会达成合作，双方共同出资 2000 万美元成立中国第一家合资创业投资公司（IDG 资本），从事信息服务与创业投资业务。此后，各级政府、民间资本发起设立了数百家创业投资公司，同时大批国际创业投资公司进入中国，为刚起步的中国创业投资行业带来了西方先进的管理经验和投资理念，但由于我国资本市场处于起步阶段，互联网行业在我国的退出较为困难，还是以境外上市退出为主。

到 1996 年 6 月，原国家计划委员会在总结淄博乡镇企业基金运作经验的基础上，向国务院上报《关于发展产业投资基金的现实意义可行性分析与对策建议》，提出了借鉴创业投资基金运作形式，发展有中国特色产业投资基金设想（当时，在全球范围内“股权投资基金”的概念还没有流行起来，人们使用较多的概念是“创业投资基金”，而创业投资基金与证券投资基金的显著区别是“证券投资基金投资证券，创业投资基金直接投资产业”，故称“创业投资基金”为“产业投资基金”）。

国务院高度重视并责成原国家计划委员会和有关部门尽快制定管理办法后，原国家计划委员会开始系统研究发展“产业投资基金”的有关问题。在产业投资基金办法迟迟未出台的情况下，1998 年原国家计划委员会向国务院提出开设创业板建议，以推进创业投资制度建设，国务院领导作出批示后，中国证监会开始研究开设创业板。

原国家科学技术委员会作为最早研究创业投资的部门，1997 年开始系统研究创业投资。是年末，经报国务院批准，原国家科学技术委员会牵头原国家计划委员会等部门，成立了“七部委创业投资机制课题研究小组”，并于 1998 年形成《关于建立风险投资机制的若干意见》。国务院批准后，于 1999 年 12 月 30 日转发了该意见。

此外，1998 年中国民主建国会中央委员会向全国政协会议提交了后来被称为当年“政协一号提案”的《关于加快发展我国风险投资事业的提案》。该提案对于促进社会各界对创业投资的关注和重视起到了积极作用。深圳作为改革开放的先行者，在创业投资行业亦率先孕育了首批国内创业投资企业。1999 年 8 月，深圳政府出资并引导社会资本成立了深圳市创新投资集团。同样位于深圳的达晨创业投资有限公司和同创伟业创业投资有限公司相继于世纪之交成立。然而，伴随全球互联网行业泡沫的破灭，国内科技行业和创业投资业遭受重创，拟推出创业板的计划被搁置，退出渠道受限，导致国内创业投资企业遭受了第一次“寒冬”，亟待新的政策利好或者行业投资热点。

在这一时期，除了境外资金、国企、中外大型企业之外，带头“富起来”的企业家亦成为创业投资的主要资金来源。历经“寒冬”后存活下来的国内创业投资企业如今都已成长为知名创业机构，如深圳市创新投资集团、达晨创业投资有限公司、同创伟业创业投资有限公司、鼎辉投资基金管理公司。

（三）高速发展，法规出台

2002 年 6 月 29 日发布的《中小企业促进法》为科技成果快速转化和创业投资健康发展提供了依据。

2003 年 1 月 30 日，原对外贸易经济合作部等五部委联合颁布《外商投资创业投资企业管理规定》，鼓励外商投资设立创业投资企业，吸引外商投资，而且有利于引进国外优秀的创业投资管理人才。

2004 年 7 月 16 日，国务院《关于投资体制改革的决定》发布（部分失效），其中第 2 条第 6 项提及，进一步拓宽企业投资项目的融资渠道，允许各类企业以股权融资方式筹集投资资金，逐步建立起多种募集方式相互补充的多层次资本市场，推动设立中小企业投资公司，建立和完善创业投资机制。规范发展各类投资基金。

此外，在我国创业投资行业发展初期，国内创业投资企业面临的最大困难在于投资项目没有退出渠道。随着我国资本市场的完善，我国创业投资行业迎来了高速发展的时代。2004 年，经国务院批准，中国证监会批复同意深圳证券交易所在主板市场内设立中小企业板块。2005 年，中国证监会启动了股权分置改革试点，并迎来了股市牛市。2006 年，深圳市同洲电子股份有限公司为国内创投投资企业建立了一个通过境内上市退出的完美案例，这不仅为达晨创投打响了“成名一役”，也意味着国内创业投资企业有了真正意义上的投资退出。

资的企业组织。”①

财税〔2019〕8 号文对“创业投资企业”的定义为：“本通知所称创投企业，是指符合《创业投资企业管理暂行办法》（发展改革委等 10 部门令第 39 号）或者《私募投资基金监督管理暂行办法》（证监会令第 105 号）关于创业投资企业（基金）的有关规定，并按照上述规定完成备案且规范运作的合伙制创业投资企业（基金）。”

结合上述法规不难理解，创业投资企业，就是在中国境内注册设立的主要从事向创业企业投资的企业。然而，在如此广泛的定义下，若想享受相关优惠政策，各部委对于可以享受优惠政策的创业投资企业又进一步进行了细化，不同的法规有不同的细化规则，总体来说，在实收资本、投资者人数、高管人员等方面均有要求。

（四）创业投资基金

《私募投资基金监督管理暂行办法》对“创业投资基金”的定义为：“本办法所称创业投资基金，是指主要投资于未上市创业企业普通股或者依法可转换为普通股的优先股、可转换债券等权益的股权投资基金。”

中国证监会《私募基金监管问答——关于首发企业中创业投资基金股东的认定标准》《私募基金监管问答——关于享受税收政策的创业投资基金标准及申请流程》对“创业投资基金”的定义为：“创业投资基金主要指向处于创建或重建过程中的未上市成长性创业企业进行股权投资，以期所投资企业成熟后主要通过股权转让获得资本增值收益的私募股权基金。”

---

① 根据《创业投资企业管理暂行办法》的规定，向国家发改委备案的创业投资企业还需符合下列条件：“（一）已在工商行政管理部门办理注册登记。（二）经营范围符合本办法第十二条规定。（三）实收资本不低于 3000 万元人民币，或者首期实收资本不低于 1000 万元人民币且全体投资者承诺在注册后的 5 年内补足不低于 3000 万元人民币实收资本。（四）投资者不得超过 200 人。其中，以有限责任公司形式设立创业投资企业的，投资者人数不得超过 50 人。单个投资者对创业投资企业的投资不得低于 100 万元人民币。所有投资者应当以货币形式出资。（五）有至少 3 名具备 2 年以上创业投资或相关业务经验的高级管理人员承担投资管理责任。委托其他创业投资企业、创业投资管理顾问企业作为管理顾问机构负责其投资管理业务的，管理顾问机构必须有至少 3 名具备 2 年以上创业投资或相关业务经验的高级管理人员对其承担投资管理责任。前款所称‘高级管理人员’，系指担任副经理及以上职务或相当职务的管理人员。”

101 号文对“创业投资基金”的定义为：“本通知所称创业投资基金，是指依法设立并由符合条件的基金管理机构管理，主要投资创业企业普通股或者依法可转换为普通股的优先股、可转换债券等权益的股权投资基金。”

基金业协会《有关私募投资基金“业务类型/基金类型”和“产品类型”的说明》（以下简称《私募投资基金类型说明》）中对基金业协会备案的“创业投资基金”进行了如下定义：“主要向处于创业各阶段的未上市成长性企业进行股权投资的基金（新三板挂牌企业视为未上市企业）；（对于市场所称‘成长基金’，如果不涉及沪深交易所上市公司定向增发股票投资的，按照创业投资基金备案）如果涉及上市公司定向增发的，按照私募股权投资基金中的‘上市公司定增基金’备案。”

国家发改委、中国人民银行、财政部等《关于进一步明确规范金融机构资产管理产品投资创业投资基金和政府出资产业投资基金有关事项的通知》（以下简称《规范资管投资的通知》）对“创业投资基金”的定义为：“本通知所称创业投资基金，是指向处于创建或重建过程中的未上市成长性创业企业进行股权投资，以期所投资创业企业发育成熟或相对成熟后，主要通过股权转让获取资本增值收益的股权投资基金。”

结合上述法规不难看出，创业投资基金的定义亦不复杂，只是将前述“创业投资企业”中的“企业”主体换成了“基金”，而基金这一特殊形式，在我国需要在监管机构进行备案，基于基金备案的这一特点，其还需符合私募股权基金的要求。

但是需注意的是，“创业投资企业”与“创业投资基金”并不完全等同，“创业投资企业”更多的是国家发改委项下的一种概念，而“创业投资基金”更多的为中国证监会体系下的概念。创业投资基金更偏向为一种金融产品，有公司型、合伙型、契约型三种形式，而创业投资企业从名称即可以看出一般均为公司型或合伙型。公司型、合伙型创业投资基金，主要经营创业投资的私募基金管理人亦可属于创业投资企业，在符合《创业投资企业管理暂行办法》规定的备案条件的情况下，可以向地方备案管理部门办理创业投资企业备案，享受国家和地方不时出台的相关扶持政策。相应地，符合私募基金管理人条件或私募基金条件的创业投资企业，亦可登记为私募基金管理人或备案为私募基金。但这两条线并非必须同时具备，即创业投资企业不一定要登记为私募基金管理人或备案为私募基金，创业投资基金亦非必须办理国家发改委管理下的创业投资企业备案。进行哪种备案或登记完全取决于该主体的条件及其意欲享受的优惠政策。

（五）外商投资创业投资企业

还有一个概念，此处可单独拿出来再稍做明确，即“外商投资创业投资企业”，除了普遍讨论的内资创业投资基金外，为鼓励外国公司、企业和其他经济组织或个人来华从事创业投资，建立和完善中国的创业投资机制，2013 年 1 月 30 日，原对外贸易经济合作部、科学技术部、原国家工商行政管理总局、国家税务总局和国家外汇管理局发布了《外商投资创业投资企业管理规定》（2015 年 10 月 28 日依据商务部《关于修改部分规章和规范性文件的决定》修订），在该法规体系下，主要是商务部对外商投资创业投资企业的监管，该规定中对“外商投资创业投资企业”及“创业投资”定义如下：

“外商投资创业投资企业（以下简称创投企业）是指外国投资者或外国投资者与根据中国法律注册成立的公司、企业或其他经济组织（以下简称中国投资者），根据本规定在中国境内设立的以创业投资为经营活动的外商投资企业。”“本规定所称创业投资是指主要向未上市高新技术企业进行股权投资（以下简称所投资企业），并为之提供创业管理服务，以期获取资本增值收益的投资方式。”但在实践中，由于政策的优惠性，外国投资者更倾向于使用外商投资股权投资企业（Qualified Foreign Limited Partner，QFLP）作为其从事私募基金业务的法律载体。

三、创业投资基金的监管体系

如前所述，自 2013 年起，创业投资企业（基金）进入了双重监管的时代，随着法律法规的完善及投资运作的规范，目前，创业投资企业（基金）主要受到中国证监会及国家发改委的监管。以下就两种监管体系做简要概括。

（一）中国证监会监管体系

创业投资基金属于私募股权投资基金的一个类型，因此其募集、设立、管理、退出等均首先适用私募投资基金的相关法律法规，但同时又区别于一般的私募股权投资基金。根据《私募投资基金监督管理暂行办法》的规定，“中国证监会及其派出机构对创业投资基金在投资方向检查等环节，采取区别于其他私募基金的差异化监督管理；在账户开立、发行交易和投资退出等方面，为创业投资基金提供便利服务。”“基金业协会在基金管理人登记、基金备案、投资情况报告要求和会员管理等环节，对创业投资基金采取区别于其他私募基金的差异化行业自律，并提供差异化会员服务。”表1－1是中国证监会监管体系下对创业投资基金的监管内容。

表1－1　创业投资基金的监管内容

项目	具体规定
监管主体	《私募投资基金监督管理暂行办法》规定，中国证监会及其派出机构对私募基金业务活动实施监督管理。基金业协会对私募基金业开展行业自律，协调行业关系，提供行业服务，促进行业发展
管理模式	创业投资基金的基金管理人需履行登记手续，基金需履行备案手续
组织形式	与普通的股权投资基金一样，中国证监会体系监管下，创业投资基金的组织形式主要有三种：契约型、公司型及合伙型
管理人登记	中国证监会及基金业协会对私募基金管理人的登记提出了较为严格的要求，创业投资基金的管理人在向基金业协会登记时选择“私募创业投资基金管理人”
基金备案	创业投资基金的备案部门为基金业协会。私募创业投资基金管理人在备案创业投资基金时选择“创业投资基金”或“创业投资类FOF基金”

续表

项目	具体规定
事中事后监管	（1）信息报送： 与普通的私募基金管理人一样，创业投资基金的管理人亦需向基金业协会履行半年度报告、年度报告、重大事项临时报告等报告义务。 （2）自查与检查： 中国证监会及其派出机构对私募基金管理人、私募基金托管人、私募基金销售机构及其他私募服务机构开展私募基金业务情况进行统计监测和检查； 目前部分中国证监会派出机构要求辖区内私募基金管理人提交基本信息并进行月度报送，同时要求对公司募集销售、投资运作、合规管理、风险控制等环节开展自查并形成自查报告。基金业协会亦会抽查部分私募基金管理人并要求其提交自查报告。 各地中国证监会派出机构每年会对辖区内的私募基金管理人进行抽查与现场检查，基金业协会也不时会对私募基金管理人进行抽查
入会	基金业协会给予管理创业投资基金的私募基金管理人相对较低的入会门槛，但仍需要 3 亿元以上的管理规模。《中国证券投资基金业协会会员管理办法》第 11 条规定，符合以下全部条件的私募基金管理人，可以申请成为普通会员：（1）自成为观察会员之日起满一年；（2）最近一年在协会备案的基金规模在 20 亿元以上，或者备案的创业投资基金规模在 3 亿元以上；（3）不存在违反法律法规及协会自律规则的行为

（二）国家发改委监管体系

创业投资企业是根据《创业投资企业管理暂行办法》在中国境内注册设立的，主要从事创业投资的企业组织。根据该规定，创业投资企业的备案管理部门分国务院管理部门和省级（含副省级城市）管理部门两级。国务院管理部门为国家发改委；省级（含副省级城市）管理部门由同级人民政府确定。管理部门应当在每个会计年度结束后的 5 个月内，对创业投资企业及其管理顾问机构是否遵守《创业投资企业管理暂行办法》的相关内容进行年度检查。表 1－2 是国家发改委体系下对创业投资企业的监管内容。

表 1－2 创业投资企业的监管内容

项目	具体规定
管理模式	根据《创业投资企业管理暂行办法》的规定，国家对创业投资企业实行备案管理。凡遵照该办法规定完成备案程序的创业投资企业，应当接受创业投资企业管理部门的监管，投资运作符合有关规定的可享受政策扶持。未遵照该办法规定完成备案程序的创业投资企业，不受创业投资企业管理部门的监管，不享受政策扶持。因此，国家发改委对创业投资企业的监管方式主要为备案管理，不属于行政许可范畴
备案管理部门	对创业投资企业实行国家和省（含副省级城市）两级备案管理。国家备案管理部门为国家发改委，省级备案管理部门原则上为省级发展改革部门。省级管理部门由同级人民政府确定，报国务院管理部门备案后履行相应的备案管理职责，并在创业投资企业备案管理业务上接受国家发改委的指导
组织形式	创业投资企业的组织形式限于有限责任公司、股份有限公司或法律规定的其他企业组织形式设立。以公司形式设立的创业投资企业，可以委托其他创业投资企业、创业投资管理顾问企业作为管理顾问机构，负责其投资管理业务。因此，与中国证监会监管的创业投资基金可采用契约型不同，国家发改委备案的创业投资企业必须以实体形式注册登记后方可备案
备案要求	创业投资企业的备案在实收资本、投资者人数、单个投资者出资、高管人员从业经验等均有要求
投资运作	对创业投资企业的经营范围、投资限制、投资比例、存续期限、管理机构的业绩报酬、融资、财务管理等提出了相关要求
监管报告	创业投资企业每个会计年度结束后的 4 个月内向管理部门提交经注册会计师审计的年度财务报告与业务报告，并及时报告投资运作过程中的重大事件
年度检查	管理部门对备案的创业投资企业也会进行年度检查及不定期检查。年检通过也是创业投资企业可享受相关扶持政策的重要依据
其他监管	由于创业投资基金设立、投资运作、税收政策等各环节可能涉及多部门监管，因此，创业投资基金还受到财政部、中国人民银行、中国银行保险监督管理委员会、国家外汇管理局等监管部门的监管

针对以上两类创业投资企业（基金），各部委都相应给予扶持政策。相比而言，创业投资基金因为属于中国证监会监管体系，紧贴证券市场，所取得的关于从证券市场退出的扶持政策多于创业投资企业；而从财税扶持等其他政策看，创业投资企业或创业投资基金所取得的优惠政策基本相似。有关优惠政策本书后文会逐一介绍。总体而言，中国证监会（及基金业协会）、国家发改委及其他各部门共同构建了一个中国创业投资基金的综合监管框架体系。值得注意的是，在国家发改委监管体系下备案为“创业投资企业”的“创业投资基金”与在基金业协会备案的“创业投资基金”并非对应关系，也无必然联系，两种备案体系相对独立。从市场实践来看，普通市场化私募基金更倾向于受基金业协会的监管，国有资产背景的创业投资企业更倾向于向国家发改委或相关备案管理机构进行备案。

四、我国创业投资基金的备案现况

就现阶段而言，监管体系越来越完善，根据创业投资企业（基金）不同的监管要求，各备案管理部门也不同。目前的备案管理部门主要有国家发改委和基金业协会，外商投资创业投资企业可能还会涉及商务部，但目前在商务部备案的外商投资企业数量相对已经很少。

（1）国家发改委备案情况：综上所述，国家发改委监管体系下的备案管理部门分国务院管理部门和省级（含副省级城市）管理部门两级，国务院管理部门为国家发改委；省级（含副省级城市）管理部门为各省（市）发改委或者金融工作局、金融办。目前，各地负责备案管理的部门既有当地的发改委，如上海市、天津市、江苏省、浙江省，也有地方金融监管局，如北京市、福建省、厦门市、深圳市。发改委的备案管理，主要秉承“自愿备案”原则，备案创业投资企业投资运作符合相关规定的，可以享受相关税收优惠政策，这鼓励了不少创业投资企业在发改委进行备案。截至 2021 年 6 月，笔者根据各备案主管部门网站的公示信息，在 32 个省市的备案主管部门查询到上千家备案的创业投资企业。有关创业投资企业备案企业的相关信息，可以查看本章的附 2。

（2）基金业协会备案情况：根据基金业协会网站的私募基金公示信息，

截至2021年6月，在基金业协会备案的创业投资企业共计7591家。①

（3）商务部备案情况：根据《外商投资创业投资企业管理规定》，外商投资创业投资企业应在每年3月将上一年度的资金筹集和使用情况报商务部（原对外贸易经济合作部）备案。截至2021年6月，笔者从商务部以及省市商务厅网站上一共从摘取到61家备案的外商投资创业投资企业的信息。但自2015年以后，商务部网站上未找到更新的外商投资创业投资企业的备案名单。和基金业协会备案的创业投资企业数量相比，商务部备案的企业数量非常之少，或许与外国投资者境内股权投资模式的选择和相关政策有关。

综上所述，《私募投资基金监督管理暂行办法》出台后，在基金业协会备案的创业投资企业数量远超在国家发改委和商务部备案的创业投资企业数量，但创业投资企业如欲享受部分财政税收优惠政策，须在基金业协会或发改委完成备案，因此发改委作为创业投资企业备案管理部门之一，仍起着相当的主导作用，通过年检的创业投资企业，能够依据备案管理部门出具的证明文件享受应纳税所得额抵扣、豁免国有创业投资机构或国有创业投资引导基金国有股转持义务等优惠政策。外商投资创业投资企业方面，商务部在2015年以后未再更新备案名单，实践中接触到的外商投资创业投资企业数量也非常少，外国投资者更喜欢设立QFLP进行境内的股权投资。

从近期各部门出台的针对创业投资企业（基金）的优惠政策文件，包括财税〔2018〕55号文、财税〔2019〕8号文、《规范资管投资的通知》等来看，创业投资企业（基金）是否可享受优惠政策/扶持政策的主要标准之一即是否符合《创业投资企业管理暂行办法》或者《私募投资基金监督管理暂行办法》关于创业投资基金的有关规定，以及是否按要求完成备案，外商投资创业投资企业亦不例外。因此，目前外商投资创业投资企业为享受相关优惠政策也会按照规定向基金业协会履行备案手续。总体而言，创业投资企业（基金）现阶段主要的监管机构为中国证监会（及基金业协会）及国家发改委，商务部的备案管理功能基本消失。

---

① 以“创业投资”为关键词，在基金业协会网站上“私募基金公示”栏目搜索基金名称得出的统计结果。——笔者注

附1：刘健钧：从国家发改委到中国证监会，执着守望中国创业投资基金的发展

2013年6月27日，中央机构编制委员会办公室印发《关于私募股权基金管理职责分工的通知》（以下简称《通知》），明确中国证监会负责私募股权基金的监督管理，实行适度监管，保护投资者权益；国家发改委负责组织拟订促进私募股权基金发展的政策措施，会同有关部门研究制定政府对私募股权基金出资的标准和规范；两部门要建立协调配合机制，实现信息共享。

而在2013年5月，原国家发改委负责私募基金备案工作的财政金融司金融处处长刘健钧调任中国证监会基金部担任分管私募基金的副主任，牵头负责私募基金的监管。这被业界解读为私募股权基金的监管权从国家发改委过渡到中国证监会的信号。

此前，2012年12月28日全国人大常委会审议通过新修订的《证券投资基金法》，自2013年6月1日开始施行。修订后的《证券投资基金法》首次明确了私募基金的法律地位，加入的第十章“非公开募集基金”中规定的证券投资，包括买卖公开发行的股份有限公司股票、债券、基金份额，以及国务院证券监督管理机构规定的其他证券及其衍生品种。新修订的《证券投资基金法》施行不到一个月，《通知》出台，国务院将原由国家发改委负责的私募股权基金转交给中国证监会监管。自此，中国证监会终于统一了对于私募基金的监管权。

从国家发改委到中国证监会，我国创业投资和创业投资基金的发展走过了十多年的历程，经历了从其产业属性到金融属性的认知过程。而亲历整个过程并见证行业发展的，非刘健钧先生莫属。

在国家发改委工作期间，刘健钧就联合并推动了各个部门出台对创业投资企业的各项优惠政策，并先后参与《证券投资基金法》《中小企业促进法》等法律的起草，是“国务院七部委创业投资机制研究课题组”成员，《国务院专题办创业板研究报告》《创业投资企业管理暂行办法》主要执笔人。

刘健钧公开发表的文章虽然不多，但后来国家有关创业投资和创业板的

政策法规逻辑，均可以从他早年出版的两本专著中找到源头：一是2003年出版的《创业投资原理与方略——对“风险投资”范式的反思与超越》；二是《创业投资制度创新论——对“风险投资”范式的检讨》。刘健钧的这两本著作，在一定程度上可以说是能够打开我国创业投资政策法规体系内在逻辑的“钥匙”，曾被全国各主要高等院校作为工商管理专业研究生教材，可惜后来均未再版。

但是，从刘健钧少有的公开讲话中，仍然能够了解我国创业投资政策法规的起源和演变。

刘健钧在2013年11月已调任中国证监会工作后，在深圳举办的创业投资论坛上的主题发言“创投业发展迅猛，但仍存在双重不足”的部分内容，对于理解我国创业投资政策扶持和法律监管的基本理念，具有重要意义。其发言全文如下：

“今天的演讲，首先要跟大家回顾一下我们过去创业投资体制建设取得的成绩，其次我想要深刻反思一下我国创业投资还存在‘双重不足’的问题。在这个基础上，再提出基本的认识。我感觉到，要完善我国的创业投资体系，必须着力于提升政策扶持的效果和法律监管的效果，把比重效能提高了，‘双轮驱动’才可能变为现实。

回顾我国创业投资体系建设的基本历程，我国从1985年中共中央《关于科学技术体制改革的决定》提出创业投资的概念以来，就开始探索创业投资。到1996年，原国家计划委员会、原国家科学技术委员会和中国证监会等有关部门就开始了系统探索，要发展创业投资基金。到2005年，终于以十部委联合规章的形式，发布了《创业投资企业管理暂行办法》，这是我们过去类似创业投资基本法一样的部门规章。这个部门规章的发布，标志着中国的创业投资进入了法治化的发展轨道。随后创业投资的税收扶持政策、创业投资引导基金政策等相关的配套政策陆续出台，作为创业投资重要退出通道的创业板也终于推出。

当前，我国创业投资业呈现快速发展的好势头。截至2013年第二季度末，全国纳入管理的创业投资企业达到了1566家，这里面还有很多没有纳入备案监管体系的企业。他们在增加就业岗位和提高企业研发能力、促进产品产业化、推动经济增长和提高税收等方面都作出了显著贡献。特别是深圳，作为中国创业投资业的热土，在深圳市有关部门和深圳市创业投资同业公会的大力支持下，涌现出了深圳创新投、达晨创投、深港产学研、东方富海、招商科技、清华力合和创东方等一大批优秀的创业投资机构，在各类创业投资机构的大力支持下，阿里巴巴、百度、新浪、中兴通讯、迈瑞、比亚迪、华大基因等一大批创新型企业迅速发展壮大，成为细分行业的领先企业。

在看到创业投资体系取得的成绩的同时，也要认识到我们的问题。我认为，仍然存在双重的不足——用'双轮驱动'这种标准来衡量的话，实际上是存在双重不足的。

从国家和社会经济发展要求来看，当前我国正处于加快转变经济发展方式的攻坚时期，党的十八届三中全会公报以及11月12日发布的中共中央《关于全面深化改革若干重大问题的决定》也强调指出，要加快转变经济发展方式，加快建设创新型国家。而要真正转变经济发展方式，就必须大力推动产业结构优化升级，加快培育战略性新兴产业，推进实施以创业带动就业的战略。在这个背景下，创业投资作为支持创业创新的重要资本力量，通过促进科技成果转化，应当而且可以在推动科技进步并以此促进产业结构优化升级，实现创新驱动方面作出更加积极的贡献。但是，由于创业投资体制还存在双重的不足，制约了创业投资的发展。

哪'双重不足'具体是什么呢？

一重是在政策扶持体系方面。其一，在税收政策上，国家财税部门虽然早在2007年就出台了创业投资的优惠政策，但在当时的背景下，这项政策只适用于公司型的创业投资基金，后来《企业所得税法》也明确提出合伙企业不适用。而且，由于公司型创业投资基金必须在基金和投资两个环节承担双重的税收，使公司型基金的优惠效果也大打折扣。过去的税收政策是2006年开始研究，2007年发布的；到2008年，有关部门把高新技术企业标准又显著提高了，使优惠效果进一步打了折扣。其二，在引导基金支持上，2008年国家发改委、财政部和商务部联合起草了《关于促进创业投资引导基金规范设立和运作的指导意见》。对这个指导意见，国务院非常重视，最终以国务院办公厅名义发布。但是到目前为止，国家级创业投资引导基金还没有正式设立和运作。其三，在工商登记投资退出环节，还存在诸多的政策障碍。

另一重是在法律监管体系方面。尽管2005年十部委发布了《创业投资企业暂行管理办法》，确立了适度监管的创业投资企业备案管理体制，但受部门规章法律层次较低因素的制约，法律监管效力明显不足，所以也出现了一些违规运作的现象，有些地方甚至出现了比较严重的非法集资现象。其原因是多方面的，但是最重要的原因就是法律监管体系的效力还不足，没有实现适度而有效的监管。

既然存在‘双重不足’，那怎么办?

我认为，为了更好地发挥创业投资支持创新，促进经济发展方式转变的作用，当前必须着力提升政策扶持体系的效能，着力提升法律监管体系的效能。只有‘双轮’驱动起来了，我国的创业投资体制才可能真正完善。”

附2：我国各地发改委备案创业投资企业概况

自《创业投资企业管理暂行办法》颁布以来，国家对创业投资企业实行备案管理。凡完成备案程序的创业投资企业，应当接受创业投资企业管理部门的监管，投资运作符合有关规定的可享受政策扶持。未完成备案程序的创业投资企业，不受创业投资企业管理部门的监管，不享受政策扶持。

创业投资企业向管理部门备案应当具备下列条件：

（1）已在市场监督管理部门办理注册登记。

（2）经营范围限于创业投资业务、代理其他创业投资企业等机构或个人的创业投资业务、创业投资咨询业务或为创业企业提供创业管理服务业务。

（3）实收资本不低于3000万元人民币，或者首期实收资本不低于1000万元人民币且全体投资者承诺在注册后的5年内补足不低于3000万元人民币实收资本。

（4）投资者不得超过200人。其中，以有限责任公司形式设立创业投资企业的，投资者人数不得超过50人。单个投资者对创业投资企业的投资不得低于100万元人民币。所有投资者应当以货币形式出资。

（5）有至少3名具备2年以上创业投资或相关业务经验的高级管理人员承担投资管理责任。委托其他创业投资企业、创业投资管理顾问企业作为管理顾问机构负责其投资管理业务的，管理顾问机构必须有至少3名具备2年以上创业投资或相关业务经验的高级管理人员对其承担投资管理责任。

此外，根据《创业投资企业管理暂行办法》的规定，在国家工商行政管理部门（现为国家市场监督管理部门）注册登记的创业投资企业，向国务院管理部门申请备案。在省级及省级以下工商行政管理部门（现为省级及省级以下市场监督管理部门）注册登记的创业投资企业，向所在地省级（含副省级城市）管理部门申请备案。其后，自国家发改委出台《关于做好创业投资企业备案申请受理工作的通知》以来，绝大部分省市由当地发改委作为管理部门，也有部分省市，如福建省、北京市、深圳市、厦门市，由地方金融监督管理局作为管理部门。

目前，已有多家创业投资企业在所在地发改委、地方金融监督管理局进行报备，相关管理部门并进行了公示，笔者通过网络收集了已在网上公示的创业投资企业名单。其中，河北省、山西省、内蒙古自治区、辽宁省、黑龙江省、上海市、江苏省、浙江省、安徽省、江西省、山东省、河南省、湖南省、广东省、广西壮族自治区、海南省、重庆市、云南省、陕西省、青海省、宁夏回族自治区、新疆维吾尔自治区、大连市、宁波市、青岛市、沈阳市、西安市、广州市、成都市、南京市、杭州市、济南市等区域的发改委在其网站对备案的创业投资企业进行了年度公示，福建省金融监督管理局也在其网站上对备案的创业投资企业进行了公示，山西省、辽宁省、安徽省、广西壮族自治区的发改委网站上仅零星公布了少量备案创业投资企业的名单。除此之外，剩余省市如天津市、吉林省、湖北省、四川省、西藏自治区、贵州省、甘肃省、沈阳市、长春市、武汉市、新疆生产建设兵团的发改委以及北京市、深圳市、厦门市的地方金融监督管理局未在网上公示创业投资企业通过年检的名单。

截至2021年6月，笔者从32个省市的发改委或金融办网站上共统计到1112家备案的创业投资企业，其中有614家创业投资企业同时选择在基金业协会进行双备案。公司型创业投资企业有721家，占比为64.84%；有限合伙型创业投资企业有391家，占比为35.16%。可见，发改委备案的创业投资企业类型以公司型为主，有限合伙企业为辅，且公司型创业投资企业以国有资产背景的为主。但自2014年8月21日《私募基金监督管理暂行办法》实施以来，私募基金迎来了大发展，纷纷涌现的民营或者混合所有制私募机构以设立有限合伙型基金为主，相应公司型创业投资企业备案数量下降明显。

根据《创业投资引导基金规范设立与运作指导意见》的规定，引导基金的扶持对象主要是按照《创业投资企业管理暂行办法》规定程序备案的，在中国境内设立的各类创业投资企业。同时结合各地引导基金管理办法的相关规定，取得引导基金的创业投资基金原则上都要求在当地发改委和金融监督管理局进行备案。因此，在发改委备案的创业投资企业数据中既包括我国目前取得各地引导基金的创业投资基金的数量，也包括为取得相关税收扶持政策的部分企业或私募股权基金的数量，前者为多数，后者为少数。在发改委备案的创业投资企业中，存在同时也在基金业协会备案为创业投资基金的“双备案”现象，主要目的是双重享受国家发改委和中国证监会对于创业投资企业（基金）的税收优惠或者二级市场减持的优惠政策。

各地创业投资企业备案情况如附表所示。

附表 各地创业投资企业备案情况

地区	发改委备案创业投资企业数量/家	同时在基金业协会备案数量/家	占比/%
江苏省	278	180	64. 75
上海市	171	123	71. 93
浙江省	61	38	62. 30
山东省	57	17	29. 82
宁波市	49	35	71. 43
成都市	65	48	73. 85
南京市	46	21	45. 65
湖南省	34	18	52. 94
杭州市	69	26	37. 68
广东省	38	17	44. 74
新疆维吾尔自治区	25	2	8. 00
河南省	22	8	36. 36
广州市	28	13	46. 43
重庆市	20	9	45. 00
安徽省	18	7	38. 89
青岛市	20	8	40. 00
福建省	12	11	91. 67
内蒙古自治区	8	3	37. 50
西安市	11	4	36. 36
河北省	9	6	66. 67
济南市	14	5	35. 71
江西省	12	3	25. 00

续表

地区	发改委备案创业投资企业数量/家	同时在基金业协会备案数量/家	占比/%
大连市	8	0	0
山西省	6	0	0
黑龙江省	4	2	50. 00
广西壮族自治区	14	5	35. 71
陕西省	3	2	66. 67
哈尔滨市	3	0	0
海南省	2	1	50. 00
辽宁省	2	1	50. 00
宁夏回族自治区	2	0	0
青海省	1	1	100. 00
合计	1112	614	55. 22

第二章

创业投资基金的募集设立

正如本书第一章所述，《关于私募股权基金管理职责分工的通知》指出，中国证监会负责私募股权基金的监督管理，国家发改委负责组织拟订促进私募股权基金发展的政策措施，目前，创业投资企业或创业投资基金主要受国家发改委和中国证监会的双重监管。本章将就创业投资基金的募集设立做相关介绍。

第一节　创业投资基金的管理机构

一、中国证监会监管体系下创业投资基金的管理机构

中国证监会监管体系下创业投资基金的管理机构为私募基金管理人。《私募投资基金监督管理暂行办法》第2条第3款规定：“非公开募集资金，以进行投资活动为目的设立的公司或者合伙企业，资产由基金管理人或者普通合伙人管理的，其登记备案、资金募集和投资运作适用本办法。”第7条规定：“各类私募基金管理人应当根据基金业协会的规定，向基金业协会申请登记……”因此，要设立创业投资基金，首先应当设立私募基金管理人并在基金业协会完成登记。根据《私募投资基金登记备案相关问题解答（十三）》的规定，私募基金管理人应当在“私募证券投资基金管理人”“私募股权、创业投资基金管理人”等机构类型，以及与机构类型关联对应的业务类型中，仅选择一类机构类型及业务类型进行登记；私募基金管理人只可备案与本机构已登记业务类型相符的私募基金，不可管理与本机构已登记业务类型不符的私募基金；同一私募基金管理人不可兼营多种类型的私募基金管理业务。

鉴于此，创业投资基金的管理人在基金业协会进行登记时，应选择私募股权或创业投资基金管理人，而基金业协会并未区分创业投资基金管理人和股权投资基金管理人，而是把两类管理人联结在一起，说明其对这两类管理人的基本要求是类似的。但是基金业协会发布的《私募投资基金类型说明》，又对机构类型和业务类型作出了进一步的细化区分。创业投资基金管理人可以募集管理创业投资基金和创业投资 FOF 基金，股权投资基金管理人可以募集管理私募股权基金和私募股权 FOF 基金，创业投资基金与私募股权基金虽然管理人的性质一致，但业务类型却有一定的区别，管理人应根据相应的业务类型进行产品备案。具体如表 2－1 所示。

表 2－1　创业投资基金与私募股权基金业务类型

机构类型（单选）	业务类型/基金类型（可复选）	定义	产品类型
私募股权/创业投资基金管理人	私募股权投资基金	除创业投资基金外，主要投资于非公开交易的企业股权（涉及上市公司定向增发的，按照私募股权投资基金中的“上市公司定增基金”备案）	并购基金、房地产基金、基础设施基金、上市公司定增基金、其他类基金
	私募股权投资类 FOF 基金	主要投向股权类私募基金、信托计划、券商资管、基金专户等资产管理计划的私募基金	—
	创业投资基金	主要向处于创业各阶段的未上市成长性企业进行股权投资的基金（对于市场所称“成长基金”，如果不涉及沪深交易所上市公司定向增发股票投资的，按照创业投资基金备案）	—
	创业投资类 FOF 基金	主要投向创投类私募基金、信托计划、券商资管、基金专户等资产管理计划的私募基金	—

二、国家发改委监管体系下创业投资企业的管理机构

根据《创业投资企业管理暂行办法》的规定，创业投资企业可以以有限责任公司、股份有限公司或法律规定的其他企业组织形式设立。与中国证监会监管体系下的创业投资基金不同，国家发改委监管体系下的创业投资企业在通常情况下作为一个独立的投资主体，其对自身的管理与普通公司一样，与自我管理类的公司型私募基金更类似，主要通过设置股东会、董事会等内部决策机构履行管理职能。

鉴于创业投资企业投资性质的特殊性，除了“自我管理”外，《创业投资企业管理暂行办法》对公司型创业投资企业增加了顾问管理的模式，即“以公司形式设立的创业投资企业，也可以委托其他创业投资企业、创业投资管理顾问企业作为管理顾问机构，负责其投资管理业务”。委托人和代理人的法律关系适用《民法典》等有关法律法规。该模式下，管理顾问机构为创业投资企业的实质管理机构。国家发改委监管体系下，管理顾问机构没有单独登记备案的强制要求，在创业投资企业进行备案时，一并提交管理顾问机构的相关信息即可。但在实践中，该种顾问管理模式并非创业投资企业的主流形式。

实践中，由于部分创业投资企业（基金）既作为私募投资基金在基金业协会备案，也在国家发改委备案，相应的管理机构亦会在基金业协会登记为私募基金管理人，同时在国家发改委作为管理顾问机构备案。

第二节　创业投资基金的组织形式

一、组织形式的分类

《证券投资基金法》第 2 条规定：“在中华人民共和国境内，公开或者非公开募集资金设立证券投资基金（以下简称基金），由基金管理人管理，基金托管人托管，为基金份额持有人的利益，进行证券投资活动，适用本法。”在此基础上，《私募投资基金监督管理暂行办法》第 2 条进一步规定：“非公开募集资金，以进行投资活动为目的设立的公司或者合伙企业，资产由基金

管理人或者普通合伙人管理的，其登记备案、资金募集和投资运作适用本办法。”据此，根据组织形式不同，目前私募投资基金可以分为契约型基金、公司型基金、合伙型基金。实践中，创业投资基金通常采用合伙型或者公司型的组织形式，较少采用契约型的组织形式。

根据《创业投资企业管理暂行办法》设立的创业投资企业，组织形式限于有限责任公司、股份有限公司或法律规定的其他企业组织形式，无契约型的组织形式。

（一）公司型

根据《公司法》的规定，公司的组织形式包括有限责任公司和股份有限公司两种形式，在实践中，公司型创业投资基金绝大多数采用有限责任公司这一组织形式。公司型创业投资基金具有独立法人资格并能够以自己的名义行使民事权利及独立承担民事责任，公司股东（投资者）以其出资额为限承担有限责任，并共同参与公司治理。

（二）合伙型

在中国证监会监管体系下，出于税务考虑，合伙型创业投资基金是创业投资基金最为主流的组织形式。根据《合伙企业法》的规定，合伙企业包括普通合伙企业和有限合伙企业两类。实践中，合伙型创业投资基金主要采取有限合伙企业的形式。

有限合伙企业由普通合伙人与有限合伙人组成，合伙人可以是自然人，也可以是法人和其他组织，但国有独资公司，国有企业，上市公司以及公益性的事业单位、社会团体不得成为有限合伙企业的普通合伙人。合伙型基金本身也不是一个法人主体，其执行事务合伙人为普通合伙人（General Partner，GP），执行事务合伙人负责合伙事务并对私募基金承担无限责任。从基金管理方式上，执行事务合伙人可以自任为私募基金管理人，也可以另行委托专业私募基金管理机构作为管理人具体负责投资管理运作。

（三）契约型

契约型私募基金尚无明确的法律法规规定的定义。结合《证券投资基金法》、基金业协会发布的《私募投资基金合同指引 1 号（契约型私募基金合同内容与格式指引）》等相关法律法规和自律规则以及业务实践，笔者试将契约型私募基金的概念总结为：不具备法律实体地位，由基金当事人订立专门的契约明确各自的权利义务关系，委托基金管理人进行财产投资的私募基金，具体而言，基金投资者与基金管理人签署基金合同（在有基金托管人的情况下，还将与基金托管人一并签署基金合同），基金投资者将其合法拥有的资金委托给基金管理人（及基金托管人），基金管理人（及基金托管人）作为受托人依据基金合同管理、运用基金财产，基金投资者依据基金合同享受投资收益并承担风险。基于前述运作模式，契约型基金实际上并不具备法律实体地位，其与基金管理人的关系为信托关系，因此契约型基金无法采用自我管理，且需由基金管理人代其行使相关民事权利。

二、组织形式的比较

笔者就创业投资基金的不同组织形式对比总结如表 2－2 所示。

表 2－2 创业投资基金的不同组织形式

组织形式	公司型	合伙型	契约型
法律依据	《公司法》	《合伙企业法》	《民法典》《信托法》
法人资格	具备	不具备	不具备
是否实体	是	是	否
投资者人数	以有限责任公司形式设立的，投资者人数不超过 50 人；以股份有限公司形式设立的，投资者人数不少于 2 人，不超过 200 人	以有限合伙形式设立的，合伙人人数应不少于 2 人不超过 50 人，且至少应当有 1 名普通合伙人和 1 名有限合伙人。国有独资公司、国有企业、上市公司以及公益性的事业单位、社会团体不得成为普通合伙人	单只契约型基金的投资者人数不得超过 200 人
责任承担方式	出资者以其出资额为限承担有限责任	普通合伙人承担无限责任，有限合伙人以认缴出资为限承担有限责任	投资者以认购基金份额为限承担责任

续表

组织形式	公司型	合伙型	契约型
收益分配	自我管理型按章程规定，"同股同权"较常见；受托管理型按基金委托管理合同约定确定	按照合伙协议的约定，在满足一定条件下，普通合伙人通常可以获得业绩报酬	按照基金合同的约定，在满足一定条件下，基金管理人通常可以获得业绩报酬
税务承担	对公司及公司股东实行双重征税	合伙企业层面不征税，采用"先分后税"，合伙人分别缴纳企业所得税或个人所得税	投资者缴纳企业所得税或个人所得税，不进行代扣代缴

第三节　创业投资基金的募集设立

一、资金来源

根据是否进行募集，创业投资企业的资金来源可以分为使用自有资金进行创业投资及以向他人募集资金形式设立基金进行创业投资。具体如下：

（一）使用自有资金进行创业投资

使用自有资金进行创业投资，既不存在募集行为也不属于基金性质的创业投资企业，该等企业主要侧重产业价值链的协同，系不以财务回报为主要目的之公司创业投资/战略投资者（Corporate Venture Capital，CVC），如腾讯投资、阿里巴巴战略投资部、小米集团、百度投资部、联想创投集团、京东等产业集团。

（二）募集设立基金进行创业投资

以非公开方式向特定投资者募集资金设立创业投资基金是另一种方式，特定投资者主要包括机构投资者和个人投资者，机构投资者又包括金融机构、保险机构、市场化母基金、政府引导基金、上市公司、捐赠基金、非上市企业等类型。

根据各类型投资者在股权投资领域投资的相关情况，较为关注创业投资的包括政府引导基金、市场化母基金、上市企业以及非上市公司、个人投资者、金融机构、银行理财子公司、保险资管机构等金融机构，捐赠基金对创业投资也有一定程度的关注，具体如表 2-3 所示。

表 2-3　关注创业投资的投资者

资金来源主体	定义	资金能力	投资目的	备注
政府引导基金	政府通过财政预算安排，以单独出资或与社会资本共同出资形式发起设立的基金	强	不以营利为目的，引入社会资本以支持创业投资企业的发展或本地域产业发展	PE/VC 机构均有合作，以 VC 基金投资为主
市场化母基金	主要投资于其他基金组合的基金	较强	以营利为目的	PE/VC 机构均有合作
上市公司	所发行的股票经国务院或者国务院授权的证券管理部门批准在证券交易所上市交易的股份有限公司	强	以战略投资为主要目标或以营利为目的	关注项目孵化和企业并购，以并购基金为主
非上市企业	未上市的实体企业，包括非上市的民营企业、国有企业等	一般	以营利为目的	PE/VC 机构均有合作
个人投资者	金融资产等可投资资产较高的高净值的个人或家族	分散	以营利为目的	较为关注项目型的 PE 基金
金融机构	银行、信托、证券、基金、期货及其子公司、金融资产投资公司等持有传统金融牌照的金融机构	强	以营利为目的	《关于规范金融机构资产管理业务的指导意见》发布后，只能以自有资金投资，较为关注 PE 机构，对 VC 机构的关注度较少

续表

资金来源主体	定义	资金能力	投资目的	备注
银行理财子公司	商业银行的理财子公司	强	以营利为目的	设立时间有限，未大规模开启对PE/VC的投资
保险资管机构	经营商业保险业务的保险资产管理机构	强	以营利为目的且对基金管理人的资格有较高的门槛要求	较为关注PE基金，对VC基金投资较少
捐赠基金	利用自然人、法人或其他组织一个或多个赞助人捐赠的资产，以公益事业为目的成立的非营利性法人，并通常由教育、文化和慈善机构以及专门为实现基金的特别目的而设立的机构来管理，主要包括大学基金会、公益基金等	强	以营利为目的	虽然目前在中国相对较少，但已具有一定规模，不可忽视

针对上述募集资金中的特殊类别资金，特别是对创业投资基金的基金管理人、基金设立地、基金投资范围有要求的资金类别，包括国有资金、政府出资产业基金资金、保险资金、外国投资者资金等，将在本书第六章详细阐述。

二、募集程序

募集是各类私募基金设立时的重要程序，也是较易发生风险的环节。创业投资基金的募集程序，就合规角度而言，与普通的私募股权基金并无明显差别。笔者结合中国证监会发布的《私募投资基金监督管理暂行办法》《证券期货投资者适当性管理办法》，以及基金业协会发布的《私募投资基金募集行为管理办法》《基金募集机构投资者适当性管理实施指引（试行）》等相关法律法规和自律规则，将中国证监会监管下的创业投资基金的一般募集流程列示如表2－4所示，以便于创业投资基金的合规募集。

表2－4 创业投资基金的一般募集流程

步骤	具体要求
确定特定对象	通过投资者填写相关信息，募集机构了解投资者的基本信息、风险识别和风险承担能力，进而评估投资者的风险等级，以及判断投资者是普通投资者还是专业投资者。 投资者需要填写《私募投资基金投资者风险问卷调查》《投资者基本信息表》
投资者适当性匹配	募集机构自行或者委托第三方机构对私募基金进行风险评级，根据私募基金的风险类型及评级结果，向投资者推介与其风险识别能力和风险承担能力相匹配的私募基金。 投资者需要填写购买不适当产品申请书（若需）；投资者风险匹配告知书及投资者确认函；风险不匹配警示及投资者确认书；R5级基金产品重要信息揭示书。 如涉及专业投资者与普通投资者之间的转化，除上述文件外，还需填写专业投资者转为普通投资者告知及确认书（自然人版或机构版）；普通投资者转为专业投资者申请书（自然人版）；专业投资者转为普通投资者申请书（自然人版）
推介私募基金	募集机构向投资者提供招募说明书；若存在委托募集，需提供基金销售协议；推介材料应与基金合同主要内容一致。 禁止通过下列渠道推介私募基金： （1）公开出版资料； （2）面向社会公众的宣传单、布告、手册、信函、传真； （3）海报、户外广告； （4）电视、电影、电台及其他音像等公共传播媒体； （5）公共、门户网站链接广告、博客等； （6）未设置特定对象确定程序的募集机构官方网站、微信朋友圈等互联网媒介； （7）未设置特定对象确定程序的讲座、报告会、分析会； （8）未设置特定对象确定程序的电话、短信和电子邮件等通信媒介； （9）法律、行政法规、中国证监会规定和基金业协会自律规则禁止的其他行为

续表

步骤	具体要求
基金风险揭示	募集机构向普通投资者销售产品或者提供服务前，应当告知下列信息： （1）可能直接导致本金亏损的事项； （2）可能直接导致超过原始本金损失的事项； （3）因经营机构的业务或者财产状况变化，可能导致本金或者原始本金亏损的事项； （4）因经营机构的业务或者财产状况变化，影响客户判断的重要事由； （5）限制销售对象权利行使期限或者可解除合同期限等全部限制内容。 上述对普通投资者的风险揭示，如系线下签约，需要全过程录音或录像；如系线上签约，需要配套留痕。 此外，投资人需要签署风险揭示书
合格投资者确认	募集机构应当要求投资者提供合格投资者出资能力证明文件： （1）机构投资者：净资产证明（不低于1000万元）； （2）自然人投资者：金融资产证明（不低于300万元）/收入证明（最近3年年平均收入不低于50万元）。 以合伙企业、契约等非法人形式，通过汇集多数投资者的资金直接或者间接投资于私募基金的，私募基金管理人或者私募基金销售机构应当穿透核查最终投资者是否为合格投资者，并合并计算投资者人数
签署基金合同	投资人完成基金合同签署，并缴付认购基金的款项至募集结算资金专用账户。基金完成工商确权登记（合伙型和公司型基金）。私募基金在资产管理业务综合报送平台备案完成前资金不能进行投资，只能进行现金管理
投资冷静期	《私募投资基金募集行为管理办法》要求私募证券基金应设置不少于24小时的投资冷静期，投资冷静期自基金合同签署完毕且投资者交纳认购基金的款项后起算；私募股权投资基金、创业投资基金等其他私募基金合同关于投资冷静期的约定可以参照对私募证券投资基金的相关要求，也可以自行约定
回访确认（如需）	回访时间在投资冷静期满后，并由同一募集机构从事基金销售推介以外的人员执行
基金成立	投资者缴付认购基金的款项由募集账户划转到基金财产账户或托管账户，管理人提交相关实缴出资证明等材料，在基金业协会完成基金产品备案

第四节　创业投资基金的备案

一、创业投资基金的双重备案

如前所述，创业投资企业或创业投资基金面临国家发改委、中国证监会的双重监管，备案监管的主要目的在于规范创业投资企业或创业投资基金的投资运作，并对投资运作符合相关规定给予政策扶持。在双重监管之下，我们注意到，创业投资基金存在双重备案，也就是说，既在基金业协会又在发改委备案的情况。

就国家发改委对创业投资企业的备案监管而言，自2006年国家发改委根据《创业投资企业管理暂行办法》开展备案管理以来，一直秉承“自愿备案”原则，创业投资企业向各地发改委备案部门提交相关材料，符合备案条件的，发改委备案部门出具予以备案的通知。

而中国证监会体系下创业投资基金的备案要求则为“强制备案”原则。基金管理人需通过基金业协会的资产管理业务综合报送平台（Asset Management Business Electronic Registration System，以下简称AMBERS系统）进行备案。根据实践操作经验，基金业协会的备案带有一定的审查性质，基金管理人提交备案申请后，基金业协会可能会针对该基金的特点给予反馈意见并要求基金管理人补充提供相关材料。通过备案后，基金业协会出具备案通知。

二、创业投资基金双重备案的关注要点

创业投资基金主要在中国证监会监管体系下完成备案，在国家发改委监管体系下的备案数量则呈下降趋势，已在基金业协会备案，是否还需要在各地创业投资企业备案管理信息系统备案?

针对创业投资企业“双备案”的现象，笔者认为可能有如下六方面的原因：

（1）享受国家税务总局《关于实施创业投资企业所得税优惠问题的通知》（国税发〔2009〕87号文，部分失效）税收优惠政策的考虑。国税发

〔2009〕87 号文明确要求享受税收优惠政策的创业投资企业需按照《创业投资企业管理暂行办法》规定的条件和程序在国家发改委完成备案，经备案管理部门年度检查核实，投资运作符合《创业投资企业管理暂行办法》的有关规定。根据国税发〔2009〕87 号文的规定，公司制创业投资企业采取股权投资方式投资于未上市的中小高新技术企业 2 年以上的，可以按照其投资额的 70% 在股权持有满 2 年的当年抵扣该创业投资企业的应纳税所得额；当年应纳税所得款不足抵扣的，可以在以后纳税年度结转抵扣。因国税发〔2009〕87 号文的出台时间为 2009 年，而基金业协会的成立时间为 2012 年，故国税发〔2009〕87 号文要求在国家发改委相关部门完成备案年检，尽管该文件后来有补充完善，但一直没有规定将在基金业协会备案也作为享受该政策的条件，因此，如创业投资企业要享受国税发〔2009〕87 号文的相关政策，必须在国家发改委相关部门完成备案年检。已经在基金业协会备案的创业投资基金为保障及时享受税收优惠政策，会在国家发改委再次备案。

（2）享受财税〔2019〕8 号文税收优惠政策的考虑。根据财税〔2018〕55 号文和财税〔2019〕8 号文规定，必须是在基金业协会或国家发改委备案的创投企业方可享受优惠政策。有的私募基金在基金业协会备案为股权投资基金，无法享受创业投资基金的税收优惠，而更改基金类型却不容易，因此，又会考虑在发改委备案为创业投资企业以享受税收优惠政策。

（3）针对政府引导基金投资股权/创投基金的特殊要求，结合各地引导基金管理办法的相关规定，引导基金的扶持对象主要是按照《创业投资企业管理暂行办法》规定程序备案的在中国境内设立的各类创业投资企业，因此，对于取得引导基金的创投基金原则上都要求在当地发改委备案。

（4）合规运作上的考虑。基金业协会对于私募基金的备案原则为全口径备案原则，故在发改委完成备案的创业投资投企业如果其管理人登记为私募基金管理人，特别是有限合伙型创业投资企业，作为受托管型基金，管理人都会选择在基金业协会再次完成私募基金产品备案。

（5）反向适用基金业协会备案的创业投资基金的优惠政策，例如，《上市公司创业投资基金股东减持股份的特别规定》（2020 年修订）（证监会公告〔2020〕17 号），仅针对在基金业协会备案的创投基金和股权基金给予优惠，因此，也促使在发改委备案的创投企业申请基金业协会的产品备案以便享受更通畅的减持政策。

（6）满足当地法律法规等规定的要求，如广州 QFLP 试点政策要求创业投资企业须向发改委申请备案。

总体而言，基金业协会已备案的股权/创业投资基金选择到发改委再次备案的较多，主要是从享受优惠税收政策以及适用监管规定的角度考虑。虽然这两类备案均属于事后备案管理，但就备案条件上存在差异化要求。相比而言，在证监会监管体系下，创业投资企业或创业投资基金的备案条件更为严格。同时，未完成备案所承担的后果也存在明显不同，发改委监管体系下对于未完成备案的创业投资企业，不受创业投资企业监管部门的监管且不享受优惠政策，而证监会监管体系下，备案为全口径要求，未完成备案的创业投资基金不得开展投资活动（不含临时投资）。从目前双重备案的情形来看，笔者认为，在国家发改委和中国证监会双重监管的环境下，由于两种备案要求不同、难度不同、所享受的优惠政策不同，创业投资基金双重备案现象将长期存在。作为私募管理机构，需要了解和掌握我国在创投基金扶持政策上的差异，充分运用这些优惠政策。

三、创业投资基金双重备案的比较

根据《创业投资企业管理暂行办法》的规定，在国家工商行政管理部门（现为国家市场监督管理部门）注册登记的创业投资企业，向国务院管理部门申请备案；在省级及省级以下工商行政管理部门（现为省级及省级以下市场监督管理部门）注册登记的创业投资企业，向所在地省级（含副省级城市）管理部门申请备案。

同时，根据《私募投资基金管理人登记和基金备案办法（试行）》第 11 条的规定，私募基金管理人应当在私募基金募集完毕后 20 个工作日内，通过 AMBERS 系统进行备案，并根据私募基金的主要投资方向注明基金类别，如实填报基金名称、资本规模、投资者、基金合同等基本信息。创业投资基金备案应遵守《私募投资基金监督管理暂行办法》《私募投资基金管理人登记和基金备案办法（试行）》《私募投资基金备案须知》，以及中国证监会、基金业协会发布的其他法规、规范性文件对私募基金备案的各项规定。

综上，在中国证监会监管体系下与国家发改委监管体系下，创业投资企业或创业投资基金的备案条件具体如表 2 –5 所示。

表 2－5　创业投资企业或创业投资基金备案条件

备案条件	中国证监会体系下的备案要求	国家发改委监管体系下的备案要求
备案部门	基金业协会	国家或地方发改部门
资本要求	投资者均签署基金合同，并进行工商确权登记（公司型和合伙型基金），均已完成不低于 100 万元的首轮实缴出资且实缴资金已进入基金财产账户。管理人及其员工、社会保障基金、政府引导基金、企业年金等养老基金、慈善基金等社会公益基金的首轮实缴出资要求可从其公司章程或合伙协议约定	实收资本不低于 3000 万元，或者首期实收资本不低于 1000 万元且全体投资者承诺在注册后的 5 年内补足不低于 3000 万元实收资本
投资者人数	不得超过 200 人。其中，公司型或合伙型基金的投资者人数不得超过 50 人	不得超过 200 人。其中，以有限责任公司形式设立创业投资企业的，投资者人数不得超过 50 人
投资门槛	单个投资者的投资不得低于 100 万元	单个投资者对创业投资企业的投资不得低于 100 万元
合格投资者	（1）自然人：金融资产不低于 300 万元；或者最近 3 年个人年均收入不低于 50 万元。 （2）法人：净资产不低于 1000 万元	无明确规定
出资形式	所有投资者应当以货币形式出资	所有投资者应当以货币形式出资
管理者	管理人应当遵循专业化运营原则，不得从事与私募投资基金有利益冲突的业务。管理人应当按照诚实信用、勤勉尽责原则切实履行受托管理职责，不得将应当履行的受托人责任转委托。私募投资基金的管理人不得超过一家	有至少 3 名具备 2 年以上创业投资或相关业务经验的高级管理人员承担投资管理责任。委托其他创业投资企业、创业投资管理顾问企业作为管理顾问机构负责其投资管理业务的，管理顾问机构必须有至少 3 名具备 2 年以上创业投资或相关业务经验的高级管理人员对其承担投资管理责任

续表

备案条件	中国证监会体系下的备案要求	国家发改委监管体系下的备案要求
备案前的投资	私募投资基金完成备案前，可以以现金管理为目的，投资于银行活期存款、国债、中央银行票据、货币市场基金等中国证监会认可的现金管理工具	无明确规定
投资限制	以下投资行为不属于私募基金备案范围： （1）变相从事金融机构信（存）贷业务的，或直接投向金融机构信贷资产； （2）从事经常性、经营性民间借贷活动，包括但不限于通过委托贷款、信托贷款等方式从事上述活动； （3）私募投资基金通过设置无条件刚性回购安排变相从事借（存）贷活动，基金收益不与投资标的的经营业绩或收益挂钩； （4）投向保理资产、融资租赁资产、典当资产等《私募投资基金登记备案的问题解答（七）》（已失效）提及的与私募投资基金相冲突业务的资产、股权或其收（受）益权； （5）通过投资合伙企业、公司、资产管理产品（含私募投资基金）等方式间接或变相从事上述活动	不得从事担保业务和房地产业务，但是购买自用房地产除外；单个企业的投资不得超过创业投资企业总资产的20%
投资期限	存续期不得少于5年，鼓励管理人设立存续期在7年及以上	可以事先确定有限的存续期限，但是最短不得短于7年
封闭运作	备案完成后不得开放认/申购（认缴）和赎回（退出），基金封闭运作期间的分红、退出投资项目减资、对违约投资者除名或替换以及基金份额转让不在此列	无

续表

备案条件	中国证监会体系下的备案要求	国家发改委监管体系下的备案要求
扩募条件	若同时满足以下条件，可以新增投资者或增加既存投资者的认缴出资，但增加的认缴出资额不得超过备案时认缴出资额的3倍： （1）基金的组织形式为公司型或合伙型； （2）基金由依法设立并取得基金托管资格的托管人托管； （3）基金处在合同约定的投资期内； （4）基金进行组合投资，投资于单一标的的资金不超过基金最终认缴出资总额的50%； （5）经全体投资者一致同意或经全体投资者认可的决策机制决策通过	无明确规定
经营范围	组织形式为契约型基金的，基金合同名称中须标识“私募基金”“私募投资基金”字样；组织形式为合伙企业或公司制的，经营范围中应含有“基金管理”“投资管理”“资产管理”“股权投资”“创业投资”等能体现私募投资基金性质的字样	创业投资业务；代理其他创业投资企业等机构或个人的创业投资业务；创业投资咨询业务；为创业企业提供创业管理服务业务；参与设立创业投资企业与创业投资管理顾问机构
名称要求	名称中可以使用“创业投资”或者其他体现具体投资领域特点的字样。如未体现具体投资领域特点，则应当使用“股权投资”字样	无明确规定

附：私募投资基金备案申请材料清单

2019 年 12 月 23 日基金业协会发布《私募投资基金备案须知（2019 年版)》后，于 2020 年 3 月 20 日发布《关于公布私募投资基金备案申请材料清单的通知》，在未新增备案要求的前提下，基金业协会梳理现有私募投资基金备案要求，按照不同基金类型，细化形成证券类投资基金备案、非证券类投资基金备案、基金重大变更和清算三套备案所需材料清单，以便利私募管理人厘清基金设立和清算所需材料。以下附表为非证券类私募投资基金备案申请的主要材料清单，基金业协会均要求以 PDF/JPG 格式上传原件。

附表 非证券类私募投资基金备案申请主要材料清单

序号	附件名称	内容要求
1	备案承诺函	管理人承诺按照恪尽职守、诚实信用、谨慎勤勉的原则管理运用基金财产，不以私募基金名义从事利益输送、非法集资等损害投资人利益的行为。除加盖管理人公章，法定代表人/执行事务合伙人（委派代表）及合规风控负责人也应签章
2	招募说明书	应向投资者介绍的管理人基本情况、托管安排（如有）、基金费率、业绩报酬设定依据和计提方式、存续期、分级安排（如有）、主要投资领域、投资策略、投资方式等私募投资基金设立要素。还应向投资者详细揭示私募投资基金主要意向投资项目（如有）的主营业务、估值测算、基金投资款用途以及拟退出方式等信息
3	基金销售协议	基金存在委托募集情形时需要提供
4	私募基金合同（合伙协议或公司章程）	（1）基金合同应当明确约定在管理人客观上丧失继续管理私募投资基金的能力时，基金财产安全保障、维持基金运营或清算的应急处置预案和纠纷解决机制。 （2）基金合同应当明确约定基金合同终止、解除及基金清算的安排。

续表

序号	附件名称	内容要求
		（3）如无托管，应约定其他保障财产安全的制度措施和纠纷解决机制，并向投资者披露基本账户信息。 （4）如基金涉及关联交易，应在私募基金合同中约定有效实施关联交易的风险控制机制。 （5）如基金投向房地产领域，应在基金合同中约定遵守《证券期货经营机构私募资产管理计划备案管理规范第 4 号》的相关规定
5	托管协议	托管协议应明确约定托管人的权利义务、职责，包括但不限于以下内容： （1）在管理人发生异常且无法履行管理职责时，托管人应当按照法律法规及合同约定履行托管职责，维护投资者权益。 （2）托管人在监督管理人的投资运作过程中，发现管理人的投资或清算指令违反法律法规和自律规则以及合同约定的，应当拒绝执行，并向中国证监会和基金业协会报告
6	风险揭示书	（1）应充分揭示披露私募投资基金的资金流动性、基金架构、投资架构、底层标的、纠纷解决机制等各类投资风险。 （2）应在“特殊风险揭示”部分详细、明确、充分揭示募集机构与管理人存在关联关系、关联交易、单一投资标的、通过特殊目的载体投向标的、契约型私募投资基金管理人股权代持等特殊风险或业务安排
7	产品架构图	内容需包含本基金投资者（向上穿透到顶）、管理人、GP（如有）、托管人（如有）与投资标的（向下穿透到底）及基金获取投资标的的交易对手方（如有）等要素，同时列明每一层的投资金额、投资方式（投资方式包括但不限于股权、债权与可转债投资）及投资比例等信息
8	实缴出资证明	（1）本基金有托管的，需上传托管人开具的资金到账通知书。 （2）本基金无托管的，需上传会计师事务所开具的验资证明或投资者将投资款打入基金账户的银行回单等第三方出具的证明
9	私募投资基金投资者风险问卷调查	风险问卷调查应有募集机构与投资者的完整签章与签署日期

续表

序号	附件名称	内容要求
10	基金的工商公示信息截图	截至本基金备案申请最新提交日期，合伙型或公司型基金发生登记事项变更的，若已完成工商变更，应上传变更后的工商公示信息截图；若未完成工商变更，除上传工商公示信息截图外，还应上传包含变更信息的工商变更受理函
11	委托管理协议	委托管理协议是由本基金、GP与管理人签署的，委托管理人管理本基金的协议。 在如下两种管理模式下应提供委托管理协议：（1）GP与管理人分离的合伙型基金；（2）受托管理的公司型基金
12	募集结算资金专用账户监督协议或相关证明文件	当募集机构与募集监督机构不是同一机构时，须上传募集结算资金专用账户监督协议；当募集机构与募集监督机构为同一机构时，须上传防火墙制度及防范利益冲突制度（募集行为发生于2016年7月15日后的基金应提供）
13	管理人员工证明文件	（1）管理人员工证明文件应为所有跟投员工和管理人签署的劳动合同及管理人注册地人力资源和社会保障局出具的社会保险证明。 （2）如员工社会保险由第三方机构代缴，应上传员工劳动合同、社会保险缴纳记录和管理人与代缴方签署的人事委托合同，同时代缴方应为具有人力资源服务资质的机构
14	外包服务协议	外包服务协议须满足《私募投资基金服务业务管理办法》相关要求
15	普通合伙人与管理人存在关联关系的证明文件	本基金管理人应与普通合伙人存在关联关系。根据《企业会计准则第36号——关联方披露》的规定，一方控制、共同控制另一方或对另一方施加重大影响，以及两方或两方以上同受一方控制、共同控制或重大影响的，构成关联方，同时，如普通合伙人系由基金管理人高管团队及其他关键岗位人员出资情形，同样认定存在关联关系

续表

序号	附件名称	内容要求
16	出资能力证明	(1) 出资能力证明应为投资者的金融资产证明或未来收入证明等文件，且金融资产的预计变现价值与预计未来收入的总和可覆盖投资者对基金的累计实缴出资。 (2) 自然人投资者的出资能力证明文件包括但不限于银行存款、股票、债券、基金份额、资产管理计划、银行理财产品、信托计划、保险产品、期货权益等金融资产、投资类不动产/特殊动产、公司股权等非金融资产和一定时期内的薪资收入流水、分红流水、投资收益流水及其完税证明等文件。 (3) 机构投资者的出资能力证明文件包括但不限于验资报告、最近年度审计报告等文件

第三章
创业投资基金的投资

根据《创业投资企业管理暂行办法》的规定，创业投资，是指向创业企业进行股权投资，以期所投资创业企业发育成熟或相对成熟后主要通过股权转让获得资本增值收益的投资方式。同时，在《国家发展改革委有关负责人就颁布实施〈创业投资企业管理暂行办法〉答记者问》中曾提到："'创业投资'的英文是'venture capital'，在我国亦译为'风险投资'。从体现'支持创业'的投资取向考虑，《办法》[①] 统一采用'创业投资'表述。"由此可见，与私募股权投资基金相比较，创业投资基金投资早、中期项目需要冒更高的投资风险且具有更强的投资技能，为此需要配套与私募股权基金不同的扶持政策和治理环境。

第一节　创业投资基金的投资标的

根据基金业协会发布的《私募投资基金备案须知（2019 年版）》的规定，"私募股权投资基金的投资范围主要包括未上市企业股权、上市公司非公开发行或交易的股票、可转债、市场化和法治化债转股、股权类基金份额，以及中国证监会认可的其他资产"。私募股权基金与创业投资基金的投资标的在很大程度上存在交织重叠，但同时也存在不少差异。

根据《私募投资基金监督管理暂行办法》的规定，创业投资基金，是指主要投资于未上市创业企业普通股或者依法可转换为普通股的优先股、可转换债券等权益的股权投资基金。从该定义可知，创业投资基金的投资范围具有明确的界定，即创业投资基金主要对未上市的创业企业进行股权类投资。

① 指《创业投资企业管理暂行办法》。

但是,《私募投资基金监督管理暂行办法》对于上述定义中提及的“创业企业”没有进一步明确。

一、创业企业的定义与内涵

不同法规中,“创业企业”的定义与范围也不完全一致。《创业投资企业管理暂行办法》所称的创业企业,是指在“中华人民共和国境内注册设立的处于创建或重建过程中的成长性企业,但不含已经在公开市场上市的企业”,仅仅提出创业投资企业是不包含上市公司的成长性企业,但是对于成长性企业的具体特征或者标准有哪些,并未给予明确的界定。

目前的几个部门规章分别就创业企业的内涵进行了界定,并且依据不同的内涵创业企业可以申请不同的优惠政策,详见表3-1。

表3-1　不同部门规章对创业企业的界定及优惠政策

部分现行规章	国税发〔2009〕87号、《关于将国家自主创新示范区有关税收试点政策推广到全国范围实施的通知》(财税〔2015〕116号)、《关于有限合作制创业投资企业法人合伙人企业所得税有关问题的公告》(国家税务总局公告2015年第81号)	财税〔2018〕55号、《关于延续执行创业投资企业和天使投资个人投资初创科技型企业有关政策条件的公告》(财政部、税务总局公告2022年第6号)	《发行监管问答——关于首发企业中创业投资基金股东的锁定期安排》(证监会2017年6月2日)、《私募基金监管问答——关于首发企业中创业投资基金股东的认定标准》(中国证监会2017年6月2日)	《上市公司创业投资基金股东减持股份的特别规定》(证监会公告〔2020〕17号)
备案要求	必须在发改委备案为创投企业	发改委备案的创业投资企业或者基金业协会备案的创业投资基金	必须在基金业协会备案为创投基金	在基金业协会备案为创投基金或者股权基金都可以享受这个政策

续表

优惠政策	享受所得税优惠政策，也即可以按照投资额的70%在股权持有满2年的当年抵扣，当年不足抵扣的，可以在以后纳税年度结转抵扣		享受锁定期优惠待遇，也即发行人没有或难以认定实际控制人的，对于非发行人第一大股东但位列合计持股51%以上股东范围，并且符合一定条件的创业投资基金股东，可以仅锁定一年	享受减持优惠待遇，也即，创业投资基金享有减持方面的反向挂钩政策，期限越长，减持越快，且大宗交易方式下减持受让方无锁定期限制
条件	未上市的中小高新技术企业，应同时满足以下条件： （1）通过高新技术企业认定； （2）符合职工人数不超过500人，年销售（营业）额不超过2亿元，资产总额不超过2亿元的条件	初创科技型企业，应同时符合以下条件： （1）在中国境内（不包括港、澳、台地区）注册成立、实行查账征收的居民企业。 （2）接受投资时，从业人数不超过300人，其中具有大学本科以上学历的从业人数不低于30%；资产总额和年销售收入均不超过5000万元。 （3）接受投资时设立时间不超过5年（60个月）。 （4）接受投资时以及接受投资后2年内未在境内外证券交易所上市。 （5）接受投资当年及下一纳税年度，研发费用总额占成本费用支出的比例不低于20%	项目投资符合下列全部条件的创业投资基金： （1）创业投资基金首次投资该首发企业时，该首发企业成立不满60个月。 （2）创业投资基金首次投资该首发企业时，该首发企业同时符合以下条件：经企业所在地县级以上人力资源和社会保障部门或社会保险基金管理单位核定，职工人数不超过500人；根据会计师事务所审计的年度合并会计报表，年销售额不超过2亿元、资产总额不超过2亿元。 （3）截至首发企业发行申请材料接收日，创业投资基金投资该企业已满36个月	满足下列情形之一的企业： （1）首次接受投资时，企业成立不满60个月； （2）首次接受投资时，企业职工人数不超过500人，根据会计师事务所审计的年度合并会计报表，年销售额不超过2亿元、资产总额不超过2亿元； （3）截至发行申请材料受理日，企业依据《高新技术企业认定管理办法》已取得高新技术企业证书。

续表

难度	有一定门槛，需要高新技术企业与“522”条件同时满足	有一定门槛，难点是满足研发费用占比20%的条件	有一定门槛，难点是在申报之前36个月需要进行投资	相对容易满足，只需要三个条件符合其中之一

由此可见，创业企业应该为成立不满60个月的企业得到全部机构的认可；但是，对于是否需要符合“522”条件，[①] 或取得高新技术企业证书，以及对研发费用比例的具体要求等，则存在不同观点。因此，在讨论创业投资基金所投资企业是否属于“创业企业”时，需要根据实际应用场景并结合适宜认定“创业企业”的规定综合判定。尤其是在考虑适用或申请创业投资基金的特殊待遇或优惠时，需要根据不同的规定和要求，确定是否符合对应的标准。同时，创业投资基金需要综合把握有关“创业企业”的标准，熟悉并掌握各类优惠政策，以指导未来的投资方向。

二、创业投资基金的投资范围

根据基金业协会《私募投资基金类型说明》的规定，创业投资基金是主要向处于创业各阶段的未上市成长性企业进行股权投资的基金（新三板挂牌企业视为未上市企业）；不涉及沪深交易所上市公司定向增发股票投资的，按照创业投资基金备案；如果涉及上市公司定向增发，按照私募股权投资基金备案。由此可见，基金业协会将新三板挂牌企业纳入创业企业范畴，而沪深交易所上市公司未纳入，基金投资后者的情形下，应备案为股权投资基金。但需要关注的是，基金业协会对于产品备案属于事先申请报备机制，目前并无备案后对投资标的是否相符进行审核的机制。创业投资基金与私募股权投资基金的具体对比详见表3－2。

---

① “522”条件：职工人数不超过500人，根据会计师事务所审计的年度合并审计报表，年销售额不超过2亿元、资产总额不超过2亿元。

表3－2　创业投资基金与私募股权投资基金对比

业务类型/基金类型	主要投资范围	特别类型
创业投资基金	主要向处于创业各阶段的未上市成长性企业进行股权投资的基金（新三板挂牌企业视为未上市企业）	主要投资新三板拟挂牌企业和已挂牌企业的私募基金，可按照“创业投资基金”备案
私募股权投资基金	主要投资非公开交易的企业股权	涉及沪深交易所上市公司定向增发的，按照私募股权投资基金的“上市公司定增基金”备案

虽然《私募投资基金类型说明》中仅提及了沪深交易所上市公司的定向增发这种投资方式，并未提及可转债、优先股、可交债等与上市公司关联的股权投资方式，但笔者认为，该等投资方式也应归属于股权投资而非创业投资的范畴。与此同时，《私募投资基金类型说明》中未提及的境外上市公司的股权投资，也应该归属股权投资而非创业投资的范畴。

第二节　创业投资基金的投资方式

根据“创投国十条”的规定，就创业企业而言，我国拟建立股权债权等联动机制，具体包括，“创业投资企业与各类金融机构长期性、市场化合作机制，进一步降低商业保险资金进入创业投资领域的门槛，推动发展投贷联动、投保联动、投债联动等新模式”；“支持银行业金融机构积极稳妥开展并购贷款业务”；“完善银行业金融机构投贷联动机制，稳妥有序推进投贷联动业务试点，推动投贷联动金融服务模式创新”；“支持创业投资企业及其股东依法依规发行企业债券和其他债务融资工具融资，增强投资能力”。

对于创业投资基金而言，结合《私募投资基金监督管理暂行办法》的规定，创业投资基金可通过投资未上市创业企业普通股或依法可转换为普通股的优先股、可转换债券等的方式投资于未上市创业企业。

一、股权投资方式

对于创业投资基金而言，常见的投资方式即股权投资方式。在该投资方式上，创业投资基金与私募股权基金没有实质性的区别。

在股权投资具体方式上，既有一次性投资到位，也有多阶段跟进投资方式。一次性投资到位比较容易理解。多阶段跟进投资方式，主要是指创业投资基金可根据创业企业的发展阶段、业务进展、商业模式等的不同，分阶段、多次进行投资。在完成首次投资后如果企业根据设想或预定计划顺利发展，创业投资基金可以继续追加投资，持续发力并与企业共同发展。同时，创业企业发展顺利的情况下，后续可能会进行多轮次融资，每次融资后创业投资基金的股权比例都将被稀释。创业投资基金可能会在后续轮次跟进投资，维持一定的股权比例。同时，同一个管理人管理的多只基金，如果遇有优质的投资项目，也会持续加注，谋求更高、更长远的投资收益与回报。

反之，如果创业企业发展偏离预期并且存在较大风险时，创业投资基金也能够及时关注、复盘审核，评估风险并决定下一步动作。分阶段、多次投资的方式，对于优质企业，有助于持续加注、提高投资比重；对于劣质项目，可以及时关注风险、复盘止损。

二、可转换债券投资方式

根据《私募投资基金监督管理暂行办法》的规定，创业投资基金可通过投资于未上市创业企业可转换债券等方式投资于未上市创业企业。但是，《私募投资基金监督管理暂行办法》对于可转换债券没有进一步明确的规定。通常理解的可转债包括对未上市企业的可转换债券投资、上市公司可转换债券、非上市公司可转换债券或者区域性股权交易市场企业的可转换债券。

实践中，创业投资基金采用可转换债券方式投资于创业企业属于较为常见的方式，也是实际投资业务中的现实需求。对于某些尚不具备投资条件但具有投资前景的企业，创业投资基金往往先行采取可转换债券方式给企业提供一笔借款，并且约定可以根据实际情况适时转换为企业的股权。一方面可以更快地锁定项目，另一方面也给基金预留一定的投资判断时间。

由于基金业协会已将涉及沪深交易所上市公司定向增发的私募基金归类为私募股权投资基金。笔者理解，创业投资基金仅能参与非上市公司（包括新三板已挂牌企业）可转换债券的投资。此外，由于在私募基金备案实操过程中基金业协会大概率会将可转换债券投资的方式视为“债权投资”，创业投资基金应当控制投资于可转换债券的比例，原则上以不超过基金规模的20%为宜。

三、债权投资方式

基金业协会在2018年1月12日发布的《私募投资基金备案须知（2018版）》（已失效）中规定，私募基金的投资不应是借贷活动，且明确了借贷性质的投资活动不属于私募基金的范围。基金业协会2019年12月23日发布的《私募投资基金备案须知（2019版）》第2条进一步明确规定：“私募投资基金不应是借（存）贷活动。下列不符合‘基金’本质的募集、投资活动不属于私募投资基金备案范围：1. 变相从事金融机构信（存）贷业务的，或直接投向金融机构信贷资产；2. 从事经常性、经营性民间借贷活动，包括但不限于通过委托贷款、信托贷款等方式从事上述活动；3. 私募投资基金通过设置无条件刚性回购安排变相从事借（存）贷活动，基金收益不与投资标的的经营业绩或收益挂钩；4. 投向保理资产、融资租赁资产、典当资产等《私募基金登记备案相关问题解答（七）》所提及的与私募投资基金相冲突业务的资产、股权或其收（受）益权；5. 通过投资合伙企业、公司、资产管理产品（含私募投资基金，下同）等方式间接或变相从事上述活动。”

《私募投资基金备案须知（2019版）》进一步明确，为确保平稳过渡，按照“新老划断”原则，协会于2020年4月1日起不再办理不符合须知要求的新增和在审备案申请。2020年4月1日之前已完成备案的私募投资基金从事须知第2条中不符合“基金”本质活动的，该私募投资基金在2020年9月1日之后不得新增募集规模、不得新增投资，到期后应进行清算，原则上不得展期。

因此，在2018年以前，其他类私募基金管理人可以发起设立主要采用债权投资方式的其他类私募基金。但是自2018年之后，基金业协会逐步限制甚至实际暂停办理其他类私募基金管理人的登记和其他类私募基金备案。自2020年4月1日之后，更进一步限制了股权投资基金的债权投资方式，已完成备案但不符合“基金”本质活动的私募投资基金不得新增募集规模、不得新增投资，到期后应进行清算，原则上不得展期。

在其他类私募基金完全限制后，基金业协会曾在研讨会中提到私募基金可以综合运用股权、夹层、可转债、符合资本弱化限制的股东借款等工具投资到被投企业，形成权益资本。就创业投资基金而言，在实操过程中，受限于基金业协会目前对于创业投资基金的投资方式和投资范围自律规则的要求，如果实施可转换债券或债权投资，需要严格限制并符合基金业协会的相关规定与要求。

此外，中国证监会于2021年12月30日发布了《关于加强私募投资基金监管的若干规定》，明确提及私募基金财产不得投资于“借（存）贷、担保、明股实债等非私募基金投资活动，但是私募基金以股权投资为目的，按照合同约定为被投企业提供1年期限以内借款、担保除外”，但是该等“借款或者担保到期日不得晚于股权投资退出日，且借款或者担保总额不得超过该私募基金实缴金额的20%，中国证监会另有规定的除外”。基于此，对于创业投资基金、股权投资基金等以股权投资为目的的私募基金而言，原则上已被禁止采取向被投资企业提供期限超过1年的借款、担保的债权投资形式，且对于提供期限为1年以内的借款、担保的，应当符合两个条件：第一，借款或者担保到期日不得晚于股权投资退出日；第二，借款或者担保总额不得超过私募基金实缴金额的20%，且借款或者担保总额应当合并计算（如存在多次借款、担保的情况）。

由此可见，对于创业投资基金而言，采用债权投资方式不属于其投资的应有之义，因而受到越来越严格、明确的监管。

四、其他投资限制

与私募股权基金相比，在现行中国证监会的部门规章以及基金业协会的自律规则体系下，除了不得投资于上市企业之外，暂无对创业投资基金的特别投资限制。

对于选择在国家发改委备案的创业投资企业，其投资运作应当符合《创业投资企业管理暂行办法》的规定。具体而言，其经营范围限于“（一）创业投资业务。（二）代理其他创业投资企业等机构或个人的创业投资业务。（三）创业投资咨询业务。（四）为创业企业提供创业管理服务业务。（五）参与设立创业投资企业与创业投资管理顾问机构”。且创业投资企业“不得从事担保业务和房地产业务，但是购买自用房地产除外”“对单个企业的投资不得超过创业投资企业总资产的20%”。

如果该创业投资企业同时选择在基金业协会进行备案，则需要同时符合基金业协会上述关于可转换债券投资或债权投资的限制。

第三节　创业投资基金的投资扶持政策

基于“创投国十条”的要求，我国正在逐步构建符合创业投资行业特点的法治环境，包括加强政府引导和政策扶持、完善创业投资相关法律法规和优化创业投资市场环境。目前，创业投资基金在“募”“投”“退”等阶段已获得一定程度的优惠政策。

一、资产管理产品投资创业投资基金的嵌套限制

根据中国人民银行、中国银行保险监督管理委员会（以下简称中国银保监会）、中国证监会、国家外汇管理局于2018年4月27日联合发布的《关于规范金融机构资产管理业务的指导意见》（以下简称《资管新规》）的规定，“私募投资基金适用私募投资基金专门法律、行政法规，私募投资基金专门法律、行政法规中没有明确规定的适用本意见，创业投资基金、政府出资产业投资基金的相关规定另行制定”。《资管新规》严格适用于金融资管机构，却给创业投资基金预留了空间。

作为《资管新规》的补充规则之一，国家发改委、财政部、中国人民银行、中国银保监会、中国证监会、国家外汇管理局于2019年10月19日发布的《规范资管投资的通知》对《资管新规》明确排除适用的创业投资基金和政府出资产业投资基金相关事项进行了约定。

“本通知所称创业投资基金，是指向处于创建或重建过程中的未上市成长性创业企业进行股权投资，以期所投资创业企业发育成熟或相对成熟后，主要通过股权转让获取资本增值收益的股权投资基金。适用本通知的创业投资基金应同时满足以下条件：（一）符合《创业投资企业管理暂行办法》（发展改革委2005年第39号令）或者《私募投资基金监督管理暂行办法》（证监会2014年第105号令）关于创业投资基金的有关规定，并按要求完成备案；（二）基金投向符合产业政策、投资政策等国家宏观管理政策；（三）基金投资范围限于未上市企业，但所投资企业上市后基金所持股份的未转让及其配售部分除外；（四）基金运作不涉及债权融资，但依法发行债券提高投资能力的除外；（五）基金存续期限不短于7年；对基金份额不得进行结构化安排，但政府出资设立的创业投资引导基金作为优先级的除外；（六）基金名称体现‘创业投资’字样或基金合同和基金招募说明书中体现‘创业投资’策略”。

《规范资管投资的通知》主要是对资产管理产品出资创业投资基金和政府出资产业投资基金适用《资管新规》及其实施细则等问题加以明确，同时明确规定符合《规范资管投资的通知》要求的两类基金接受资产管理产品及其他私募投资基金投资时，该两类基金不视为一层资产管理产品。《规范资管投资的通知》规定的两类特殊类型的基金投向应符合国家产业政策、投资政策等国家宏观管理政策，对直接服务于培育壮大新兴产业集群、提升自主创新能力、关键领域核心技术攻关、装备智能化转型升级、创新创业创造等方向的部分基金予以重点支持。对于创业投资基金，还要求基金投资范围限于未上市企业、基金存续期限不短于7年、基金名称体现“创业投资”字样或基金合同和基金招募说明书中体现“创业投资”策略等。

《规范资管投资的通知》提出两方面的豁免规定：一是允许资管产品投资符合《规范资管投资的通知》规定要求的两类基金。二是适度放开嵌套限制。《资管新规》对资产管理产品的多层嵌套进行了较为严格的限制，有利于减少资金在金融机构内部的流转环节，降低企业融资成本。部分两类基金具有“母基金”性质，直接服务于实体经济，不属于《资管新规》禁止的资产管理产品在金融系统“脱实向虚”“体内循环”的情形。因此《规范资管投资的通知》提出，符合规定要求的两类基金接受资产管理产品及其他私募投资基金投资时，不视为一层资产管理产品，避免对基金运作产生影响。该政策适用于过渡期内和过渡期结束后。

二、公司制创业投资基金发行公司债的专项支持

“创投国十条”规定，“支持创业投资企业及其股东依法依规发行企业债券和其他债务融资工具融资，增强投资能力”。

2017 年 7 月 4 日，中国证监会发布了《关于开展创新创业公司债券试点的指导意见》（以下简称《双创债指导意见》）。根据《双创债指导意见》的规定，发行“双创债”的主体有两类，一类是创新创业公司，另一类是创业投资公司。创新创业公司，是指从事高新技术产品研发、生产和服务，或者具有创新业态、创新商业模式的中小型公司。创业投资公司，是指公司制创业投资基金和创业投资基金管理机构，[①] 可依照《公司法》《证券法》《公司债券发行与交易管理办法》和其他法律法规及部门规章发行创新创业公司债进行资金募集，但是所募集资金应当专项投资于种子期、初创期、成长期的创新创业公司的股权。

根据《双创债指导意见》的规定，创新创业公司债本质上仍是一种公司债券，但专项投资于创新创业公司的股权，因此，对于发行主体的要求比较高。在《双创债指导意见》出台后，目前已有深圳市创新投资集团有限公司、苏州元禾控股股份公司、成都高新投资集团有限公司、上海浦东科创集团有限公司、安徽省高新技术产业投资公司、苏州国发创业投资控股有限公司、上海科技创业投资（集团）有限公司、江苏高科技投资集团有限公司等大型国有创业投资机构发行了“双创债”，票面利率比较低，“双创债”成为大型国有创业投资机构重要的募资途径。民营创业投资机构中，浙商创投股份有限公司、天堂硅谷资产管理集团有限公司、天图投资管理股份有限公司也进行了试水，虽然票面利率相对比较高，但是能够成功借助“双创债”募集资金，已经非常不容易。

① 创业投资公司，是指符合《私募投资基金监督管理暂行办法》《创业投资企业管理暂行办法》等有关规定，向创新创业企业进行股权投资的公司制创业投资基金和创业投资基金管理机构。发行创新创业公司债募集的资金应专项投资于种子期、初创期、成长期的创新创业公司的股权。

三、上市公司创业投资基金股东减持

根据《创投基金股东减持特别规定》《上海证券交易所上市公司创业投资基金股东减持股份实施细则（2020 年修订）》等规则，在基金业协会备案且符合条件的创业投资基金，在所投资的早期中小企业或者高新技术企业上市后，通过证券交易所大宗交易或集中竞价交易减持其持有的公司首次公开发行前发行的股份，只要投资期限超过 36 个月，可以适用反向挂钩的原则进行加速减持，具体优惠政策将在第五章进行详细介绍。

四、创业投资基金的税收优惠

根据财税〔2018〕55 号文的规定，采取股权投资方式直接投资于种子期、初创期科技型企业满 2 年的创业投资基金，可以按照投资额的 70% 在股权持有满 2 年的当年抵扣创业投资企业的应纳税所得额。同时，财税〔2019〕8 号文规定，创业投资企业可以选择按单一投资基金核算或者按年度所得整体核算，对个人合伙人来自创业投资企业的所得计算个人所得税应纳税额。具体优惠政策将在本书第七章进行详细介绍。总体而言，创业投资基金符合一定的条件并且投资项目符合条件的，都可以根据规定申请相应的税收优惠，为合伙人争取更多的优惠政策。

附：创业投资基金主要投资条款清单

在与被投资企业签署正式投资协议之前，创业投资基金（作为投资方）通常会与被投资企业及创始人/实际控制人就本次投资的核心商业条件和重要投资方权利进行商谈、确定，并以此为基础准备正式的投资协议。

作为参考，以下附表的主要投资条款清单仅列示了惯常的投资条款清单要素及核心内容，作为投资方的创业投资基金可根据实际情况调整附表1。

附表1　主要投资条款清单

投资对象	【　　】[1]
创始人/实际控制人（和核心员工）	被投资企业的创始人为【　　】，实际控制人为【　　】[2]
本轮投资方	领投方为【　　】，跟投方为【　　】、【　　】和【　　】
估值	被投资企业本次投前估值为人民币【　　】元
本轮投资额	本轮投资额总计【　　】万元人民币，其中领投方投资额【　　】万元人民币（占本次投资后被投资企业【　　】%股权），跟投方投资额【　　】万元人民币（占本次投资后被投资企业【　　】%股权）。本轮新增股东出资情况详见本清单后附的新增股东出资情况表
本轮投资方式	本轮投资以增资/受让老股的方式进行
本轮投资先决条件	只有在如下先决条件均得到满足或者经本轮投资方书面豁免的前提下，本轮投资方才会向被投资企业支付本轮投资款： (1) 被投资企业的股东会、董事会和/或其他决策机构通过有关本次投资的决议，且已完成内部审批程序； (2) 被投资企业原股东已明确放弃与本次投资相关的优先购买权/优先认购权； (3) 本轮投资方已完成对被投资企业的商业、法律、财务尽调，且尽调结果令本轮投资方满意； (4) 本轮投资方内部已通过实施本次投资的审批程序； (5) 被投资企业不存在任何诉讼、仲裁、行政处罚以及其他不利于被投资企业的情况； (6) 其他本轮投资方应当列示为先决条件的内容

续表

投资方优先权利（投资方需根据具体情况选择适用）	（1）反稀释权 在被投资企业新一轮融资的价格低于投资方本次投资的投资价格时，投资方有权要求被投资企业、创始人/实际控制人采用股权补偿、现金补偿等方式，回溯性调低投资方投资被投企业的投资价格（采用完全棘轮方式或加权平均方式），以使投资方取得被投资企业的股权的投资价格不高于新一轮投资方的投资价格。 （2）优先认购权 在被投资企业新一轮融资时，投资方有权按照其持有的股权相对比例优先认购被投资企业新发行的股权。 （3）优先购买权 在被投资企业的创始人及其控制的其他股东对外直接或间接转让被投资企业股权时，投资方有权按照其持有的股权相对比例按照同样的条件优先购买拟转让的股权。 （4）共同出售权 在被投资企业的创始人及其控制的其他股东对外直接或间接转让被投资企业股权，且投资方不行使优先购买权时，投资方有权在同等条件下与创始人及其控制的其他股东共同出售投资方所持有的全部或者部分股权。 （5）拖售权 在投资方或者一定比例投资方同意转让其持有的被投资企业股权时，包括创始人在内的其他股东应当按照同等条件与投资方共同向潜在受让方出售其持有的股权。 （6）回购权 在被投企业发生特定事件时（如被投企业在约定时间内未完成上市、创始人和核心员工发生实质违约、公司出现重大不利变化等情形），投资方有权要求创始人（实际控制人）/公司回购投资方所持有的股权。 （7）投资方股权自由转让 投资方有权自行决定将其持有的被投资企业股权转让给其他方（无论是被投企业其他股东，抑或是外部第三方，但被投资企业的竞争者除外），而无须经被投资企业、创始人或其他股东事先同意，亦无须受到其他不合理的限制。 （8）优先分红权 在被投资企业符合分红条件时，投资方有权优先于创始人及其他劣后投资方分得约定收益，以及参与剩余利润分配。

续表

	(9) 优先清算权 在被投资企业发生清算事件时，投资方有权优先于创始人及其他劣后投资方从可分配清算财产中分得约定清算财产，以及参与剩余清算财产分配。 (10) 知情权 被投资企业定期或不定期向投资方提供财务信息、经营信息和其他投资方需要的信息，以便投资方及时、准确了解被投资企业的运营情况。 (11) 最惠国待遇条款 若被投资企业的其他投资人享有比投资方本次投资更加优惠的条款或条件，则投资方有权获得该等更加优惠的条款或条件
投资方保护性条款	在如下特定重大事件的表决过程中，如未经投资方或其委派的董事批准，被投资企业不得作出有关决议和采取相应的行动： (1) 对被投资企业章程作出不符合投资方利益的修改； (2) 被投资企业增加或减少注册资本、合并、分立或变更公司形式； (3) 被投资企业破产、清算、解散或者破产重组； (4) 就被投资企业股权、资产进行交易，且交易金额超过【 】万元人民币的重大资产、业务出售、合并重组、收购等； (5) 其他投资方认为有必要约定的情况
陈述与保证	被投资企业、创始人/实际控制人分别向投资方作出惯常的陈述与保证，包括但不限于： (1) 在投资协议签署之日起至本次投资交割完成期间（以下简称过渡期），维持被投资企业正常有序的经营，且在过渡期内被投资企业对外提供借款、担保金额超过【 】万元的行为应当取得投资方的事先同意； (2) 过渡期内，被投资企业不得新增负债及可能承担责任的情况（但被投资企业因日常经营需要向银行申请金额不超过【 】万元的授信的情况除外）； (3) 在本次投资后【 】日内办结本次投资相关的工商变更登记手续； (4) 保证履行创始人/实际控制人、核心员工的同业竞争限制等义务； (5) 其他投资方认为有必要约定的情况

续表

排他性条款	在排他期限内，被投资企业及其创始人（实际控制人）不得就其他方投资被投资企业进行任何接触，更不得接受其他方提供的投资要约，或者向其他方发出投资要约
保密责任条款	被投资企业、创始人/实际控制人、投资方未经其他方同意均不得将本投资条款清单所载之交易向任何第三方进行披露
争议解决条款	与本次投资相关的争议应提交【仲裁机构或诉讼法院】在【仲裁地或法院所在地】解决
有效性	本投资条款清单未包含本次投资的所有重要条款，对于签署协议各方不具有法律约束力，但本条款及“争议解决”“保密责任”“排他性”除外

〔1〕被投资企业。

〔2〕在某些项目中，除创始人/实际控制人之外，投资方还会要求明确对被投资企业运营及发展有卓越贡献的核心员工，并促使被投资企业长期有效维持与该等核心员工的劳动合同关系，并对该等核心员工的竞业限制义务作出明确约定。

附表2　新增股东出资情况

新增股东名称/姓名	投资额/万元	新增认缴出资/万元	资本公积金/万元

第四章

创业投资基金的管理

创业投资基金的管理，在实践中往往作为一种统括性的表述，反映的是基金管理人与创业投资基金之间的关系，其核心内容可以概括为创业投资基金的管理模式与管理内容。创业投资基金的基金管理人在创业投资基金管理过程中，需要重点关注创业投资基金管理模式与治理架构的选择和设计，以及管理人履行管理职责的边界与或有风险。

第一节　创业投资基金管理的组织模式

创业投资基金的管理模式主要包括基金管理人与创业投资基金主体间法律关系、管理职能机构设置以及管理职权分配等内容。创业投资基金具体管理模式的选择与设计，需要基于基金选择的组织形式所适用的相关法律规定，并根据基金的实际情况与具体诉求对基金管理职能机构的设置与职权分配进行特异性安排。

如本书第二章所述，现阶段，我国境内创业投资基金的组织形式主要包括三类[①]，分别为公司型、合伙型以及契约型。就管理模式而言，创业投资基金与私募股权投资基金并无明显差异，本章将对该三种模式做详细介绍。

一、公司型创业投资基金

公司型创业投资基金，是指依据《公司法》设立，以公司作为基金载体开展投资运作的创业投资基金。根据《公司法》的规定，我国境内设立的公

① 实践中，存在个别基金采取中外合作企业、事业单位法人等组织形式，但数量极少且多基于特定背景，不具有参考意义，故在此不做展开。

司包括有限责任公司和股份有限公司两类。实务中，公司型创业投资基金绝大多数采用有限责任公司的形式。

公司型创业投资基金本身作为独立的法律实体，具备法人资格，具有民事权利能力和行为能力，能够以自身名义独立享有和承担民事权利与义务，并以其全部财产独立对外承担民事责任，公司的股东（投资者）原则上以其认缴出资额或认购股份为限对公司的债务承担有限责任。公司型创业投资基金以《公司法》作为基金设立、运作的法律依据，基金投资者与基金管理人之间的权利义务安排，除受限于《公司法》的强制性规定外，主要通过《公司章程》进行约定设计。

私募基金的管理类型分为自我管理、委托管理以及顾问管理①三种。实践中，创业投资基金根据其组织形式的不同，一般采取自我管理或委托管理形式。

（1）自我管理的公司型创业投资基金

自我管理，是指基金管理人同时作为私募基金（基金管理人与基金为同一机构），以其出资人作为投资者，通过内设管理职能部门实施基金管理行为，在机构内部通过设置委托代理机制实现收益权与管理权的分离，实现自我管理。自我管理模式下，基金管理安排通常由机构章程性文件或内部制度予以明确。自我管理型主要见于公司型创业投资基金。②

如图4－1所示，采取自我管理的公司型创业投资基金的治理结构通常按照《公司法》的相关规定组建，即设立股东会、董事会或执行董事、监事会或监事，并聘请经理进行经营管理。此外，公司型基金亦可在公司董事会下设投资决策议事机构，即投资决策委员会，投资决策委员会的成员通常由公司董事会选举产生，任期与董事相同，具体负责基金的投资目标、投资计划、投资组合等重大事项。但不同于有限合伙型基金，因为利益一致，投资决策

① 顾问管理，是指基金管理人受聘担任相关私募基金或其他资管产品（如券商资管计划、基金专户、基金子公司资管计划、信托计划等）的投资顾问的服务管理模式，常见于各类信托、资管计划，在创业投资基金中较为少见，故在此不做展开。

② 经检索基金业协会信息公示系统，截至2021年6月，亦存在个别采取自我管理的合伙型私募基金。

委员会成员往往与公司董事会成员重叠，因此，由董事会直接管理公司型基金更为普遍。

需要关注的是，采取自我管理的公司型创业投资基金需在基金业协会完成私募基金管理人登记与私募基金备案。

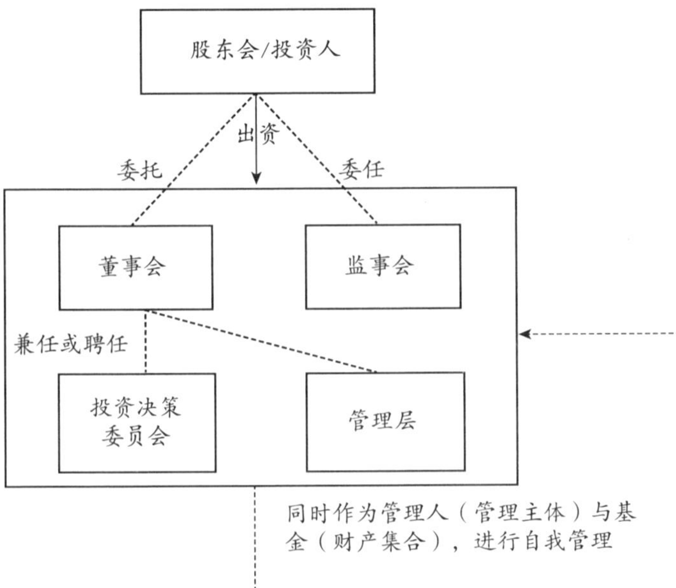

图4-1　自我管理的公司型创业投资基金的治理结构

（2）受托管理的公司型创业投资基金

受托管理，是指基金管理人与基金载体为不同主体，私募基金经股东会或董事会作出决议，通过授权委托的方式，将基金财产委托给已完成管理人登记的私募基金管理机构，由该机构作为基金管理人向基金业协会办理基金备案，并负责基金后续投资管理运作。受托管理模式下，公司型创业投资基金的基金管理安排通常由基于基金与管理机构签署的委托管理协议予以约定（见图4-2）。

总体而言，公司型创业投资基金因具有投资者参与基金治理、投资决策程度高、法律保障充分等优势，是创业投资基金较常采用的组织形式。

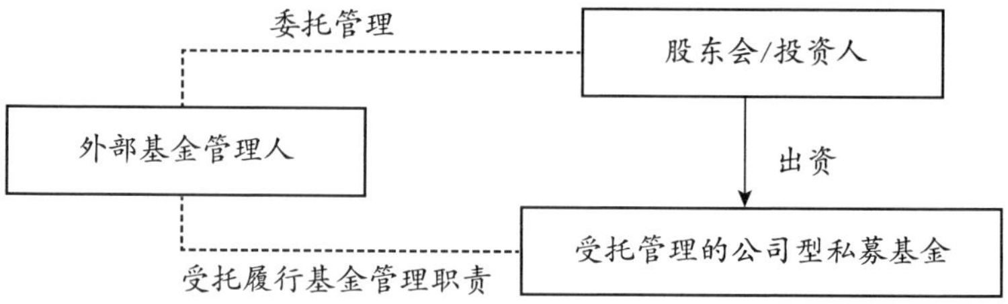

图 4-2　受托管理的公司型创业投资基金的治理结构

采取自我管理的公司型创业投资基金在实践中渐趋减少。根据基金业协会信息公示系统数据显示，截至 2021 年 6 月，在基金业协会备案的自我管理型基金共计 301 只，正在运作的有 183 只。其中，在 2017 年之前备案的自我管理型基金有 336 只①，在 2017 年之后备案的自我管理型基金有 17 只，具体为 2017 年 10 只、2018 年 5 只、2019 年 1 只、2020 年 1 只。在 2017 年之后备案的 17 只自我管理型基金均为公司型私募基金，其中 13 只为创业投资基金，且多只基金为地方政府引导基金、政府出资产业投资基金。

二、合伙型创业投资基金

合伙型创业投资基金，是指依据《合伙企业法》设立，以合伙企业作为基金载体开展投资运作的创业投资基金。根据《合伙企业法》的规定，我国境内设立的合伙企业包括普通合伙企业（含特殊的普通合伙企业）与有限合伙企业两类。实务中，合伙型创业投资基金大多采用有限合伙企业的形式。

合伙型创业投资基金本身作为独立的法律实体，虽不具备法人资格，但具有民事权利能力和行为能力，能够以自身名义独立享有和承担民事权利与义务。合伙型创业投资基金的两类合伙人依其在合伙企业中身份与权利的差异，亦适用不同的责任承担方式，即普通合伙人须对合伙企业的债务承担无限连带责任，有限合伙人原则上以其认缴出资为限对合伙企业的债务承担有

① 根据基金业协会公示信息，在 2017 年之前备案的 336 只自我管理型私募基金中，部分基金与其管理人非同一主体，甚至存在契约型基金备案为自我管理类型的情形，这可能是因为当时对自我管理型基金还存在一定误解。而在 2017 年之后备案的 17 只自我管理型私募基金均为公司型基金，且基金与管理人均为同一主体。

限责任。

（一）管理模式概述

合伙型创业投资基金须具有一个及以上的普通合伙人，由普通合伙人负责执行合伙事务。如有两个及以上的普通合伙人，则通常委托一个或者数个合伙人作为执行事务合伙人，其他不执行合伙事务的合伙人有权监督合伙事务执行情况。

合伙型创业投资基金一般采取受托管理模式。而根据基金管理人是否为合伙型创业投资基金的普通合伙人，又可以进一步细分为内部受托管理与外部受托管理两种，前者是普通合伙人为已登记的私募基金管理人，并根据合伙协议约定受托担任基金管理人，即该普通合伙人同时执行合伙事务并履行基金管理职责；后者是普通合伙人不担任基金管理人，以基金名义通过委托管理协议委托其已登记为私募基金管理人的关联方①作为合伙型创业投资基金的基金管理人，履行基金管理职责。两种管理模式的结构如图 4 –3 所示。

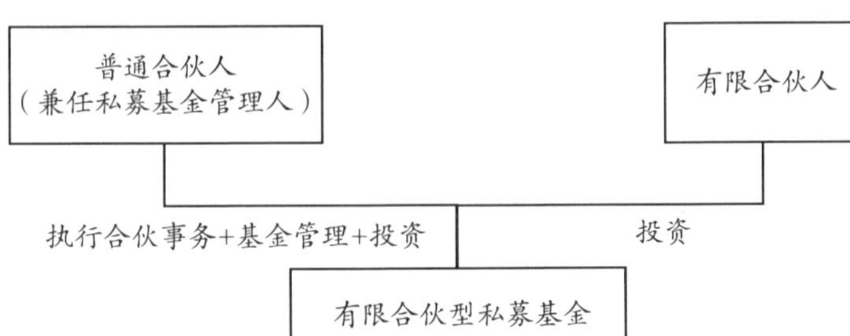

图 4 –3　合伙型创业投资基金的管理模式

在内部受托管理的有限合伙型私募基金中，其普通合伙人除作为该合伙企业的执行事务合伙人执行合伙事务外，还同时兼任该有限合伙制私募基金的基金管理人，履行基金管理人职责（见图 4 –4）。

---

①　根据基金业协会目前的备案管理要求，合伙型私募基金中，非担任普通合伙人的基金管理人须与普通合伙人存在关联关系。根据《企业会计准则第 36 号——关联方披露》的规定，一方控制、共同控制另一方或对另一方施加重大影响，以及两方或两方以上同受一方控制、共同控制或重大影响的，构成关联方；同时，如普通合伙人系由基金管理人高管团队及其他关键岗位人员出资情形，同样认定存在关联关系。

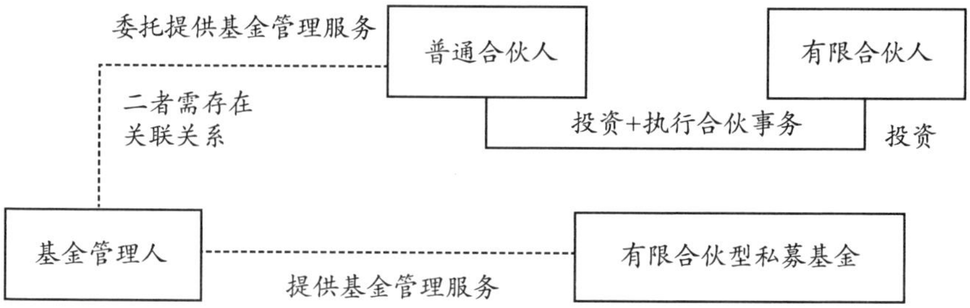

图 4－4　内部受托管理的有限合伙型私募基金的管理模式

在外部受托管理的有限合伙型私募基金中，其普通合伙人仅作为该合伙企业的执行事务合伙人执行相关合伙事务，合伙企业另行委托该普通合伙人的关联方担任该有限合伙制私募基金的基金管理人并履行基金管理人职责。

（二）管理机构与职权

区别于公司型创业投资基金，《合伙企业法》并未对合伙型创业投资基金的内部治理机构作出强制性要求，而是将基金治理结构的设计与决定权交由基金管理人与投资者。在实践中，随着行业不断深化发展与各方利益博弈，在合伙型创业投资基金中通常会设置投资决策委员会、咨询委员会以及合伙人会议等内部管理职能机构，履行基金投资决策以及相关重大事项的管理职权。合伙型创业投资基金的三个内部机构的职能比较见表 4－1。

表 4－1　合伙型创业投资基金的三个内部机构的职能比较

项目	投资决策委员会	咨询委员会	合伙人会议
组成	通常由 3～5 名人员组成（多为单数设置），一般由基金管理机构委派，部分有限合伙基金中的有限合伙人也有权委派人员或外部专家	通常由 3～7 名人员组成（多为单数设置），一般由有限合伙人委派人员构成。 实务中通常根据有限合伙人的出资规模来决定委派人员的权利或席位，或者由全体有限合伙人共同推荐产生	由全体合伙人组成

续表

项目	投资决策委员会	咨询委员会	合伙人会议
职权范围	负责审议基金投资管理与退出的重大事项，通常包括： (1) 投前阶段主要包括投资项目的立项、筛选以及投资方式、投资金额的确定等。 (2) 投后阶段主要为与投后管理相关的重大事项，包括确定向被投企业委派的董事、监事和高级管理人员以及决定被投企业股东会、董事会审议事项等。 (3) 退出阶段主要包括决定投资的延期、退出方式，甚或决定采取法律措施来维护基金合法权益等	负责对基金管理机构的监督并参与基金重大事项的审议，通常包括： (1) 基金拟进行的关联交易或利益冲突事项。 (2) 对于执行事务合伙人提交的涉及投资限制的事项给予豁免。 (3) 就执行事务合伙人按照市场公允价格合理确定的非现金资产价值进行表决。 (4) 就普通合伙人权益转让事项及普通合伙人退伙进行表决	根据《合伙企业法》以及基金合同参与公司的管理，通常包括： (1) 除执行事务合伙人单独决定事项外，修改合伙协议。 (2) 决定延长基金存续期限。 (3) 调整基金管理机构和基金托管机构的费用标准。 (4) 合伙人入伙、退伙以及身份转换。 (5) 合伙份额转让。 (6) 决定、调整合伙企业应承担的合伙费用。 (7) 合伙企业的债务性融资和对外担保事宜。 (8) 决定合伙企业提前解散及清算。 (9) 执行事务合伙人可独自决定之外的可能影响合伙人利益的其他事项

上述基金内部治理结构需要注意如下问题：

(1) 关于“投资决策委员会观察员”的问题。基金管理机构基于募集资金等原因向有限合伙人开放投资决策委员会的席位，尽管有利于有限合伙人更好地把控创业投资基金的运营风险，但有限合伙人通过委派投资决策委员会委员的方式参与到创业投资基金的投资管理实务中，存在突破有限合伙人不执行合伙事务及“安全港”原则的嫌疑。而在创业投资基金的投资运作发生法律风险时，该等安排亦易造成基金管理机构与有限合伙人之间权责的模糊，甚或发生相应的纠纷。因此，实务中逐渐衍生出“投资决策委员会观察员身份”这一角色，即由有限合伙人向创业投资基金委派投资决策委员会观察员列席投资决策委员会，以便在保障有限合伙人对创业投资基金投资运作的知情权和建议权的同时，规避前述操作风险。而在部分基金中，观察员还具有拟审议项目的否决权，客观上获得了前置的项目决策权。

（2）咨询委员会与合伙人会议的职权划分问题。为了明确咨询委员会的权限以及保障相关安排的可操作性，对于咨询委员会享有决定权的事项，一般需在合伙协议中直接作出明确的界定。但是，实践中，并非每个私募基金均会设立咨询委员会，在未设立咨询委员会的情形下，对有限合伙人权益有重大影响的事项通常通过合伙人会议决议。此外，对有限合伙人权益有重大影响的事项将会视是否设立咨询委员会并根据有限合伙人的诉求综合考虑，在咨询委员会和合伙人会议中进行分配，如延长基金的存续期限、决定合伙企业的对外融资和对外担保等事项，根据不同基金的诉求，既可能放入咨询委员会的决议范围，也可能放入合伙人会议的决议范围。

（3）合伙人会议的管理职权受到《合伙企业法》法定约束的问题。《合伙企业法》并未直接规定“合伙人会议”这一议事机构以及其应承担的具体职权，但是通过“全体合伙人一致同意”“全体合伙人决定”“其他合伙人一致同意”等表述作出了相应的规定。这些规定不受各方签署的基金合同的约束，是普通合伙人和有限合伙人在投资运作有限合伙型基金时均必须遵守的法定原则。根据《合伙企业法》的相关规定，可由合伙人会议进行审议或决定的相关事项如表4－2所示。

表4－2　可由合伙人会议审议或决定的事项

序号	事项	表决要求	是否可变更	依据
1	合伙人以实物出资的评估作价	由全体合伙人协商确定或由全体合伙人委托法定评估机构评估	否	《合伙企业法》第16条
2	修改或者补充合伙协议	应当经全体合伙人一致同意	是（合伙协议另有约定的除外）	《合伙企业法》第19条

续表

序号	事项	表决要求	是否可变更	依据
3	转让（全部或者部分）财产份额	须经其他合伙人一致同意	是（合伙协议另有约定的除外）	《合伙企业法》第22条
4	出质合伙财产份额	须经其他合伙人一致同意	否（未经其他合伙人一致同意，其行为无效）	《合伙企业法》第25条
5	确定执行事务合伙人	经全体合伙人决定	是（可由合伙协议约定）	《合伙企业法》第26条
6	改变合伙企业的名称			
7	改变合伙企业的经营范围、主要经营场所的地点			
8	处分合伙企业的不动产			
9	转让或者处分合伙企业的知识产权和其他财产权利	应当经全体合伙人一致同意	是（合伙协议另有约定的除外）	《合伙企业法》第31条
10	以合伙企业名义为他人提供担保			
11	聘任合伙人以外的人担任合伙企业的经营管理人员			
12	合伙人同合伙企业进行交易	经全体合伙人一致同意	是（合伙协议另有约定的除外）	《合伙企业法》第32条
13	合伙企业利润分配	由合伙人协商决定	是（可由合伙协议约定）	《合伙企业法》第33条、第69条
14	增加或者减少对合伙企业的出资	经全体合伙人决定	是（可由合伙协议约定）	《合伙企业法》第34条

续表

序号	事项	表决要求	是否可变更	依据
15	新合伙人入伙	应当经全体合伙人一致同意	是（合伙协议另有约定的除外）	《合伙企业法》第 43 条
16	合伙人退伙	经全体合伙人一致同意	否	《合伙企业法》第 45 条
17	将合伙人除名	经其他合伙人一致同意	否	《合伙企业法》第 49 条
18	通过继承合伙财产份额取得合伙人资格	经全体合伙人一致同意	是（可由合伙协议另行约定）	《合伙企业法》第 50 条
19	退伙人在合伙企业中财产份额的退还办法	由全体合伙人决定	是（可由合伙协议另行约定）	《合伙企业法》第 52 条
20	选择承办有限合伙企业审计业务的会计师事务所	—	—	《合伙企业法》第 68 条
21	普通合伙人转变为有限合伙人、有限合伙人转变为普通合伙人	应当经全体合伙人一致同意	是（合伙协议另有约定的除外）	《合伙企业法》第 82 条
22	决定合伙企业解散（包括合伙期限届满不再经营和提前解散）	全体合伙人决定	否	《合伙企业法》第 85 条
23	合伙企业清算人的确定	经全体合伙人过半数同意	是	《合伙企业法》第 86 条

总体而言，合伙企业是目前创业投资乃至股权投资基金中适用最为普遍的基金载体形式。其普通合伙人与有限合伙人基于在合伙企业中享有不同权利而承担不同责任的制度设计能够充分契合风险投资中管理方与资金方的角色定位。同时，其灵活而更具包容性的管理机构设置与职权分配，能够更为高效地协调、平衡基金管理人与投资者等相关方对于基金重大事项参与、决策权利的诉求和主张。

三、契约型创业投资基金

契约型创业投资基金由基金管理机构主导发起，即由基金管理机构以进行投资活动为目的，通过非公开方式向投资者募集资金设立，并由基金管理机构独立管理和运营基金财产。契约型创业投资基金本身并不具备法律实体地位，其与基金管理机构的关系在本质上为一种信托关系，因此契约型创业投资基金无法采用自我管理，且需由基金管理机构代其行使相关民事权利。而投资者与基金管理机构等相关方之间关于基金募集、投资、运营、退出等相关事项的权利义务关系主要根据基金合同的约定执行。契约型创业投资基金另有非常设的基金份额持有人大会作为基金的最高权力机构，负责决策可能对基金份额持有人权利义务产生重大影响的事项，主要包括：（1）决定延长基金合同期限；（2）决定修改基金合同的重要内容或者提前终止基金合同；（3）决定更换基金管理人、基金托管人；（4）决定调整基金管理人、基金托管人的报酬标准；（5）聘用、更换投资顾问或调整投资顾问报酬；（6）基金合同约定的其他情形。

契约型创业投资基金还可以选择设置基金份额持有人大会日常机构作为基金份额持有人大会的常设机构，并授权基金份额持有人大会日常机构行使相关职权。

总体而言，契约型创业投资基金在日常实践中较为少见，主要是因为契约型基金没有法律实体，无论私募股权投资还是创业投资，契约型基金均无法享受优惠政策支持，故从投资范围多元化考虑，契约型基金多备案为私募股权基金。

第二节　创业投资基金管理的受托模式

创业企业的风险通常是一种较难掌握的风险，创业企业生产的往往是创新型的高科技产品，市场对新产品的接受程度具有很高的不确定性。创业企业通常处于行业的初创期后成初期的初期，创业投资基金通常是进行 pre－A 轮、A 轮的投资，此时创业企业在商业模式、财务、内部治理、法律合规等方面均不完善，需要创业投资基金进行一定的支持。此外，在创业企业从初创期进入成熟期后，公司的治理结构也会有相应转变，需要由具备不同知识结构的人来管理，而由精于技术却不精于管理的创业者来推动或完成这个转变是较为困难的，因此，需要外部投资者发挥作用，需要一个知情的投资者对企业采取积极干预的监控措施。

一、受托管理是创业投资基金的主要管理模式

在创业投资市场中，委托代理关系得到了广泛的认可和应用。该种代理关系的产生系由于信息不对称，是处于信息劣势的委托方与处于信息优势的代理方通过各种博弈形成的一种关系，是对投资者和管理人之间责、权、利的制度安排，以及他们之间的一系列激励与约束机制。如前所述，在受托管理模式中，受托管理的公司型基金、内部委托及外部委托有限合伙型基金是创业投资基金最普遍采用的三种模式。

首先，在受托管理的公司型创业投资基金中，创业投资基金只设董事会，不设管理团队，基金公司另行委托一个与之独立的机构作为管理顾问机构来管理基金资产。当然，这里所说的“委托管理”，是从公司型基金与其管理顾问机构之间的关系而言的。如果就投资者角度而言，实际上是一种“再委托管理”，先由投资人委托公司型基金，再由基金委托外部管理顾问机构进行管理。受托管理型的管理构架中，经营权转由与之在财务上保持独立的管理顾问机构（创业投资管理顾问公司或其他内设管理团队的创业投资基金公司）行使，从而实现了管理团队的机构化。在这种情形下，基金的职能主要是由董事会行使制定基金投资方针、对重大投资项目进行决策和审查批准管理顾问机构的投资方案等；管理顾问机构则肩负选择投资项目、评估投资项目、制定投资方案并在授权范围内决策投资项目等实际性责任。

其次，有限合伙型创业投资基金普遍采用的模式是内部委托管理，由管理人担任有限合伙企业的执行事务合伙人，直接在合伙企业层面通过合伙协议的安排进行管理，作为投资人的有限合伙人不参与投资决策过程和对风险企业的管理，但是事先通过在合伙协议中设定投资期限、投资范围、投资比例及决策机制等对基金管理人的投资进行约束，在很大程度上防止基金管理

人作出有损投资者的决定。投资者的角色更像是监督者，通过契约安排和影响风险投资的安排约束基金管理人和创业投资企业的行为。而作为普通合伙人的管理人，则利用自身广泛的知识和管理经验，筛选和管理投资项目。

最后，目前越来越多的基金管理人采用外部委托的方式管理合伙型基金，普通合伙人、创业投资基金与基金管理人之间通过委托管理协议的方式约定基金管理人的职权。当然，根据基金业协会的要求，普通合伙人需与基金管理人存在关联关系，以避免通道基金的设立，该种模式下，作为执行事务合伙人的普通合伙人主要行使除投资管理职能以外的其他执行事务，执行事务合伙人将其对创业投资基金的投资管理运作委托给外部基金管理人进行管理。

二、外部委托合伙型基金成为受托管理的主流模式

在采取外部委托管理模式的合伙型创业投资基金中，普通合伙人以及基金管理人各自扮演的角色有所不同，且在实务中可以根据实际商业安排的需要，对普通合伙人与基金管理人进行灵活设计。这种模式运用的场景主要有如下五种：

第一种，根据《合伙企业法》，普通合伙人要对合伙企业的负债承担无限责任，为规避管理人的风险，通常管理人会另行设立一个关联公司担任合伙企业的普通合伙人，特别是防止并购基金进行杠杆收购时普通合伙人可能面临的无限责任。

第二种，相关合作方在募资、投资或管理等方面具有丰富资源或经验，但不具备基金管理人资质，故合作方与基金管理人共同设立一个合资公司担任普通合伙人，共同发起设立基金，委托基金管理人作为外部专业机构对基金进行管理。

第三种，因为要符合政府引导基金的基金管理人/普通合伙人和基金均注册在当地的“双落地”要求，基金管理人自己或与地方政府合作在当地设立一个合资公司担任普通合伙人，共同发起设立基金，委托基金管理人作为外部专业机构对基金进行管理。

第四种，因基金管理人股东存在外籍身份，为避免基金穿透的外资成分影响对外投资，故由基金管理人的员工设立一个公司担任普通合伙人，发起

设立基金，委托基金管理人作为外部专业机构对基金进行管理。

第五种，因基金管理人股东和高管的税收筹划需求，为避免股东分红的双重税收或高管工资薪金的高额个人所得税，故另行设立一个有限合伙企业（股东和高管担任该有限合伙企业的有限合伙人）担任普通合伙人，发起设立基金，委托基金管理人作为外部专业机构对基金进行管理。

以上仅列出常见的五种运营场景，因为有限合伙企业可以灵活约定普通合伙人、有限合伙人、基金管理人，甚至执行事务合伙人的权利义务，因此，有限合伙基金可以变换出多种受托管理的模式，包括多 GP 单管理人模式、单 GP 单管理人模式、多 GP 多管理人模式等。

三、受托管理的管理费与业绩报酬

在受托管理模式中，支付基金管理人的管理报酬和超额收益也是非常值得关注的问题。根据《私募投资基金合同指引》《资管新规》等的规定，无论是受托管理的公司型基金，还是内部委托或外部委托有限合伙型基金，基金管理人受托为基金提供资产管理服务时，都可按照基金合同或委托管理协议收取相应的管理费和业绩报酬。

通常情况下，就管理费而言，创业投资基金在投资期内根据基金认缴规模按 2% 左右的费率收取管理费；在退出期内扣除已退出的投资本金，根据基金的在管规模收取管理费；在延长期内管理费的收取则有一定的灵活性，有的收取，有的打折收取，有的不收取，取决于基金管理人与投资人的博弈。业绩报酬，实务中一般为 20%，由基金在达到约定的一定门槛收益后作为超额收益支付给基金管理机构，剩余部分通常由各合伙人按照实缴出资比例进行分配。实务中，亦可基于不同的诉求，对超额收益的分配机制作出更为灵活的安排。

外部委托合伙型基金模式存在管理人和执行事务合伙人就“合伙事务”以及“基金管理事务”进行灵活安排的空间，故根据《合伙企业法》的相关规定，执行事务合伙人执行合伙事务虽然不能收取基金管理费，但可以按合伙协议约定收取相应的执行事务报酬。实务中，在执行事务合伙人担任基金管理人的情况下，该执行事务合伙人通常不收取执行合伙事务报酬，一般通过收取管理费的方式来获取其相应的基本酬劳。而在执行事务合伙人并非基金管理人的外部委托合伙型基金中，可由全体合伙人基于各执行事务合伙人所负责的具体职责、劳务提供量、业绩和难易程度等因素，协商确定执行事务合伙人可收取的执行事务报酬。

第三节　创业投资基金管理人的激励与约束机制

激励机制的设置有利于平衡基金管理机构和投资者之间的利益，系一项弱化二者之间代理问题的重要内容。在创业投资基金中，对基金管理人的激励机制主要表现在报酬方面，对基金管理人的约束机制则同样可以体现在报酬制度以及投资决策、利益冲突规避、信息披露等机制中。

一、报酬激励与约束机制

基金管理机构在创业投资基金中可获得管理费和业绩报酬。管理费和业绩报酬既可以体现基金对基金管理人的激励，也可以体现基金对基金管理人的约束，具体如下所述。

首先，管理费的费率随着创业投资基金存续期间的延长而不断递减，即投资期内的管理费的基数为创业投资基金的认缴规模，在退出期内调整为创业投资基金实际在管规模。该等调整主要基于基金管理机构在创业投资基金中所承担工作量的变化。在投资期内基金管理机构需要负责筛选项目、落实交易、监管被投企业等工作，而随着投资的逐渐落地以及退出，基金管理机构的工作量相应降低，对应的管理费也应降低。

其次，基金管理机构不应在管理费中获利。通常而言，随着创业投资基金规模增长，管理费的费率应相应降低。

再次，在创业投资基金向基金管理机构支付业绩报酬时，应保障投资者先行获取基本收益（优先回报或最低收益）。即将投资者取得基本收益作为基金管理机构在创业投资基金获取业绩报酬的前提条件。

最后，在确定基金管理机构的业绩报酬时，最好是基于创业投资基金的整体收益，而非基于单个投资项目来确定。实务中，前述安排一般通过“整体分配”和“回拨机制”来实现。所谓“整体分配”，是指投资人只有全部收回本金之后，基金管理人方可收取业绩报酬；所谓“回拨机制”，是指在创业投资基金整体收益确定之后，基金管理机构因在前期取得过多的业绩报酬而超过其本应获取的收益时，基金管理机构应将超出的部分返还给创业投资基金。

总之，管理费与业绩报酬的设计应与创业投资基金的规模、进度、收益密切相关，以尽可能将基金管理机构和投资者的利益结合在一起，进而促使基金管理机构努力实现投资的增值。

二、投资决策监督机制

因投资者并不实际介入创业投资基金的日常管理和运营工作，其可通过对基金管理机构的投资决策权限进行限制的方式来有效降低基金管理机构的代理风险。对基金管理机构投资决策方面的限制主要包括以下几点：

（1）对创业投资基金对单个项目的投资规模进行限制，以防止基金管理机构将创业投资基金所募集的资金投资于某一个项目，进而通过分散投资方式降低投资风险。

（2）对创业投资基金利用债务性融资资金或已投项目利润进行再投资进行限制，以减少基金管理机构利用资金杠杆从事更高风险的投资，进而损害投资者的利益。其中，实务中一般通过咨询委员会和强制分配条款来限制基金管理机构将已投项目利润进行再投资。

（3）对创业投资基金与基金管理机构或其关联方所管理的其他基金或与创业投资基金的投资者进行共同投资、开展关联交易进行限制，以有效防范基金管理机构通过该等交易向相关利益主体输送不当利益。

（4）为最大限度地保证投资决策的科学性和合理性，可要求基金管理机构在进行投资决策时引入一定比例的外部专家。

除上述事项外，还可通过事先确定创业投资基金的投资范围、投资策略（包括投资阶段、投资期限等）、投资运作方式、关联方认定标准及对关联方投资的回避制度、关键人条款等的安排对基金管理机构的投资决策进行有效约束。

三、利益冲突规避机制

基金管理机构应当公平地对待其管理的不同私募投资基金财产，有效防范其与所管理的私募投资基金之间、其所管理的不同私募投资基金之间的利益输送和利益冲突，且不得在不同私募投资基金之间转移收益或亏损。

另外，因为筹集新的资金将不可避免地导致基金管理机构分散其对原有基金投入的时间和精力，有必要就基金管理机构募集或设立新基金（尤其是投资策略、投资范围、投资阶段类似或相同的新基金）进行约束。即明确在现有基金的一定规模被实际投出之前，或在某一时间之前，基金管理机构不得以任何方式募集或设立新基金。根据《私募投资基金备案须知（2019版）》的相关规定，在已设立的私募股权投资基金尚未完成认缴规模70%的投资之前，除经全体投资者一致同意或经全体投资者认可的决策机制决策通过之外，基金管理机构不得设立与前述基金的投资策略、投资范围、投资阶段均实质相同的新基金。

四、信息披露机制

由于投资者并不参与创业投资基金的日常管理和投资决策，且投资者往往没有足够的能力和精力深入了解创业投资基金的对外投资情况和实际运营情况，基金管理机构必须定期或不定期地就创业投资基金的相关信息向投资者进行披露，以便投资者与基金管理机构之间实现有效的互联互通，减少投资者与基金管理机构之间的信息不对称，为投资者作出相关决策和维护自身权益提供相应保障。据此，有必要就基金管理机构向投资者进行的信息披露是否达到法律规定或者合同约定的披露标准进行制度性约束。

根据《私募投资基金监督管理暂行办法》《私募投资基金信息披露管理办法》《私募投资基金信息披露内容与格式指引2号——适用于私募股权（含创业）投资基金》的相关规定，基金管理机构在创业投资基金运作期间，应在当年的9月底之前向投资者完成半年度报告的披露，在次年的6月底之前向投资者完成年度报告的披露。在发生基金名称、注册地址、组织形式变更等影响投资者利益的重大事项时，基金管理机构还应当按照约定的方式及时向投资者披露重大事项临时报告。而投资者与基金管理机构可就信息披露的内容、披露频度、披露方式、披露责任以及信息披露渠道等事项进行更为详尽的约定。

五、基金管理机构更换机制

与投资决策监督机制相比，投资者在基金内部治理规则相关领域对基金管理机构的监督效率显得较高，因为这一领域的监督指导原则更为直接、明确和清晰。投资者直接参与对基金管理机构报酬、选聘、更换等关系基金管理机构切身经济利益的事项的决策，将在很大程度上影响基金管理机构的管理行为并对其形成有效约束。就此而言，在对基金管机构的监督和约束机制中，基金投资者应特别关注基金内部治理结构的构成及其具体议事规则，尤其是涉及基金管理人选聘、更换的机制安排。

六、基金管理机构责任机制

为了明确各方的权责，以及更加有效地保证基金管理机构切实履行勤勉尽责的管理职责，除通过直接明确基金管理机构的具体职责来约束基金管理机构外，有必要对基金管理机构违反其职责时的责任安排作出明确约定。一是基金管理机构在对创业投资基金的投资管理过程中存在重大过失或故意而给投资者或创业投资基金造成损失时，投资人可以要求基金管理机构承担相应的赔偿等法律责任。二是在特定情形下，投资人可以要求以暂停后续投资款的缴付、更换基金管理机构、提前退伙、提前解散或清算基金等方式对基金管理机构进行有效限制，进而维护自身的合法权益。

七、声誉约束机制

声誉，是一种激励机制，也是一种约束机制。国外的风险投资运作经验表明，声誉机制是制约基金管理机构机会主义行为的重要手段。整个创业投资史就是一部创业投资声誉史。声誉在基金管理机构募资环节显得尤为重要。投资者评估、选择创业投资机构时，一般会考虑创业投资机构基金的规模、创业投资机构的年龄和创业投资机构的成功案例等因素。这些因素构建了创业投资者的声誉及其长期的、动态的发展。[①]

总体而言，创业投资的对象一般为中小型或高科技企业，存在较高的投资风险，这决定了在创业投资领域组建创业投资基金并以受托管理的模式进行管理是相对科学的模式。如何搭建对基金管理人的激励与约束机制，将决定创业投资基金的持续健康发展。

① 参见庞跃华:《创业投资的制度研究》，湖南大学2011年博士学位论文，第76页。

附：（有限合伙型）创业投资基金主要条款清单

在普通合伙人与投资人签署正式合伙协议之前，创业投资基金的管理人通常会与投资人就基金的核心商业条款进行商谈、确定，并以此为基础准备正式的合伙协议和其他基金认购文件。

作为参考，以下附表的主要条款清单仅列示了惯常的基金合同的要素及核心内容，作为创业投资基金的管理人可根据实际情况进行调整。

附表　创业投资基金主要条款清单

基金名称	【　　】[1]
基金管理人	基金采取委托管理方式。全体合伙人一致同意聘用【　　】为基金的管理人（以下简称管理人，登记编码：【　　】）。基金管理人同时作为合伙企业的普通合伙人
目标规模和各方认缴出资	基金的目标募集规模为人民币【　　】亿元。其中，普通合伙人及其关联方认缴不低于【　　】%，剩余由有限合伙人认缴。基金的募集期为【　　】个月，在募集期内可以多次交割
存续期限	基金的存续期限为【　　】年，自基金的首次交割日起算。存续期限包括投资期与退出期，分别为【　　】年和【　　】年。经【　　】同意后，普通合伙人可将存续期限延长【　　】年，为延长期
出资缴付	有限合伙人首期缴款不低于认缴出资额的【　　】%，剩余认缴款普通合伙人可根据基金资金需求计划随时向各有限合伙人发出缴款通知
出资违约	未能按照缴款通知及时、足额缴款的有限合伙人应承担违约责任，包括但不限于：（1）就逾期缴付金额按每日5‰计付出资违约金；（2）赔偿因其违约行为给基金及/或其他合伙人造成的全部损失；（3）减少其认缴出资额；（4）将基金应对其分配的收益扣留以抵扣违约金、赔偿金及其他应付款项；（5）不再享有表决权等

续表

基金管理费	基金应当向管理人支付管理费。每一合伙人应按照如下原则计算：(1) 投资期内，管理费的计费基数为每一合伙人的认缴出资额、费率为【 】%/年；(2) 投资期终止之后，管理费的计费基数为每一合伙人所分摊的未退出投资项目投资成本、费率为【 】%/年。管理人有权豁免普通合伙人及其关联方应当分摊的管理费
托管机构	基金采取托管。普通合伙人将选择具备托管服务资质且符合适用法律要求的机构作为基金托管机构
基金费用	基金负担所有与基金运营相关的费用，包括但不限于开办费、投资相关费用、管理费、托管费及其他费用
投资成本分摊比例	指对任一合伙人就任一投资项目而言，该合伙人所支付的用于该投资项目之投资成本的实缴资本与基金对该投资项目之投资成本的比例。原则上，基金将根据各合伙人的认缴出资比例确定其投资成本分摊比例
关键人士	基金的“关键人士”为【 】、【 】。关键人士应将其各自实质合理必要的工作时间及精力投入基金，如在投资期内不能满足时间及精力要求，将构成关键人士条款。本合伙企业应中止投资，只能进行存续性活动和临时投资，直至普通合伙人向本合伙企业推荐的替任关键人士得到【 】认可
后续基金募集	在投资期内，未经顾问委员会同意，普通合伙人、管理人、关键人士不得募集组建或参与设立任何与基金投资策略、投资阶段、投资领域或投资地域均实质相同的新的人民币基金。 (1) 基金的认缴出资总额的 70% 都已经实际使用或合理预留； (2) 基金的投资期终止、届满或基金解散、清算
投资决策委员会	管理人设投资决策委员会，其成员由管理人委派。投资决策委员会负责就基金投资、退出等事项作出决策
顾问委员会	基金组建顾问委员会，顾问委员不少于 3 名，由经普通合伙人认可的有限合伙人担任。顾问委员会会议所作决策需经全体委员 2/3 以上（含本数）同意方能通过。顾问委员会的职权事项如下： (1) 审议批准利益冲突解决方案和关联交易事项； (2) 履行《合伙协议》约定的其他职责

续表

投资策略	基金主要投资于从事【　　】行业/领域的成长性企业
临时投资	普通合伙人在商业合理范围内应将基金未用于投资项目、分配或支付基金费用的闲置现金用于存放银行或购买国债等低风险、固定收益类符合适用法律规定的流动性投资产品
投资限制	未经顾问委员会批准，基金对外投资将受到以下限制： （1）除非【　　】同意，基金对单个投资项目的投资额不得超过基金认缴出资总额的 20%； （2）基金尚未转换成股权且未获偿还的可转换债券投资金额累计不得超过基金认缴出资总额的 20%； （3）基金不得直接投资且持有不动产； （4）基金不得投资二级市场股票（但投资项目上市后基金退出时进行的证券交易以及基金依法参与上市公司非公开发行、交易的除外）、期货、房地产、企业债、信托产品、非固定收益型理财产品、保险计划及其他金融衍生品； （5）基金不得向任何第三方提供赞助、捐赠； （6）基金不得吸收/变相吸收存款，或向第三方提供贷款（为投资目的提供可转换为股权的债权投资除外）和资金拆借； （7）基金不得进行承担无限连带责任的对外投资； （8）基金不得从事适用法律或有权监管部门规定的禁止行为
举债及担保	在不违反适用法规的前提下，管理人可自主决定基金为投资项目提供可转换债券投资、过桥融资等目的而举借债务或提供担保
项目投资收入分配	基金因处置投资项目取得的收入或从投资项目分得的股息、利息及其他收入，扣除为支付及适当拨备基金费用、债务及义务后的余额用于分配，分配原则为按照投资成本分摊比例划分，划分给普通合伙人的金额应分配给普通合伙人，划分给各有限合伙人的金额应按如下顺序在该有限合伙人与普通合伙人之间进行分配： （1）返还有限合伙人之实缴资本； （2）支付有限合伙人优先回报； （3）弥补普通合伙人回报； （4）80/20 分配
其他收入分配	基金除项目投资收入外的其他收入，按照全体合伙人在产生该等收入时的实缴出资比例分配，《合伙协议》另有约定的除外
亏损分担	基金因项目投资产生的亏损在参与该项目的所有合伙人之间按投资成本分摊比例分担，基金的其他亏损和债务由所有合伙人按认缴出资比例分担，《合伙协议》另有约定的除外

续表

合伙人会议	合伙人会议分为年度会议与临时会议。合伙人会议由普通合伙人召集和主持。经普通合伙人和持有超过 50% 有限合伙权益的有限合伙人共同通过方可作出决议
信息披露	在基金存续期限内，管理人应在每一年度结束后的 120 日内，向各有限合伙人提交经审计的下列财务报表及相关报告；在半年度（6 月 30 日）结束后的 90 日内，提供下列未经审计的报告；就第一、三季度而言，在每个季度结束后的 45 日内，提供下列未经审计的报告。报告内容和格式由管理人参照基金业协会《私募投资基金信息披露内容与格式指引》等规范确定
保密	未经普通合伙人同意，本清单的签署方不得将本清单之存在、内容及与之相关的任何信息披露给任何第三方，但根据适用法律或有权监管部门的强制要求或向承诺保密的专业顾问、关联人士进行的披露除外
争议解决	因《合伙协议》产生或与《合伙协议》及基金相关的任何争议，应提交【仲裁机构】在【仲裁地】仲裁解决
协议修订	除《合伙协议》另有约定外，《合伙协议》需经普通合伙人和持有超过 70% 有限合伙权益的有限合伙人一致同意方可修订

〔1〕暂定名，以市场监督管理局最终登记为准。

第五章

创业投资基金的投资退出

私募股权投资基金的退出主要分为上市退出及非上市退出两大类别，上市退出包括境内上市退出和境外上市退出；非上市退出包括兼并收购、股权回购、股权转让及清算退出。创业投资基金也不例外，相较于私募股权基金，创业投资基金因投早、投小的特征，其退出更多地体现在企业上市之前的股权转让。

第一节　创业投资基金的上市退出

根据我国《公司法》、《上海证券交易所股票上市规则》、《上海证券交易所科创板股票上市规则》、《深圳证券交易所股票上市规则》、《深圳证券交易所创业板股票上市规则》、《上市公司股东、董监高减持股份的若干规定》及相关细则、《上海证券交易所上市公司股东及董事、监事、高级管理人员减持股份实施细则》、《深圳证券交易所上市公司股东及董事、监事、高级管理人员减持股份实施细则》的相关规定，企业上市后股东在资本市场上的退出有特别的要求，无论是对锁定期、减持步骤还是退出时的信息披露都有严格的规定。创业投资基金在被投企业上市之后，也需要遵守这些规定，但是相较于股权基金，创业投资基金在资本市场上的退出享有相对优惠的政策。

一、创业投资基金上市退出的锁定期

为确保发行人的股权结构稳定、正常生产经营不因发行人控制权发生变化而受到影响，监管部门设置了锁定期要求。锁定期，是指上市公司股东在企业上市之日起一定期限内不能将所持的股票转让出去的期间。不同类型的上市公司股东，根据其持股比例和对上市公司的控制程度不同，锁定期长短也会有所不同。根据前述规定，对于上市公司股东所持股份锁定期的规定如下。

（一）一般锁定期规定

上市公司的股东锁定期一般分为两种情形：（1）锁定期 36 个月：适用于上市企业的控股股东、实际控制人或其一致行动人以及突击入股的股东；（2）锁定期 12 个月：适用于普通股东，包括私募股权基金、创业投资基金等投资机构或自然人，这类股东的锁定期相较前者期限更短，即自上市之日起 12 个月内不得转让其所持有的上市公司股份。

（二）创业投资基金股东的特殊锁定期

无实际控制人或难以认定实际控制人的，《发行监管问答——关于首发企业中创业投资基金股东的锁定期安排》的相关规定如下：发行人没有或难以认定实际控制人的，对于非发行人第一大股东但位列合计持股 51% 以上股东范围，如是员工持股计划、持股 5% 以下的股东或符合一定条件的创业投资基金股东，可以按照《公司法》第 141 条的有关规定，自发行人股票在证券交易所上市交易之日起一年内不得转让。即创业投资基金，可以适用更为友好的上市公司股东锁定期政策。

《私募基金监管问答——关于首发企业中创业投资基金股东的认定标准》的相关规定为：（1）创业投资基金首次投资该首发企业时，该首发企业成立不满 60 个月。（2）创业投资基金首次投资该首发企业时，该首发企业同时符合以下条件：经企业所在地县级以上劳动和社会保障部门（现为人力资源和社会保障部门）或社会保险基金管理单位核定，职工人数不超过 500 人；根据会计师事务所审计的年度合并会计报表，年销售额不超过 2 亿元、资产总额不超过 2 亿元。（3）截至首发企业发行申请材料接收日，创业投资基金投资该企业已满 36 个月。（4）按照《私募投资基金监督管理暂行办法》，已在基金业协会备案为“创业投资基金”。（5）该创业投资基金的基金管理人已在基金业协会登记，规范运作并成为基金业协会会员。上述五点必须同时满足。

这个规定对于创业投资基金非常重要，不同于传统产业，互联网、高科技等行业的发展过程中，团队创业、多轮融资、发行人没有或难以认定实际控制人成为这类企业上市的常态，创业投资基金如果有一个特殊的锁定期优惠政策，将有利于其投早、投小的政策导向和价值取向。但需要关注的是，上述认定并未将在国家发改委备案的创业投资企业纳入其中，创业投资基金须在基金业协会完成备案之后方能够适用特殊锁定期政策。

（三）适用上述特殊锁定政策的创业投资基金应履行的认定流程

《发行监管问答——关于首发企业中创业投资基金股东的锁定期安排》中列明了“符合一定条件的创业投资基金股东”的认定程序，具体如下：

（1）由创业投资基金股东向保荐机构提出书面申请。

（2）保荐机构和发行人律师核查后确认是否符合相关认定标准。

（3）符合相关认定标准的，在收到相关首发项目反馈意见后由保荐机构向中国证监会发行审核部门提出书面申请。

（4）中国证监会发行审核部门审核认定。在认定时应当征求中国证监会相关职能部门的意见。

综上所述，在中国证监会发行审核部门认定创业投资基金股东为“符合一定条件的创业投资基金股东”后，方适用“自发行人股票在证券交易所上市交易之日起一年内不得转让”的特殊锁定期政策。

（四）创业投资基金在发行人拟上市前突击入股的政策变化

中国证监会于2021年2月9日发布了《监管规则适用指引——关于申请首发上市企业股东信息披露》，提交申请前12个月内入股的新增股东，其所持新增股份自取得之日起36个月内不得转让。根据此前适用的《首发业务若干问题解答》《上海证券交易所科创板股票发行上市审核问答（二）》等相关文件，首发企业申报前6个月内进行增资扩股的，新增股份的持有人应当承诺新增股份自发行人完成增资扩股工商变更登记手续之日起锁定3年；在申报前6个月内从控股股东或实际控制人处受让的股份，应比照控股股东或实际控制人所持股份进行锁定，即上市之日起36个月不得转让。因此，对于突击入股的时间认定，由此前规定的提交申请前6个月内延长至提交申请前12个月内。

综上所述，以股东类型作为划分，上市公司股东所持股份锁定期如表5－1所示。

表 5-1 上市公司股东所持股份锁定期

股东类型	锁定期
控股股东、实际控制人或其一致行动人	自上市之日起锁定 36 个月
普通股东	自上市之日起锁定 12 个月
无控股股东、实际控制人	股东按持股比例从高到低排列依次自上市之日起锁定 36 个月，直至锁定股份的总数不低于发行前股份总数的 51%
突击入股之股东	发行人提交申请前 12 个月内新增的股东，自取得股份之日起锁定 36 个月。 在申报前 6 个月内从控股股东或实际控制人处受让的股份，比照控股股东或实际控制人所持股份进行锁定，即上市之日起锁定 36 个月

二、创业投资基金上市退出的减持限制

同样基于维护企业上市后股价的稳定性，保证正常的生产经营不受影响的目的，监管部门对上市公司股东在锁定期满之后减持其所持有的上市公司股票的行为有所限制，即上市公司股东在某一期限内减持的股票数量受到限制，具体视股东性质以及减持方式的不同而有所差异。

（一）上市公司股东减持的三种方式

目前上市公司股东减持股票的主要方式为集中竞价、大宗交易、协议转让，具体如表 5-2 所示。

表 5-2 上市公司股东减持的三种方式

减持方式	具体内容
集中竞价	在二级市场通过公开竞价形式进行减持
大宗交易	（1）A 股单笔买卖申报数量不低于 30 万股或交易金额不低于 200 万元人民币； （2）B 股单笔买卖申报数量不低于 30 万股或交易金额不低于 20 万美元；

续表

减持方式	具体内容
	(3) 基金大宗交易单笔买卖申报数量不低于200万份或交易金额不低于200万元人民币； (4) 债券及债券回购大宗交易单笔买卖申报数量不低于1000手或交易金额不低于100万元人民币
协议转让	不通过二级市场买卖，买卖各方依据事先达成的协议进行股份转让，通过协议转让方式减持比例不得低于公司股份总数的5%

(二) 创业投资基金的特殊减持规则

为调动创业投资基金进行长期投资和价值投资的积极性，更好地促进早期中小企业和高新技术企业资本形成，中国证监会于2018年3月1日发布《创投基金股东减持特别规定》，后于2020年3月6日进行了修订，上海、深圳证券交易所出台了修订后的实施细则，明确对专注于长期投资和价值投资的创业投资基金减持其持有的上市公司首次公开发行前股份，给予差异化政策支持。

对比现行有效的《创投基金股东减持特别规定》（2020年修订）及上海、深圳证券交易所修订后的实施细则，创业投资基金的特殊减持规则以及一般的减持规则如表5-3所示。

表5-3 创业投资基金减持规则（私募股权基金参照适用）

减持方式	一般上市公司股东	投资期限（截至首次公开发行上市日）	减持数量限制
集中竞价	在任意连续90日内，减持股份的总数不得超过公司股份总数的1%	不满36个月	在3个月内减持股份的总数不得超过公司股份总数的1%
		36个月以上但不满48个月	在2个月内减持股份的总数不得超过公司股份总数的1%
		48个月以上但不满60个月	在1个月内减持股份的总数不得超过公司股份总数的1%
		60个月以上	减持股份总数不再受比例限制

续表

减持方式	一般上市公司股东	投资期限（截至首次公开发行上市日）	减持数量限制
大宗交易	在任意连续90日内，减持股份的总数不得超过公司股份总数的2%，且受让方在受让后6个月内不得转让所受让的股份	不满36个月	在3个月内减持股份的总数不得超过公司股份总数的2%
		36个月以上但不满48个月	在2个月内减持股份的总数不得超过公司股份总数的2%
		48个月以上但不满60个月	在1个月内减持股份的总数不得超过公司股份总数的2%
		60个月以上	减持股份总数不再受比例限制
		股份受让方在受让后不受6个月内不得转让其受让股份的限制	

可见，《创投基金股东减持特别规定》（2020年修订）及相关实施细则设置了减持节奏快慢与创业投资基金在公司上市前投资期限长短反向挂钩的政策，加快了投资期限较长的创业投资基金股东减持股份节奏，为创业投资基金在其投资运作中的“退出”这一极为关键的环节提供了重要支持。创业投资基金股份减持方面的其他要求，如信息披露、违法责任等方面，仍需适用《创投基金股东减持特别规定》及其他有关规定。

（三）适用特殊减持规则的被投企业条件

根据《创投基金股东减持特别规定》（2020年修订）的规定，在基金业协会备案的创业投资基金，其所投资的企业要符合一定条件，该基金方能够享受新《创投基金股东减持特别规定》的这一优惠政策，具体要求如下：（1）首次接受投资时，企业成立不满60个月。（2）首次接受投资时，企业职工人数不超过500人，根据会计师事务所审计的年度合并会计报表，年销售额不超过2亿元、资产总额不超过2亿元。（3）截至发行申请材料受理日，企业依据《高新技术企业认定管理办法》已取得高新技术企业证书。这三个条件只需满足其中之一即可。

就被投企业的客观条件而言，上述要求和前述适用锁定期优惠政策的首发企业的标准近似，虽然适用《创投基金股东减持特别规定》（2020 年修订）的被投企业条件中增加了取得高新技术企业证书的要求，但是仅需要符合三项条件之一的规定又比锁定期的优惠政策要求更为宽松。另外，《创投基金股东减持特别规定》（2020 年修订）第 5 条明确“在基金业协会备案的私募股权投资基金，参照本规定执行。”意味着除了创业投资基金外，私募股权投资基金均可参照使用该规定，删除了修订前关于其他类型的私募股权投资基金符合条件若要适用的须变更备案的要求。适用主体范围的扩大，将激励私募股权投资基金参与创业创新投资，考虑《创投基金股东减持特别规定》（2020 年修订）对其上市退出的差异化支持，有助引导私募投资基金的长期投资以及价值投资。但是需要关注的是，该政策并未将在国家发改委备案的创业投资基金纳入其中，创业投资基金须在基金业协会完成备案之后方能够适用该项优惠政策。

（四）适用特殊减持规则的操作流程

在适用减持优惠政策的操作上，为促进创业投资基金持续健康发展，优化资本市场制度供给，配合《创投基金股东减持特别规定》（2020 年修订）有关政策的落实，基金业协会已在 AMBERS 系统中开发申请适用有关政策的功能模块，并出台了《〈上市公司创业投资基金股东减持股份的特别规定（2020 年修订）〉系统操作指南》，相关操作流程如下：

（1）登录 AMBERS 系统；

（2）选择拟申请适用《创投基金股东减持特别规定》的基金；

（3）填报系统信息及提交相关附件；

（4）协会将在申请材料齐备之日起 10 个工作日内办理完成有关申请，并在符合条件的创业投资基金公示信息页面上添加标识。

管理人可以在 AMBERS 系统中查看相关申请的“办理通过日期”。在拟减持上市公司股份锁定期结束且相关申请办理完成之后，创业投资基金即可根据相关凭证向交易所申请适用特殊减持优惠政策。

三、创业投资基金减持退出的信息披露

根据《上市公司股东、董监高减持股份的若干规定》《上海证券交易所

上市公司股东及董事、监事、高级管理人员减持股份实施细则》《深圳证券交易所上市公司股东及董事、监事、高级管理人员减持股份实施细则》的相关规定，控股股东、实际控制人以及持有上市公司5%以上股份但非上市公司控股股东或实际控制人的其他股东（重要股东）在减持时，上市公司须履行信息披露义务，故在创业投资基金持有上市公司不足5%股份的情况下，减持时无须进行信息披露。

在创业投资基金持有上市公司5%以上股份甚至作为上市公司控股股东时，在减持退出过程中须按照表5－4所示将减持相关事项告知上市公司，由上市公司履行信息披露义务。

表5－4　上市公司股东减持信息披露义务具体规定

情形		上市公司股东减持信息披露义务
减持前的信息披露义务		发行人应当在公开募集及上市文件中披露公开发行前持股5%以上股东的持股意向及减持意向，持股5%以上股东减持时，须提前3个交易日予以公告
集中竞价交易下减持的信息披露义务	事前	通过证券交易所集中竞价交易减持股份，上市公司应当在首次卖出的15个交易日前向证券交易所报告备案减持计划，并予以公告。 减持计划的内容应当包括但不限于拟减持股份的数量、来源、减持时间区间、方式、价格区间、减持原因等信息，且每次披露的减持时间区间不得超过6个月
	事中	在减持时间区间内，在减持数量过半或减持时间过半时，上市公司应当披露减持进展情况
	事后	通过集中竞价交易减持股份的，上市公司应当在股份减持计划实施完毕或者披露的减持时间区间届满后的2个交易日内公告具体减持情况
	特殊事项	在减持时间区间内，上市公司披露“高送转”或筹划并购重组等重大事项的，上市公司应当立即披露减持进展情况，并说明本次减持与前述重大事项是否有关

续表

情形	上市公司股东减持信息披露义务
减持比例达到5%时的信息披露义务	投资者及其一致行动人拥有权益的股份达到一个上市公司已发行股份的5%后，其拥有权益的股份占该上市公司已发行股份的比例每增加或者减少5%，应当在该事实发生之日起3日内编制权益变动报告书，向中国证监会、证券交易所提交书面报告，通知该上市公司，并由上市公司予以公告。在报告期限内和作出报告、公告后2日内，不得再行买卖该上市公司的股票（针对证券交易市场增持）
大宗交易方式减持	因减持股份导致其持股比例低于5%的，上市公司应当在2个交易日内公告

综上所述，创业投资基金自投资企业之日起，若要享受创业投资基金的一系列优惠政策并顺利实现退出目标，须全方位考虑投资金额、投资时间、投资标的、备案等方面的要求，并熟悉减持的操作流程以及未来的信息披露义务等规范性事项。

第二节 创业投资基金的非上市退出

由于企业从获得创业投资到首次公开发行股票（Initial Public Offering，IPO）周期往往较长，能够成功上市的企业占比并不高，不少创业投资基金在此期间会选择股权转让、兼并收购、股权回购，甚至清算的方式实现退出。据相关数据统计，2014～2018年，我国的股权投资基金（含创业投资基金）主要以非上市方式退出，直至2019年，IPO方式退出的占比才上升至51%。而非上市退出中，又以股权转让、兼并收购、股权回购方式为主流方式，清算退出在实务中占比极少。

一、创业投资基金的股权转让退出

股权转让退出，是指创业投资基金待时机成熟时，通过股权转让的方式，将其持有的被投资企业的股权出售给第三方（可以为任意企业或个人）以实现投资退出的一种渠道。创业投资基金因为投早、投小，导致等待企业IPO的期限较长，因此在等待过程中通常会出售部分股权以便回笼部分资金，降低投资风险，这也成为创业投资基金特别是天使投资基金的一种惯常的商业模式。

尽管股权回购、兼并收购的退出方式本质上也是股权转让，但是，相比股权回购，股权转让的受让方往往不是被投资企业的原股东；相比兼并收购，股权转让的受让方购买创业投资基金持有的被投资企业股权后，被投资企业的控制权并未发生变更。股权转让退出相比兼并收购或 IPO 退出，最为简便、门槛更低、耗时最短，能够大大缩短退出周期，当然退出价格也通常会低于兼并收购退出或 IPO 退出的价格。如果在同一轮投资中既有老股转让，又有新一轮投资人的增资，老股转让的对价通常会比增资的价格要低一些。

创业投资基金若拟以股权转让方式退出，需要关注如下事项：（1）老股转让后，受让方是否有权承继转让方在原投资交易文件项下的优先权利，例如对赌、反稀释、优先清算等特殊权利，存在不确定性，往往需要受让方与转让方股东及创始股东另行协商，如果未能协商达成一致，则受让方通常无法承继该等特殊权利；（2）如果创业投资基金具有国有资产背景，则可能会面临一系列困扰实践的连锁问题，比如，创业投资基金转让其持有的被投资企业股权可能需要履行国有产权交易审批、国有产权评估、进场交易等国有资产交易程序；（3）除需遵守《公司法》中对于股权转让的限制以外，交易文件中原则上还会限制其将持有的创业企业的股权转让给创业企业竞争者及其关联方。除前述外，创业投资基金通过股权转让的方式退出并未有其他更多的限制。

二、创业投资基金的并购退出

实践中，被投资企业随着不断地发展壮大，有可能被其竞争对手或战略买家收购从而导致被投资企业控制权发生变更。在前述收购过程中，创业投资基金亦可通过向收购方出售其所持有的被投资企业股权实现投资退出。

兼并收购的退出方式相比股权转让门槛更高，但相比 IPO 退出而言，更加高效、灵活，适合于创业企业业绩逐步上升但尚不能满足上市的条件，且创业企业创始人和创业资本都打算退出的情况。另外，在并购完成后，创业投资基金通常可一次性全部退出，交易价格可能会低于 IPO 的回报，但却通常高于股权转让的回报，对创业投资基金而言是一条比较好的退出路径。

创业投资基金投资进入创业企业时，交易文件中一般会约定拖售权（Drag－along right，也称领售权、强制出售权）条款，创业投资基金之后若采取兼并收购的方式实现退出，拖售权条款对潜在收购方的吸引力更大，因为拖售权条款的存在使公司可以整体出售，相比仅赋予创业投资基金等投资者自由转股权利的条款，整体出售对于潜在收购方的吸引力远远大于仅受让创业投资基金持有的少量股权。

交易文件中另一种常见的条款是共同出售权（Right of Co－sale，或Tag－along right，也称跟售权、随售权）条款，其是创业投资基金谋求与创始人共同退出的一种条款设置。若创始人拟出售其持有的创业企业股权，投资人当然也希望获得同等机会，以降低“人走茶凉”的风险。值得注意的是，共同出售权的设置常常与优先购买权相伴相生，均是对创始人转让公司股权的限制，但共同出售权是创业投资基金希望能与创始人共同出售股权，减少在公司的持股，本质上是一项卖出期权；而优先购买权是创业投资基金希望能优先受让创始人出售的公司股权，增加在公司的持股，本质上是一项买入期权；也由于两种权利行使的方向完全相反，故一般会在交易文件中约定，共同出售权的行使前提为创业投资基金放弃行使优先购买权。

上述两种条款的约定属于创业投资基金与创业投资企业意思自治的范围，国内法律并未明文规定，创业投资基金与创业企业在协商该等条款时相对也更自由。见诸交易文件的较为典型的拖售权及共同出售权典型条款情况如表5－5所示。

表5－5　拖售权及共同出售权典型条款

权利名称	典型条款	备注
拖售权	本次增资交割日后，如发生本协议约定回购事件并触发回购权条款的，公司或创始人未能按照投资方的相应要求依据本协议约定履行回购义务的，经投资方合计超过2/3表决权比例决议同意出售公司全部或控股股权，或出售公司全部或实质性全部资产的，其他股东应按前述同意出售的条件共同拖售，并采取所有必要措施，配合并促成上述交易的批准、实施	用于某些特殊事项（如创始人不履行回购义务、无法按期上市、业绩不达标等）发生时，创业投资基金有权要求全体股东出售创业公司的全部或控股股权，是投资人一项主动退出的权利

续表

权利名称	典型条款	备注
共同出售权	创始人作为转让方拟转让其直接或间接持有的公司股权时，如任一投资方决定不根据本协议约定行使优先购买权的，则该投资方有权在股东通知回复期期满前向公司及创始人发出书面通知（以下简称共售通知，发出共售通知的优先购买权人以下简称共售股东），要求与创始人一起以同样的价格、条款和条件向预期买方共同出售其所持有的公司股权（以下简称共售股权），任一共售股东的共售股权的数量不超过以下各项的乘积：（1）预期买方同意购买的全部股权减去行使优先购买权的投资方购买的部分股权后的剩余股权，乘以（2）一个分数，分子是该共售股东持有的公司股权，分母是创始人和所有共售股东共同持有的公司股权的总和。任何投资方未在股东通知回复期内发出优先购买通知或共售通知的，视为该投资方同意其他股东对转让股权的出售并且放弃对转让股权的优先购买权和共同出售权。但是，因投资方未行使或未全部行使共同出售权而剩余的共售股权额度，其他投资方有权按照届时各自在公司持有的股权比例继续行使共同出售权	用于创业公司创始人出售股权时，创业投资基金可以按比例跟随出售，防止创始人减少股权后创业精神发生变化，是投资人的一项防守的权利

兼并收购退出方式也有其缺点：第一，寻找收购方的成本较高。企业寻找合适的并购方难度较大，往往并购方具有相同的产业背景，在合适的区域、合适的行业找到有意向的收购方，企业需要付出的成本较高。第二，可能存在信息不对称的问题。不同于 IPO，未上市公司的并购交易没有公开披露信息的要求，因此交易双方存在信息不对称，可能使交易的成功落地受到一定影响。第三，企业管理层可能抵触并购，不配合收购方的尽职调查，使交易难度增加等。

需要关注的是，若收购方为上市公司，鉴于上市公司本身的特殊性，其收购其他公司受到的监管较为严格，除需适用《公司法》等一般法律法规之外，还需特别适用《证券法》《上市公司收购管理办法》《上市公司重大资产重组管理办法》等法律法规。基于上市公司公众性的特征，上市公司收购其他公司对信息披露的要求较高，一般需要披露交易标的、交易对手方的基本情况、收购协议的基本内容（包含交易对价、交易方式等）；若构成上市公司重大资产重组，则上市公司除了需要履行内部批准程序外，满足一定条件的重大资产重组还须经过中国证监会的核准程序。

三、创业投资基金的股权回购退出

股权回购，通常是指创业企业的创始股东在约定的条件触发时回购创业资本持有的股权或由创业企业通过定向减资的方式回购股权，相较于 IPO 对资本市场的高要求、兼并收购方式对产权交易市场完善度的要求，股权回购方式虽然回报率低，但的确是创业资本保护自身权益的稳定器和安全阀。股权回购安排一般见诸投资时的股东协议，股东协议中常常会约定对赌条款，若股东协议中约定的对赌条件成就，则创业公司或其股东须履行股权回购义务。协议中常见的有关股权回购的条款如表 5－6 所示。

表 5－6　股东协议中常见的股权回购条款

类别	典型条款
时间对赌	如公司未能在××××年××月××日前实现在上海或深圳证券交易所主板、创业板、北交所公开发行股份上市，或以创业投资基金同意的估值被上市公司收购、被其他公司整体现金收购，则创业投资基金有权要求创始人按照以下约定连带受让创业投资基金届时持有的公司全部或部分股份
业绩对赌	发生下列情形之一的，即触发创始人回购义务： （1）公司××××年、××××年和××××年三年累计经审计净利润低于本补充协议第【　】条承诺的三年业绩之和的 85%； （2）公司××会计年度至××会计年度连续三年内任何一年经审计后的净利润低于该年业绩承诺的 70%……

关于股权回购，争议较大的系与公司对赌的对赌协议的效力问题。最高人民法院《全国法院民商事审判工作会议纪要》（以下简称《九民纪要》）针对对赌协议的效力进行了明确：（1）与目标公司股东、实际控制人的对赌协议，如无其他无效事由，认定有效并支持实际履行；（2）原则上肯定了与目标公司对赌的效力，但对赌协议是否履行，人民法院还需审查协议是否符合《公司法》第 35 条“股东不得抽逃出资”或者第 142 条关于股份回购的强制性规定。换言之，《九民纪要》中关于投资方与目标公司间对赌协议的规定，系将合同效力与合同履行区别开来，对赌协议原则上有效，然而就对赌协

议可执行性的问题，《九民纪要》明确，判定标准在于是否符合《公司法》的规定以及是否符合《公司法》下的资本维持原则和保护债权人合法权益原则。所以，就对赌协议的可执行性角度而言，笔者建议股权回购的主体最好约定为实际控制人或者控股股东，而目标公司仅作为回购担保主体。

四、创业投资基金的清算退出

清算退出的方式相较于前文所述的 IPO 退出、兼并收购退出、股权回购退出以及股权转让退出四种方式而言，可谓是创业投资基金相对最不愿意采用的退出方式。创业企业进入清算程序后，能够收回投资成本已经是比较理想的结局，能够获得收益的情况更是鲜见，绝大多数情况下，创业投资基金都将面对部分损失乃至血本无归的惨淡结局。

创业投资基金投资创业企业时，一般会于交易文件中约定强制清算条款，在公司发生一些极端情况，例如主要创始人股东从公司离职、退出股权，创始人触犯法律或非法占用、挪用公司资产、因故意或重大疏忽导致公司遭受重大损失，或者公司或创始人未能履行回购义务时，创业投资基金有权对公司发起强制清算，使公司进入清算程序。

创业投资基金与创业企业一般会在交易文件中约定，创业投资基金享有优先清算权；若届时创业企业已经过多轮融资，则融资轮次靠后的投资人在清算时可优先受偿（见表 5－7）。

表 5－7　强制清算与优先清算典型条款

权利名称	典型条款	备注
强制清算权	本轮投资方有权在下列情形下对公司发起强制清算，使公司进入清算程序：发生本协议约定的回购事件并触发回购权条款，公司或创始人未能依据本协议约定按时履行回购义务，且在进入拖售程序后 90 日内拒绝与第三方签订出售协议，第三方终止交易，并且公司与本轮投资方未能达成延期还款或分期还款等解决方案，且公司投资方过半数均认为公司已失去正常经营能力的情况下，本轮投资方可发起强制清算，使公司进入清算程序并按照本协议的约定进行清算分配	在一定情形触发时，创业投资基金可以主动退出的一项权利

续表

权利名称	典型条款	备注
优先清算权	公司发生任何清算（包括强制清算、特殊清算事件）、结业、解散、关闭或发生出售、拖售时均视为发生清算事件，公司应成立清算组，清算组应至少包括一名本轮投资方委派的人员以及一名上一轮投资方委派的人员。任何股东以无形资产出资形成的股权不得参与清算资产的分配。发生除本协议约定的特殊清算事件之外的本条其他清算事件，经清算后，公司的财产应当按照如下顺序进行分配： （1）依法支付清算费用、职工工资、社会保险费用和法定补偿金，缴纳所欠税款； （2）在足额支付前款费用之后，应将按以下公式计算的款项优先支付给本轮投资方：优先清算款项 = 本轮投资方在本次投资中向公司所支付的投资款总额 ×100% ×（1 +9%）^n 年 + 经股东会决议批准的应向本轮投资方分派但是尚未支付的红利 − 本轮投资方在本条规定的分配前已获得分配的股息； （3）在足额支付前述各条款约定的款项之后，任何剩余的公司财产将在届时全体股东（包括投资方和创始人）之间按其在公司的持股比例进行分配	拖售权也属于清算事件，在兼并收购退出时，创始人的所获收益并不是按股权比例获利，其收益因优先清算权会有折损，这往往是创始人与创业投资基金在兼并收购退出时谈判的重点

值得注意的是，根据《公司法》等相关法律法规的规定，公司清算属于需要股东会特别多数决议通过事项，尽管有股东协议之约定，但届时如何分配清算财产存在不确定性。《公司法》第 186 条规定，公司财产在分别支付清算费用、职工的工资、社会保险费用和法定补偿金，缴纳所欠税款，清偿公司债务后的剩余财产，有限责任公司按照股东的出资比例分配，股份有限公司按照股东持有的股份比例分配。对于该条规定属于效力性强制性规定还是管理性强制性规定，存在不同的解读，实务上案例不多，参考性存在一定的局限。故为防范风险，避免出现优先清算条款违反届时有效的法律规定而无法适用的情形，在实务中一般建议约定以下条款："如果届时适用法律不支持关于公司剩余资产分配的约定，则公司及原股东有义务对投资方进行补偿，且补偿额度等于届时投资方在根据约定进行剩余资产分配的情况下可获得的资产的价值减去届时投资方根据适用法律在正常清算情况下获得的资产的价值。原股东就该等补偿义务以其正常清算分配所得为限向投资方承担连带责任。"

附：创业投资基金投资及减持退出时间轴

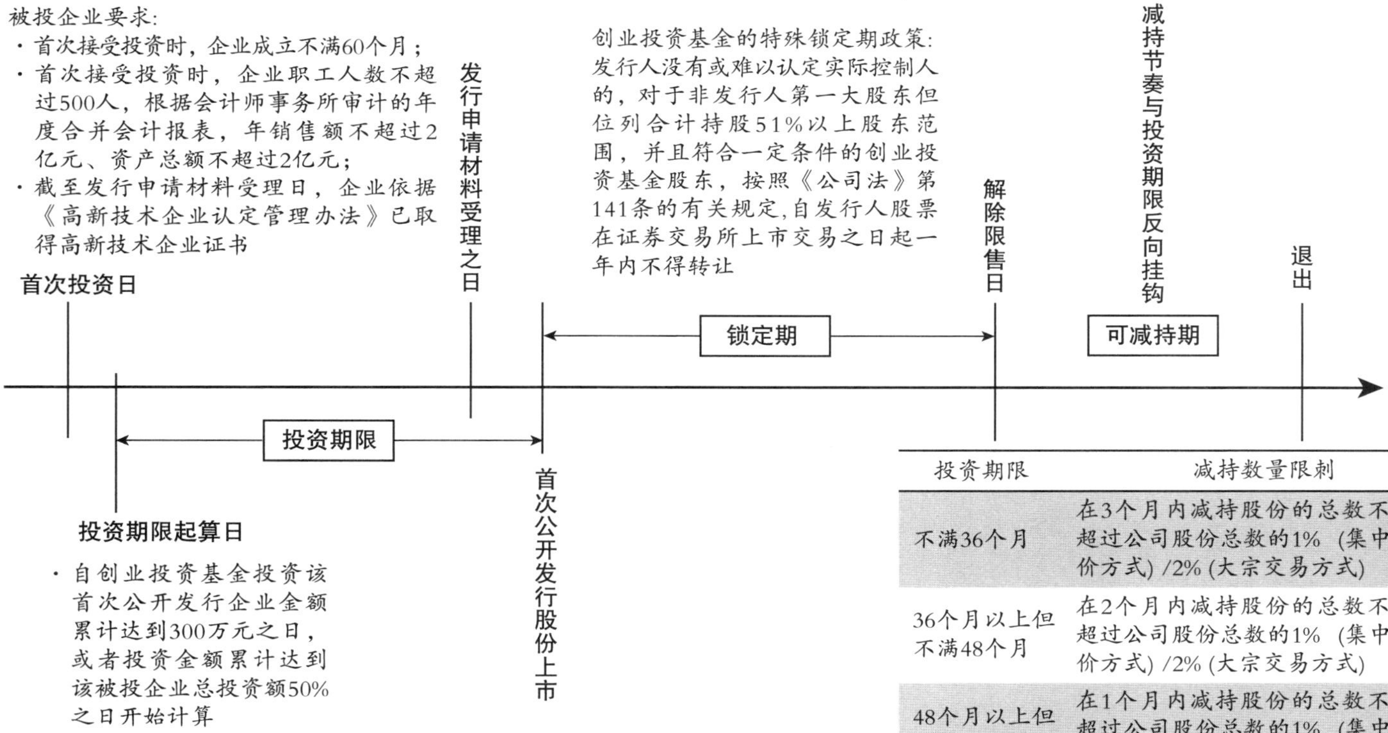

投资期限	减持数量限制
不满36个月	在3个月内减持股份的总数不得超过公司股份总数的1%（集中竞价方式）/2%（大宗交易方式）
36个月以上但不满48个月	在2个月内减持股份的总数不得超过公司股份总数的1%（集中竞价方式）/2%（大宗交易方式）
48个月以上但不满60个月	在1个月内减持股份的总数不得超过公司股份总数的1%（集中竞价方式）/2%（大宗交易方式）
60个月以上	减持股份总数不再受比例限制

第六章

特殊背景投资人对创业投资基金的影响

创业投资基金在募集过程中，可能存在特殊背景的投资人，如国有投资人、政府引导基金投资人、保险资金投资人及外资投资人等。这些特殊背景投资人由于其自身受到相关法律的监管，可能将其受到的法律监管传导和延伸到创业投资基金及其管理人，从而对创业投资基金的“募投管退”产生一定的影响。因此，本章主要从政府引导基金投资人、国有投资人、保险资金投资人及外资投资人四类特殊背景投资人的角度出发，结合相关法律规定，对特殊背景投资人对创业投资基金的影响进行简要介绍。

第一节　政府引导基金投资人

政府引导基金并不是严格的法律概念，在使用这一词汇时，通常泛指由政府财政出资，以引导社会资本共同投资经济社会发展的重点领域和薄弱环节为目的的私募股权或创业投资基金。政府引导基金的产生主要是为了优化资金配置方向，落实国家产业政策，并扶持中小企业发展，克服单纯通过市场配置股权投资的市场失灵问题，并协调区域经济的发展。

对于政府引导基金，各部委有不同的界定，据此可以具体化为不同类型的私募基金，比如：(1)《创业投资企业管理暂行办法》下的“创业投资引导基金”，指由政府设立并按市场化方式运作，主要通过扶持创业投资企业发展，引导社会资金进入创业投资领域的政策性基金。(2)《政府投资基金暂行管理办法》下的“政府投资基金”，指由各级政府通过预算安排，单独出资或与社会资本共同出资设立，采用股权投资等市场化方式，引导社会各类资本投资经济社会发展的重点领域和薄弱环节，支持相关产业和领域发展的资金。其中，政府出资，指财政部门通过一般公共预算、政府性基金预算、国有资本经营预算等安排的资金。（3）《政府出资产业投资基金管理暂行办法》下的“政府出资产业投资基金”，是指有政府出资，主要投资于非公开交易企业股权的股权投资基金和创业投资基金。其中，政府出资资金来源包括财政预算内投资、中央和地方各类专项建设基金及其他财政性资金。无论上述哪一种界定，政府引导基金最大的特征在于其出资来源的特定性，即源于财政部门财政预算安排的资金，这也是其与其他创业投资基金的本质区别。

一、政府引导基金投资人的主要特征

政府引导基金投资人作为一类特殊的基金投资人，其投资目的不在于取得投资收益，而在于引导社会资本投资。这是政府引导基金投资人与一般基金投资人最根本的不同点。也正因为这一根本不同，使政府引导基金在“募投管退”各个环节有其自身特点：

1. 基金募集环节：政府引导基金的资金来源为政府出资，包括财政部门通过一般公共预算、政府性基金预算、国有资本经营预算等安排的资金。

2. 基金管理环节：组织形式主要为事业单位制和企业法人制（包括公司制和有限合伙制），其中，事业单位制属于历史遗留问题，目前原则上不新设事业单位制。基金管理人主要包括五种类型：事业单位（如深圳市创业投资引导基金）、地方国有资产经营公司或政府投资平台公司（如石家庄创业投资引导基金）、地方国有创业投资企业（如苏州工业园区创业投资引导基金）、基金管理公司（如浙江省创业风险投资引导基金）、外部专业机构（如上海市杨浦区人民政府引导基金委托硅谷银行资本管理）。

3. 基金投资环节：投资方式主要为投资基金和项目跟投，以及为创业投资机构提供风险补助。在投资创业投资基金时，往往会特别要求创业投资基金及其管理人接受一些非市场化的投资条件，如创业投资基金的注册地址、投资地域、返投比例、出资顺序等。

4. 投资退出环节：政府引导基金具有政府出资的资金属性，目的不在于盈利；另外，基金退出属于国有产权交易行为，应遵循国有产权交易相关规定。根据财政部《政府投资基金暂行管理办法》的规定，从参股基金退出的，优先按照章程约定的条件退出，没有约定的，应按评估价格作为退出依据。另外，政府引导基金通常会安排让利退出，如《上海市创业投资引导基金管理办法》允许创业投资企业管理团队及其指定方受让引导基金在该创业投资企业的份额或股权，自引导基金投入后4年内转让的，转让价格可按照引导基金原始投资额与股权转让时中国人民银行公布的同期存款基准利率计算的收益之和确定。

二、政府引导基金投资人的特殊投资要求

如前所述，政府引导基金在投资创业投资基金时，往往带有招商引资和推动当地产业升级的目的，通常会要求创业投资基金及其管理人接受一些非市场化的投资条件，除了注册地址、返投比例、出资比例、投资地域等一些常见的要求之外，还会有“双落地”、出资顺序、强制托管、强制退伙等特别要求。具体而言：

1. 注册地址：政府引导基金通常要求其投资的创业投资基金在本地注册。比如，根据上海市人民政府《关于促进上海创业投资持续健康高质量发展的若干意见》的规定，获得上海市人民政府引导基金扶持设立的创业投资企业应在上海市范围内注册设立。与此同时，不少地方引导基金还要求管理人或者合伙企业的GP必须注册在当地，即符合基金和管理人/GP“双落地”的要求。“双落地”是政府引导基金寻求产业升级效益和税收效益的体现。

2. 返投比例：政府引导基金通常要求其投资的创业投资基金返投本地，且有一定的返投比例要求。比如，根据《湖北省长江经济带产业基金管理办法实施细则（暂行）》的规定，长江产业基金及其出资子基金在湖北的投资总额，累计应不低于引导基金出资规模的5倍。返投比例往往成为吸引优质管理人的障碍，优秀的项目多集中在长江三角洲城市群、粤港澳大湾区和以北京为中心的京津冀一带，管理人必须权衡优先考虑资金还是项目。在此大背景下，越来越多的地方政府对返投比例给予相对宽松的计算口径，如管理人管理的其他基金所投项目或者单纯引入的项目都可以纳入统计范围。

3. 出资比例：政府引导基金对其投资的创业投资基金的出资通常会有一定的限制，如出资比例限制或者第一大出资人限制。例如，根据《上海市创业投资引导基金管理办法》的规定，引导基金可参股或发起设立天使投资引导基金、市场化母基金、重点产业领域并购投资基金和创业投资企业，但不能成为第一大股东。出资比例的限制往往要求管理人本身就具备一定的募资能力，不能单纯依靠政府引导基金；与此同时，第一大出资人的限制往往要求管理人将其他投资人组合起来，以合伙企业或者以联接基金[①]的形式进行投资，增加了创业投资基金募集的复杂性。

4. 出资顺序：为避免国有资产损失，充分发挥引导作用，政府引导基金通常不会在创业投资基金的首次交割进行出资，不仅会要求在后续交割进行出资，而且在同一轮交割中还会要求在其他基金投资人出资同时或之后出资。政府引导基金在后续交割进行出资，往往还涉及要求免于自后续交割日至首次交割日期间的出资补偿金的问题，一般情况下，这一要求能够获得其他基金投资人的理解和接受。但如果同一轮交割中存在 2 个以上政府引导基金或国有资产背景基金，政府引导基金及国有资产背景基金之间如何协调出资顺序的问题，往往令基金管理人为难，实践中一般会表述为同时出资。

5. 投资领域：政府引导基金通常对其投资的创业投资基金的投资领域有一定的引导性要求。比如，根据《上海市创业投资引导基金管理办法》的规定，申请引导基金跟进投资的企业仅限本市重点扶持和鼓励的产业领域，且工商登记和税务登记在本市的早中期创业企业。从近几年各地政府引导基金的偏好来看，集成电路、生物医药、智能制造等属于优先引入的产业，其他例如大消费、旅游文化、互联网等产业取得政府引导基金的支持相对困难。这也导致一些地方政府在 GDP 的压力下“一窝蜂”地上一些雷同的项目，以及一些管理人一改初衷、看“钱”下“菜”的募集策略，地域与行业的协调发展以及管理团队与项目投资精度、深度的协调发展均未得到优先考虑。

6. 投资限制：政府引导基金通常对其投资的创业投资基金有一定的投资限制，一般不得投资于二级市场、房地产或直接用于贷款等。比如，根据

---

① 联接基金（Feeder Fund），是一种特殊的 FOF，只投向某一只子基金的专项母基金。

《政府投资基金暂行管理办法》的规定，政府投资基金不得从事融资担保以外的担保、抵押、委托贷款等业务；不得投资二级市场股票、期货、房地产、证券投资基金、评级 AAA 以下的企业债、信托产品、非保本型理财产品、保险计划及其他金融衍生品；不得向任何第三方提供赞助、捐赠（经批准的公益性捐赠除外）；不得吸收或变相吸收存款，或向第三方提供贷款和资金拆借；不得进行承担无限连带责任的对外投资；不得发行信托或集合理财产品募集资金；不得从事其他国家法律法规禁止从事的业务。

7. 强制托管：政府引导基金通常要求其投资的创业投资基金强制托管。比如，根据《上海市创业投资引导基金管理办法》的规定，引导基金应当选择在中国境内设立、具有相关经验的商业银行进行托管。托管银行依据托管协议负责引导基金账户管理、资金拨付及清算、资产保管等日常事务。同时，托管银行也会配合政府引导基金就创业投资基金所投项目的政策性、真实性、方向性是否与基金设立目标一致提供定期的跟踪报告，对基金的运作情况进行监督检查。

8. 强制退伙：政府引导基金通常要求在前述特定条件未满足时有权从创业投资基金提前退伙，例如，投资期届满返投比例未满足，或者投资领域不符合双方约定，或者出资后满一年未能开展投资，或者给基金造成重大损失，都会触发政府引导基金退伙，如不能顺利退伙，管理人可能将承担一定责任。

上述这些政府引导基金的特殊权利往往由政府引导基金与管理人在签署有限合伙协议时同时签署一份补充协议（Side Letter）予以保障。从近期实践来看，补充协议已成为政府引导基金投资创业投资基金的必备文件。

三、政府引导基金投资人的社会价值

与社会资本的目标不完全相同，政府引导基金首先落脚在“引导”，要引导产业方向，引导社会资本投资。引导作用的发挥也经历了从初级阶段到高级阶段的发展过程。在初级阶段，政府引导主要是招商引资，比如土地出让金减免、税收优惠、代建厂房、政府购买服务等；而在高级阶段，政府主要是采用市场化运作的方式，以出资引导带动产业引入，促进当地产业发展、产业升级、产业集聚。

从实践来看，各国都出现股权投资企业不均衡的情况，中后期项目资金供给充分，而创业早期企业却难以吸引到资金。不少政府引导基金引导社会资金投向市场配置失灵的地方，即投向初创型科技型企业，起到了良好的社会和经济效果。以深圳市天使母基金为例，《深圳市政府投资引导基金绩效评价管理办法（试行）》设定了三级考核指标体系，其中，一级指标包括政策目标、经济效益及管理效能；二级指标包括政策投向（返投）、政策引导（阶段和领域）、资金放大、引导基金投资效益、被投企业运营效益、规范运营及专业管理。另外，还有 3 个加分项目，分别是创业投资行业培育力度、招商引资效果及引导基金行业奖项。政策目标和政策引导是深圳市政府引导基金首要考虑的因素，深圳市天使母基金必须投早、投小、投科技，聚焦于天使阶段的前沿性和战略型项目，相应地，深圳市天使母基金对于投资深圳的项目收益全额让渡，即不追求投资收益。深圳市天使母基金对于扶持和推动初创型科技企业的发展发挥了战略意义。

总体而言，在中国新旧动能转换的特殊时期，政府引导基金在引导资金投资方向、优化资金配置、支持产业升级、产业集聚等方面发挥了积极作用，也创造了极高的社会价值。

第二节　国有投资人

国有企业作为一类特殊的市场主体，适用《企业国有资产法》、《企业国有资产评估管理暂行办法》以及《企业国有资产交易监督管理办法》（以下简称32 号令）等国有资产监督管理法规。由于国有企业这一特性，创业投资基金（通常为有限合伙型基金）引入国有投资人，将对创业投资基金的“募投管退”各个环节产生一定的影响，具体而言，主要体现在以下两个层面的四个方面：

第一，国有投资人投资于创业投资基金层面，主要包括：国有投资人持有的创业投资基金份额的国有产权登记、国有投资人转让创业投资基金份额的国有资产交易程序等。

第二，引入国有投资人的创业投资基金对外投资的层面，主要包括：创业投资基金本身的国有企业认定、创业投资基金转让被投资企业股权的国有资产交易程序等。

以下分别就四个方面进行阐述。

一、国有投资人持有的创业投资基金份额的国有产权登记

国有投资人持有的有限合伙份额是否属于国有资产，以及是否需要及能够办理国有产权登记，是困扰法律实务界的一个问题。虽然《企业国有资产法》规定，国有资产系“国家对企业各种形式的出资所形成的权益”，似乎可以推知国有投资人持有的有限合伙份额亦属于国家对企业各种形式的出资所形成的权益，即国有资产；但一直以来，对于这一问题并没有明确的法律规定，且各地国有资产监督管理委员会（以下简称国资委）对这一问题亦存在不同认识。

这一问题在 2020 年年初最终被明确。2020 年 1 月 3 日，国资委发布《有限合伙企业国有权益登记暂行规定》（以下简称《合伙企业登记规定》），对有限合伙企业国有权益登记作出明确规定，填补了历来有限合伙企业无法进行国有权益登记的空白。

根据《合伙企业登记规定》第 2 条的规定，“有限合伙企业国有权益登记，是指国有资产监督管理机构对本级人民政府授权履行出资人职责的国家出资企业（不含国有资本参股公司，下同）及其拥有实际控制权的各级子企业（以下统称出资企业）对有限合伙企业出资所形成的权益及其分布状况进行登记的行为”。其中，实际控制权，是指“国家出资企业直接或间接合计持股比例超过 50%，或者持股比例虽然未超过 50%，但为第一大股东，并通过股东协议、公司章程、董事会决议或者其他协议安排能够实际支配企业行为的情形”。这意味着，国有投资人（包括国家出资企业、国有控股企业及其子企业、国有实际控制企业，但不包括国有参股企业）持有的有限合伙份额需要办理国有权益登记，明确了该等有限合伙份额属于国有资产。

但是，由于《合伙企业登记规定》没有明确合伙份额属于国有权益的有限合伙企业本身是否属于以及如何构成国有企业的问题，这也将带来实践中

的另一个难题：合伙份额属于国有权益的有限合伙企业（第一层有限合伙企业）对外继续投资有限合伙企业（第二层有限合伙企业），第一层有限合伙企业持有的第二层有限合伙企业份额是否需要办理国有权益登记？这个问题还有待实践中进一步明确。

二、国有投资人转让创业投资基金份额的国有资产交易程序

国有产权交易历来遵循《企业国有资产法》、《企业国有资产评估管理暂行办法》、32 号令等国有产权交易规定，通常需要履行国有产权交易审批、国有产权评估、进场交易等国有产权交易规则。

关于国有投资人转让创业投资基金份额是否需要履行国资交易程序的问题，在《合伙企业登记规定》颁布前，是法律实务的模糊地带，虽然没有法律明确规定有限合伙份额属于国有资产，实务中通常还是秉持审慎的态度，倾向于认为有限合伙份额属于国有资产。但是，国务院国资委于 2019 年 5 月 27 日在其网站上发布的问答选登，给此前审慎的法律实务态度带来一定的困惑。在其网站上，国务院国资委就“国有企业转让有限合伙企业财产份额是否适用 32 号文[①]”的留言回复称，32 号令的“适用范围是依据《中华人民共和国公司法》设立的公司制企业。国有企业转让有限合伙企业份额的监督管理另行规定”。[②] 言外之意，即有限合伙企业本身并不适用 32 号令，有限合伙份额转让将另行规定。

《合伙企业登记规定》的颁布，最终解决了有限合伙企业份额转让的法律适用问题。如上所述，国有投资人（包括国家出资企业、国有控股企业及其子企业、国有实际控制企业，但不包括国有参股企业）持有的有限合伙份额需要办理国有权益登记，即明确该等有限合伙份额属于国有资产。因此，国有企业转让其持有的有限合伙份额属于国有产权转让，需要适用国有产权交易规则，包括国有产权交易审批、国有产权评估、进场交易等。

---

① 即 32 号令。

② 参见《国有企业转让有限合伙企业财产份额是否适用 32 号文?》，载国务院国资委网站 2019 年 5 月 27 日，http：//www. sasac. gov. cn/n2588040/n2590387/n9854167/c11349294/content. html。

三、创业投资基金本身的国有企业认定

国有投资人投资于创业投资基金（通常为有限合伙型基金）是否会导致创业投资基金本身被认定为国有企业，历来是困扰国有产权交易实践的难题，特别是32号令实施以后，这一问题在实务中更是争议不断。

肯定说认为，32号令突破了《关于施行〈上市公司国有股东标识管理暂行规定〉有关问题的函》在国有股东认定上局限于“公司制企业”的做法，将国有企业的范围扩大到全部“企业”，从而将有限合伙企业纳入国有企业的组织形式中，因此，国有有限合伙企业转让所投资的企业产权适用国有产权交易规则。

否定说主要援引国务院国资委于2018年12月29日和2019年5月27日在其网站上发布的问答选登，其中在前一日期发布的问答选登“对《企业国有资产交易监督管理办法》理解”的回复称，32号令第4条是“针对公司制企业中的国有及国有控股、国有实际控制等情形进行分类，合伙企业中合伙人的权益和义务应以合伙协议中的约定为依据”。[①] 言外之意，即32号令关于国有企业的类型化划分限缩解释为公司制企业的国有企业类型，有限合伙企业不适用32号令，进而国有有限合伙企业转让所投资的企业产权不适用国有产权交易规则。

对于这一问题，目前并没有比较确定的法律规定和广泛认可的观点。肯定说从文义来看具有一定的道理，但是从国务院国资委的回复观点，以及笔者理解的各地国资委的实践观点来看，很多地方的国资委并不认为有限合伙企业属于国有企业，对32号令的适用范围也存在争议。因此，这一问题还有待实践中进一步明确。

四、创业投资基金转让被投资企业股权的国有资产交易程序

与创业投资基金本身的国有企业认定问题相关联的是，创业投资基金转

① 参见《对〈企业国有资产交易监督管理办法〉理解》，载国务院国资委网站2018年12月29日，http：//www. sasac. gov. cn/n2588040/n2590387/n9854167/c10126551/content. html。

让被投资企业股权是否需要履行国有资产交易程序。如果创业投资基金被认定为国有企业，将会带来一系列困扰实践的连锁问题，比如，创业投资基金持有的被投资企业股权可能需要履行国有产权交易审批、国有产权评估、进场交易等国有资产交易程序。

虽然创业投资基金本身的国有企业认定问题还有待法律明确，但在实践中，为避免引入国有投资人的创业投资基金被认定为国有企业，创业投资基金的管理人通常会参照32号令减少创业投资基金中的国有资产成分，即将国有资产成分控制在50%以下，且不作为有限合伙企业的第一大合伙人，从而避免创业投资基金被认定为国有控股企业或国有实际控制企业。

需要注意的是，有些地方的国资委对于引入国有投资人的创业投资基金存在例外规定。比如，根据《上海市国有创业投资企业股权转让管理暂行办法》的规定，国有创业投资企业（包括上海市创业投资引导基金及其出资设立的国有创业投资企业，国家发改委、财政部出资设立并在本市注册的国有创业投资企业，经市发改委备案并处于年度检查有效期内的其他国有创业投资企业）可以根据《创业投资企业管理暂行办法》的有关规定，在投资协议中对转让方式、转让条件、转让价格、转让对象等一项或若干项进行事前约定。国有创业投资企业转让股权时，投资协议中对转让事项事前约定并按规定履行备案的，可按事前约定依法决策，并在产权交易所按照审批协议转让程序办理。

第三节　保险资金投资人

一、保险资金参与创业投资基金投资的政策沿革

原中国保监会于2010年7月30日发布的《保险资金运用管理暂行办法》（已失效）以及于2010年7月31日发布的《保险资金投资股权暂行办法》（保监发〔2010〕79号，以下简称79号文，部分失效）最早规定了保险资金参与私募股权投资基金的相关政策。其中，《保险资金运用管理暂行办法》将私募股权投资基金作为未上市企业股权相关金融产品的一部分纳入保险资

金的投资范围，但总体规定较为原则；而《保险资金投资股权暂行办法》则将保险资金对私募股权投资基金的投资纳入间接投资股权的范围，对保险机构、基金管理机构和基金的资质、条件做了较为细化的规定，并大部分沿用至今。

值得注意的是，原中国保监会于2012年7月16日发布的《关于保险资金投资股权和不动产有关问题的通知》（保监发〔2012〕59号，以下简称59号文，部分失效）明确，保险资金投资的股权投资基金包括成长基金、并购基金、新兴战略产业基金和以上股权投资基金为投资标的的母基金，但受79号文的限制，保险资金投资于创业、风险投资基金曾一度被明确禁止。

其后，原中国保监会于2014年12月12日正式发布101号文，最终放开了保险资金投资于私募创业投资基金。79号文和101号文以“分治”为原则，为保险资金投资私募股权基金和创业投资基金提供了主要法律依据。

2021年12月17日，银保监会发布《关于修改保险资金运用领域部分规范性文件的通知》（银保监发〔2021〕47号，以下简称47号文），允许保险资金投资由非保险类金融机构实际控制的股权投资基金，取消投资单只创业投资基金的募集规模限制，支持保险机构加强与专业股权投资机构合作，丰富创业企业长期资金来源。

二、保险资金投资创业投资基金的监管要求

根据101号文以及47号文的规定，对保险资金投资创业投资基金的监管要求如表6－1所示。

表6－1　《投资创投基金通知》对保险资金投资创业投资基金要求

监管要求	具体内容
基金类型	依法设立并由符合条件的基金管理机构管理，主要投资创业企业普通股或者依法可转换为普通股的优先股、可转换债券等权益的股权投资基金

续表

监管要求	具体内容
保险公司要求	具备股权投资能力，投资时上季度偿付能力充足率不低于120%，投资规范、风险控制、监督管理等遵循《保险资金投资股权暂行办法》及相关规定
基金管理机构要求	（1）依法设立，公司治理、内控机制和管理制度健全有效，具有5年以上创业投资管理经验，历史业绩优秀，累计管理创业投资资产规模不低于10亿元； （2）为创业投资基金配备专属且稳定的管理团队，拥有不少于5名专业投资人员，成功退出的创业投资项目合计不少于10个，至少3名专业投资人员共同工作满5年；投资决策人员具备5年以上创业投资管理经验，其中至少2人具有3年以上企业管理运营经验； （3）建立激励约束机制、跟进投资机制、资产托管机制和风险隔离机制，管理的不同资产之间不存在利益冲突； （4）接受中国保监会（现为中国银保监会）涉及保险资金投资的质询，并报告有关情况； （5）最近3年不存在重大违法违规行为
创投基金的要求	（1）不是基金管理机构管理的首只创业投资基金； （2）所投创业企业在境内依法设立，符合国家产业政策，具有优秀的管理团队和较强的成长潜力，企业及主要管理人员无不良记录； （3）单只基金投资单一创业企业股权的余额不超过基金募集规模的10%； （4）基金普通合伙人（或基金管理机构）及其关联方、基金主要管理人员投资或认缴基金余额合计不低于基金募集规模的3%
保险公司投资集中度要求	投资创业投资基金的余额纳入权益类资产比例管理，合计不超过保险公司上季度末总资产的2%，投资单只创业投资基金的余额不超过基金募集规模的20%

47号文虽然删除了101号文中5亿元创投基金的规模限制，但对于管理机构的要求仍然偏高，特别是累计10个退出项目和跟投3%，比较少有管理机构可以满足这个条件。实践中，私募管理机构主要依据79号文建立与保险

公司的合作，引入保险公司作为私募股权基金的投资人。79号文要求股权基金的管理人满足注册资本金不少于1亿元、3个退出项目、无跟投要求等，相对更符合市场客观需求。但是，79号文要求的私募管理机构在管规模30亿元却往往成为一项实质性门槛。总体而言，监管部门对于创业投资基金依然保持谨慎态度。

三、保险资金投资创业投资基金的趋势与判断

在我国金融监管层面，近年来一直在推动保险资金进入股权投资领域。2018年10月26日，中国银保监会发布《保险资金投资股权管理办法（征求意见稿）》，在较大程度上降低了保险资金投资未上市企业股权的门槛。特别是，《征求意见稿》将保险资金直接股权投资的行业范围从保险类企业，非保险类金融企业，以及与保险业务相关的养老、医疗、汽车服务等企业的"白名单"修改为"负面清单+正面引导"，使保险资金股权投资的范围和灵活度大大增加。2020年7月17日，中国银保监会发布《关于优化保险公司权益类资产配置监管有关事项的通知》，明确八档权益类资产监管比例，最高可到占上季末总资产的45%，充分释放保险资金运用的自主决策权。

综上，保险资金参与创业投资基金的投资规则已在逐步发生变化。首先，在《征求意见稿》中"保险资金投资的股权投资基金，包括创业投资基金、股权投资基金和以上述基金为投资标的的母基金有别于79号文和101号文的"分治"原则，在新的监管思路下，中国银保监会已将创业投资基金纳入股权投资基金的范围进行统一规制，这也与基金业协会将私募股权投资基金和私募创业投资基金一并划入私募股权、创业投资基金管理人管理范围的监管要求一致。其次，47号文取消保险资金投资单只创业投资基金5亿元的规模限制，放开保险资金投资由非保险类金融机构实际控制的股权投资基金。可以看到，降低保险资金与私募基金的合作门槛的趋势越来越明显，特别是保险基金投资创业投资基金也将获得更多的关注与政策支持。

第四节　外国投资者

一、外国投资者境内股权投资的历史发展

我国一直以来对资本项目实施较严格的管理制度，对于外国投资者的管理，经历了从《外商投资产业指导目录》下的前置审批，到目前的《外商投资准入特别管理措施（负面清单）》的备案制。虽然“三资企业法”① 已被《外商投资法》取代，外国投资者的境内投资获得了更大的自由度，但是外国投资者被鼓励的是外商直接投资（Foreign Direct Investment，FDI），其在境内的股权投资一直受到限制。虽然股权投资并非负面清单列明的禁止类或限制类投资领域，其中，创业投资企业还属于允许类，但是股权投资领域的外资准入事实上一直受到限制，实践中需要逐一进行审批。

为鼓励外国投资者来华从事创业投资，建立和完善中国的创业投资机制，原对外贸易经济合作部、科学技术部、原国家工商行政管理总局、国家税务总局和国家外汇管理局于2003年发布了《外商投资创业投资企业管理规定》，对“外商投资创业投资企业”及“创业投资”进行了规定，并且外商投资创业投资企业应当报商务部进行备案。但因门槛较高，备案的外商投资创业投资企业并不多。

2013年之前，外商投资创业企业主要受商务部的监管。自2013年6月，依据中央机构编制委员会办公室《关于私募股权基金管理职责分工的通知》的规定，基金业协会取得私募股权基金的监管权限起，商务部基本完成了作为外商投资创业企业的备案部门的历史使命，外商投资创业企业在基金业协会备案为创业投资基金成为绝大多数机构的选择。

随着近年来相关法律的修订及一系列法律法规、通知的颁布，外国投资者在中国境内的股权投资也迎来了新的机遇，包括2020年1月1日生效的《外商投资法》，2019年8月修订的《外商投资合伙企业登记管理规定》（已

① 指《中外合资经营企业法》《中外合作经营企业法》《外商企业法》。

失效），自2010年10月24日起由上海开始、各地相继出台的QFLP试点政策，以及国家外汇管理局发布的《关于进一步促进跨境贸易投资便利化的通知》（汇发〔2019〕28号），都为外国投资者在中国的股权投资提供了政策上的激励和支持。

二、外国投资者参与境内股权投资的直接途径

在现行监管政策框架下，外国投资者参与境内股权投资主要有三种路径：

（1）设立外商投资性公司（Foreign Invested Holding Company，FIHC）；

（2）设立外商投资创业投资企业（Foreign Invested Venture Company，FIVC）；

（3）设立合格的外商投资股权投资企业。

无论是哪一种路径，所设立的FIHC、FIVC和QFLP都会在其企业经营范围内加上“投资”的字样，以说明其可以合法进行境内股权投资。而且这三类企业对外国投资者的资质均设置了高门槛，FIHC主要适用于外商投资实体企业的境内再投资，FIVC和QFLP主要适用于外国投资管理机构募集资金后的国内股权投资，目前都属于受国内监管的私募基金。其中，FIVC对于必备投资者要求较高，实践中适用较少；QFLP仅有部分试点区域适用，本试图打开另外一条外国投资者境内股权投资的途径，允许直接结汇进行股权投资，但前置审批目前仍然门槛较高，导致困难重重。

FIHC、FIVC和QFLP的企业经营范围中带有“投资”字样，这意味着其在中国进行股权投资具有天然的优势，外国投资者投入的资金可以一次性在FIHC、FIVC和QFLP层面结汇为人民币并以人民币在境内进行项目股权投资，而无须按项目逐个进行结汇。

此外，FIHC、FIVC和QFLP这几种载体因直接引入了外国投资者，将导致其权益结构中存在外资成分。尤其是对于主要投资于增值电信、互联网新闻信息服务、网络出版服务、网络视听节目、教育等外商投资限制或禁止类行业的投资机构，需要特别关注引入外国投资者后可能受到的投资限制以及给被投资企业业务经营、业务资质申请、年检等构成的影响，严格遵守外商投资准入特别管理措施（负面清单）的规定与要求。值得关注的是，根据

2019年8月8日国家市场监督管理总局就《外商投资合伙企业登记管理规定》（已失效）进行的修订，《外商投资产业指导目录》禁止类项目，标注“限于合资”“限于合作”“限于合资、合作”“中方控股”“中方相对控股”的项目，以及有外资比例要求的项目，不得设立外商投资合伙企业。

三、外国投资者参与境内股权投资间接途径

汇发〔2019〕28号文颁布后，取消了非投资性外商投资企业资本金境内股权投资限制，允许外商投资企业资本金结汇用于股权投资，突破了近十年来外商投资企业无法顺畅进行国内股权投资的障碍，也实现了外国投资者参与境内股权投资的间接途径——设立非投资性外商投资企业。

首先，根据汇发〔2019〕28号文，非投资性外商投资企业在确认境内所投项目真实、合规的前提下，可依法以资本金进行境内股权投资。非投资性外商投资企业在申请办理再投资时，需向银行提交每笔投资项目真实、合规的相关证明文件，配合银行完成相应的尽职调查和审核手续。

其次，汇发〔2019〕28号文进一步明确了外商投资企业外汇资本金股权投资的具体操作方式，即“资本金原币划转”和“资本金结汇开展境内股权投资”。一是非投资性外商投资企业可以使用“原币划转”这一方式开展境内股权投资。具体而言，被投资企业应到注册地银行办理接收境内再投资登记，开立外汇资本金账户，接收并存放原币资金。二是非投资性外商投资企业可以使用“资本金结汇”开展股权投资。具体而言，被投资企业应到注册地银行办理接收境内再投资登记，开立“资本项目—结汇待支付账户”，接收并存放意愿结汇所得人民币资金。当然，无论存放的是原币资金还是人民币，被投资企业未来使用时，可能仍然需要逐笔结汇或审核，并且每笔资金使用需要符合被投资企业的经营范围和业务。

由此可见，只要外商投资企业不违反现行外商投资准入特别管理措施（负面清单）的要求，外国投资者实际上已可以通过架设一层外商独资企业（Wholly Foreign Owned Enterprises，WFOE）来实现对境内的股权投资。特别是根据《企业所得税法》第26条的规定，符合条件的居民企业之间的股息、红利等权益性投资收益为免税收入，因此架设一层WFOE来实现境内股

权投资并没有增加任何税收成本。汇发〔2019〕28 号文下，被投资企业除了在使用外汇资金时需要逐笔审批之外，其实与 FIHC、FIVC 和 QFLP 一次性结汇给被投资企业争取的灵活度差异并不大。

值得一提的是，QFLP 模式还提供了更为灵活的 GP/LP 管理模式和跨境税收优化结构，这一点是通过架设 WFOE 来间接实现对境内的股权投资不可比拟的。这也说明，这条路径比较适合外国投资者在境内的内部股权投资体系的进一步延伸，而无须符合设立 FIHC 的门槛。当然，笔者也注意到个别地区可以设立非投资性外商投资企业的另一种形式——外商有限合伙（Foreign Limited Partner，FLP），是否这种集合了设立便利性和架构灵活度双重优势的模式可以广泛推广和合法适用，我们拭目以待。

总体而言，从各地推行 QFLP 试点政策，到 2019 年 3 月发布《外商投资法》确立准入前国民待遇加负面清单制度，废止“三资企业法”及取消逐案审批或备案制度，再到出台汇发〔2019〕28 号文允许外商投资企业资本金结汇可以用于境内股权投资，可以看到中国对外商投资领域放开的各项重大改革与突破，为吸引外国投资和加强国际合作而努力创造了内外公平更优的经营环境。对于私募基金而言，特别是汇发〔2019〕28 号文之后，外国投资者投资中国的模式与架构发生重大变化，其重要意义在于一定程度上拓宽了境外投资人以资本金投资境内私募基金的路径，有助于私募基金通过直接或间接方式引入境外投资人，拓宽募资渠道。

附：保险机构投资创业投资基金与投资私募股权基金对比表

比较	保险机构投资创业投资基金	保险机构投资私募股权基金
监管规定	101 号文	（1）79 号文； （2）59 号文； （3）47 号文
保险公司要求	应当具备股权投资能力，投资时上季度偿付能力充足率不低于 120%，投资规范、风险控制、监督管理等遵循 79 号文及相关规定	（1）具有完善的公司治理、管理制度、决策流程和内控机制； （2）具有清晰的发展战略和市场定位，开展重大股权投资的，应当具有较强的并购整合能力和跨业管理能力； （3）建立资产托管机制，资产运作规范透明； （4）资产管理部门拥有不少于 5 名具有 3 年以上股权投资和相关经验的专业人员，开展重大股权投资的，应当拥有熟悉企业经营管理的专业人员； （5）上一会计年度末偿付能力充足率不低于 150%，且投资时上季度末偿付能力充足率不低于 150%； （6）上一会计年度盈利，净资产不低于 10 亿元； （7）最近 3 年未发现重大违法违规行为； （8）中国保监会（现为中国银保监会）规定的其他审慎性条件。 间接投资股权的，除符合前款第（1）、（3）、（5）、（7）、（8）项规定外，资产管理部门还应当配备不少于 2 名具有 3 年以上股权投资和相关经验的专业人员
对基金管理人要求	（1）依法设立，公司治理、内控机制和管理制度健全有效，具有 5 年以上创业投资管理经验，历史业绩优秀，累计管理创业投资资产规模不低于 10 亿元；	（1）具有完善的公司治理、管理制度、决策流程和内控机制； （2）注册资本不低于 1 亿元，已建立风险准备金制度； （3）投资管理适用中国法律法规及有关政策规定；

续表

比较	保险机构投资创业投资基金	保险机构投资私募股权基金
	（2）为创业投资基金配备专属且稳定的管理团队，拥有不少于5名专业投资人员，成功退出的创业投资项目合计不少于10个，至少3名专业投资人员共同工作满5年；投资决策人员具备5年以上创业投资管理经验，其中至少2人具有3年以上企业管理运营经验； （3）建立激励约束机制、跟进投资机制、资产托管机制和风险隔离机制，管理的不同资产之间不存在利益冲突； （4）接受中国保监会（现为中国银保监会）涉及保险资金投资的质询，并报告有关情况； （5）最近3年不存在重大违法违规行为	（4）具有稳定的管理团队，拥有不少于10名具有股权投资和相关经验的专业人员，其中具有5年以上相关经验的不少于2名，具有3年以上相关经验的不少于3名，且高级管理人员中，具有8年以上相关经验的不少于1名；已完成退出项目不少于3个；拥有不少于3名熟悉企业运营、财务管理、项目融资的专业人员； （5）具有丰富的股权投资经验，管理资产余额不低于30亿元，且历史业绩优秀，商业信誉良好； （6）具有健全的项目储备制度、资产托管和风险隔离机制； （7）建立科学的激励约束机制和跟进投资机制，并得到有效执行； （8）接受中国保监会（现为中国银保监会）涉及保险资金投资的质询，并报告有关情况； （9）最近3年未发现投资机构及主要人员存在重大违法违规行为； （10）中国保监会（现为中国银保监会）规定的其他审慎性条件
对被投基金的要求	（1）不是基金管理机构管理的首只创业投资基金； （2）所投创业企业在中国境内依法设立，符合国家产业政策，具有优秀的管理团队和较强的成长潜力，企业及主要管理人员无不良记录； （3）单只基金投资单一创业企业股权的余额不超过基金募集规模的10%； （4）基金普通合伙人（或基金管理机构）及其关联方、基金主要管理人员投资或认缴基金余额合计不低于基金募集规模的3%	（1）投资机构符合本办法第10条规定； （2）投资方向或者投资标的符合本办法第12条规定及其他金融监管机构的规定； （3）具有确定的投资目标、投资方案、投资策略、投资标准、投资流程、后续管理、收益分配和基金清算安排； （4）交易结构清晰，风险提示充分，信息披露真实完整； （5）已经实行投资基金托管机制，募集或者认缴资金规模不低于5亿元，具有预期可行的退出安排和健全有效的风控措施，且在监管机构规定的市场交易； （6）中国保监会（现为中国银保监会）规定的其他审慎性条件

第七章

创业投资基金的税收机制及优惠政策

创业投资基金，按照组织形式划分，可主要分为有限合伙型基金、公司型基金和契约型基金。不同组织形式的创业投资基金，在投资、运营、退出的不同环节涉及的税收规定及相应的税务处理存在差异。税收差异是影响创业投资基金架构设计、组织形式、注册地选择的重要因素。本章将按照创业投资基金主要适用的税种及不同组织形式，简要介绍在我国现行法律框架下创业投资基金的三种税收，即所得税、增值税和印花税及其特点，以及相关的税收优惠政策。

第一节　创业投资基金的三种税收及其特点

一、创业投资基金的所得税

（一）有限合伙型基金的所得税

1. 有限合伙型基金的税制特点

（1）准实体税制模式

有限合伙企业在国际上通常采用三种税制模式：第一种，非实体模式，即合伙企业不作为独立实体，也不将合伙企业视为纳税主体，如英国和美国。第二种，实体模式，将合伙企业作为独立纳税主体看待，如法国和德国。第三种，准实体模式，该模式介于实体模式与非实体模式之间，即对合伙企业统一进行收入和成本核算，对合伙企业的净收益不在合伙企业层面纳税，而是在合伙人环节纳税。

我国的有限合伙企业税收政策基于我国国情，借鉴了其他国家有关规定，在税制模式上采用了准实体模式，即合伙企业本身作为税收透明体无所得税税负，而由其合伙人承担缴纳所得税的义务；同时，有限合伙企业向合伙人分配生产经营性收益的，由合伙企业统一进行收入和成本核算，再分别确定合伙人的生产经营所得并由其缴纳所得税。

（2）先分后税纳税机制

根据财政部、国家税务总局《关于合伙企业合伙人所得税问题的通知》第3条的规定："合伙企业生产经营所得和其他所得采取'先分后税'的原则。"这里的"先分"并非指分配利润，而是指应先按合伙人各自分配比例分别确定应纳税所得额，再按其各自适用税率计算缴纳个人所得税。同时，合伙企业的利润无论是否实际分配给合伙人，均需在年末缴纳个人所得税——这一点与公司利润分配的纳税原则不同，公司不分配利润个人股东可以不缴纳个人所得税。

（3）不同收益类别缴税机制不同

创业投资基金的收益主要有两类：一类是从被投企业分派的股息、红利等权益性投资收益；另一类是转让被投企业股权所取得的财产转让所得，即生产经营所得。前者所占比例较小，后者是创业投资基金退出获利的主要方式。鉴于合伙企业的税收透明体地位，有限合伙型创业投资基金的两种收益以各合伙人为纳税义务人，并根据纳税义务人为自然人、居民企业、非居民企业（本部分暂不涉及）而适用不同的税收规定。

2. 有限合伙型基金合伙人的税务处理

（1）自然人合伙人的税务处理

①股息、红利所得

根据国家税务总局《关于〈关于个人独资企业和合伙企业投资者征收个人所得税的规定〉执行口径的通知》第2条的规定，个人独资企业和合伙企业对外投资分回的利息或者股息、红利，不并入合伙企业的收入，而应单独作为投资者个人取得的利息、股息、红利所得，按"利息、股息、红利"所得应税项目计算缴纳个人所得税。即对于自然人合伙人取得的股息、红利所得，适用20%的个人所得税率。

②财产转让所得

对于合伙企业转让被投资企业股权取得的财产转让所得的税务处理，应根据《关于个人独资企业和合伙企业投资者征收个人所得税的规定》（部分失效）第4条的规定，"每一纳税年度的收入总额减除成本、费用以及损失后的余额，作为投资者个人的生产经营所得，比照个人所得税法的‘个体工商户的生产经营所得’应税项目，适用5% ~35%的五级超额累进税率，计算征收个人所得税”。除“利息、股息、红利所得”应单独作为投资者个人所得缴纳个人所得税，生产经营所得在通常理解下应该包括股权转让所得和其他形式的所得。

从各地税收实践来看，大部分地区税务主管部门对普通合伙人和有限合伙人的财产转让所得视同个体工商户的生产经营所得，适用5% ~35%超额累进税率；也有少部分地区税务主管部门参照《个人所得税法》第3条规定的财产转让所得，对于有限合伙人适用20%比例税率。国家税务总局曾于2018年在其网站上发文明确应按照个体工商户的生产经营所得缴纳个人所得税，虽然该文件在发布后不久即删除，但是却在创业投资行业界引发轩然大波，[①] 最终在各界压力下，财政部联合国家税务总局、国家发改委、中国证监会在2019年1月10日发布财税〔2019〕8号文，给予个人合伙人适用20%所得税税率的选择权。

对于无法适用财税〔2019〕8号文的合伙企业的自然人合伙人，部分地区曾允许对生产经营所得适用5% ~35%超额累进税率进行核定征收，在财政部、税务总局《关于权益性投资经营所得个人所得税征收管理的公告》（财政部、税务总局公告2021年第41号）后，持有股权、股票、合伙企业财产份额等权益性投资的个人独资企业、合伙企业，一律适用查账征收方式计征个人所得税，也即，自然人合伙人只能通过财税〔2019〕8号文考虑税收优惠政策，除此之外，必须按照生产经营所得适用5% ~35%超额累进税率。

此外，关于个人合伙人如何进行纳税申报，根据《个人所得税法》的规定，“个人所得税以所得人为纳税人，以支付所得的单位或者个人为扣缴义务人”。但是《个人所得税扣缴申报管理办法（试行）》规定，实行个人所得税全员扣缴申报的应税所得包括：工资、薪金所得，劳务报酬所得，稿酬所得，特许权使用费所得，利息、股息、红利所得，财产租赁所得，财产转让所得，偶然所得。前述所得并不包括常见的“经营所得”，因此，根据上述规定，就合伙企业常见的两类收入，“利息、股息、红利”应由支付所得的

① 参见陈爱华编著：《私募基金会计和税务》，中国市场出版社2020年版，第184页。

单位即合伙企业代扣代缴，而“经营所得”应由纳税人自行办理申报和汇算清缴。但是实务中，由基金管理人代理申报“经营所得”的情形并不少见。

（2）居民企业合伙人的税务处理

①股息、红利所得

对于被投资企业向合伙企业分派的股息、红利的税务处理，在我国现行税法下规定亦不明确，核心问题在于：居民企业通过合伙企业投资于其他居民企业取得的投资收益，是否适用《企业所得税法》第 26 条规定，属于免税收入。如果不属于免税收入，则法人合伙人还需要缴纳 25% 的企业所得税。

根据《企业所得税法》第 26 条，《企业所得税法实施条例》第 17 条、第 83 条的规定，[①] 符合条件的居民企业之间的股息、红利等权益性投资收益为免税收入。其中，居民企业之间的股息、红利等权益性投资收益，是指居民企业直接投资于其他居民企业取得的投资收益。鉴于合伙企业不属于《企业所得税法》下的居民企业，且从文义解释，居民企业通过合伙型基金投资于其他居民企业取得的投资收益不属于居民企业直接投资于其他居民企业取得的投资收益，因此，不适用前述免税规定。

从各地税收实践来看，居民企业通过合伙型基金投资于被投资企业股权，可能无法享受《企业所得税法》规定的免税待遇。显然，相比于居民企业直接持有被投资企业股权，居民企业通过合伙型基金持有被投资企业股权将承担更重的税负，从而产生税法上的不公平现象。

②财产转让所得

根据财政部、国家税务总局《关于合伙企业合伙人所得税问题的通知》第 2 条的规定，合伙企业以每一个合伙人为纳税义务人，合伙人是法人和其他组织的，缴纳企业所得税。即对于居民企业合伙人取得的财产转让所得，按照《企业所得税法》第 4 条的规定适用 25% 的比例税率。

---

① 《企业所得税法》第 26 条规定：“企业的下列收入为免税收入：……（三）在中国境内设立机构、场所的非居民企业从居民企业取得与该机构、场所有实际联系的股息、红利等权益性投资收益。”但是《企业所得税法实施条例》第 83 条规定：“企业所得税法第二十六条第（二）项所称符合条件的居民企业之间的股息、红利等权益性投资收益，是指居民企业直接投资于其他居民企业取得的投资收益。”合伙企业不属于《企业所得税法》规定的纳税人，也不属于《企业所得税法》规范的居民企业，所以如果法人合伙人与被投企业之间加上了合伙企业，直接投资的逻辑即不存在，免税收入则被打上了问号。

另外，值得关注的是，根据上述通知第5条的规定，“合伙企业的合伙人是法人和其他组织的，合伙人在计算其缴纳企业所得税时，不得用合伙企业的亏损抵减其盈利”。这一条款设立的初衷是防止居民企业合伙人利用合伙企业恶意避税，但将造成在合伙企业产生收益的情形下，居民企业合伙人应缴纳企业所得税；而在合伙企业产生亏损的情形下，居民企业合伙人不得以该等亏损抵税的情况，从而再次产生税法上的不公平现象。

（二）公司型基金的所得税

公司型创业投资基金是独立法人主体，有纳税义务，因此在其转让被投资企业股权取得的财产转让所得、被投资企业分派股息、红利取得的权益投资所得时，缴税要求与有限合伙型创业投资基金不同。

首先，对于公司型创业投资基金取得的股息、红利所得，根据《企业所得税法》第26条的规定，符合条件的居民企业之间的股息、红利等权益性投资收益属于“免税收入”，故当公司型创业投资基金获取被投资企业的股息、红利时，公司型创业投资基金以及居民企业股东均可免交所得税。

其次，对于公司型创业投资基金因股权处置取得的财产所得，应根据《企业所得税法》纳税。应先缴纳企业所得税，之后创业投资基金的自然人股东需缴纳20%的个人所得税。因为公司型创业投资基金分配之前已经缴纳企业所得税，属于股息、红利等权益性投资收益，故居民企业股东无须再次缴纳企业所得税。

（三）契约型基金的所得税

契约型创业投资基金是一种信托财产，不是一种经济组织，故对创业投资基金本身不能作为经营主体征收相关税收。同时，目前我国税务部门亦未明确要求管理人履行代扣代缴个人投资者所得税义务，而是在收益分配环节由基金投资人自行申报和承担缴税义务，自然人投资人和居民企业投资人的税率分别为20%和25%。

（四）创业投资基金所得税的优惠政策

自国家发改委《创业投资企业管理暂行办法》发布之后，我国对于创业投资企业一直持鼓励的态度并实施税收优惠政策，从国税发〔2009〕87号文（部分失效）规定公司制创业投资企业投资于未上市的“中小高新技术企业”

按投资额的70%抵扣该应纳税所得额；到财税〔2018〕55号文将适用范围扩大到合伙制创业投资企业（含创业投资基金），法人合伙人和个人合伙人可分别抵扣其应纳税所得额，进而延伸至投资“种子期、初创期科技型企业”也可以享受优惠政策；再到财税〔2019〕8号文规定，创业投资企业（含创业投资基金）可以选择按单一投资基金核算或者按整体核算，就此个人合伙人的个人应纳税额可以从5%～35%的税率降至20%的税率来缴纳个人应纳税额，都体现了我国对于创业投资基金的重视和支持。具体将在本章第二节做介绍。

二、创业投资基金的增值税

自2016年3月23日财政部、国家税务总局《关于全面推开营业税改征增值税试点的通知》（财税〔2016〕36号，部分失效）发布以来，关于金融服务和资管产品缴纳增值税的规定相继发布。财税〔2016〕36号文是关于金融服务如何缴纳增值税的纲领性文件，该文明确了四类金融服务适用增值税的规定，其中包括“贷款服务”“直接收费金融服务”“金融商品转让”这三类与资管行业息息相关的业务活动。后续出台的系列规定，如《关于明确金融、房地产开发、教育辅助服务等增值税政策的通知》（财税〔2016〕140号）、《关于资管产品增值税有关问题的通知》等，都是对资管行业的增值税缴纳问题进行的细化与补充。

创业投资基金也属于金融服务的一种类型，如何缴纳增值税，可以分三个环节具体讨论：一是基金投资环节，即创业投资基金开展各类投资以及收回投资收益时，是否以及如何缴纳增值税。二是基金运行管理环节，即基金在存续期间运作管理涉及的相关增值税。三是基金分配（份额转让）环节，即创业投资基金根据基金合同约定向投资人分配时，是否需要缴纳增值税。

与此同时，创业投资基金如何缴纳增值税也与基金的组织形式密切相关。财税〔2016〕140号文明确规定，资管产品运营过程中发生的增值税应税行为，以资管产品管理人为增值税纳税人。因此，在上述投资、运行、分配环节中，如果创业投资基金涉及“贷款服务”“金融商品转让”，均由管理人依据简易计税方法按3%的征收率以“管理人名义”为创业投资基金缴纳增值税。

（一）创业投资基金投资环节

创业投资基金投资环节，主要涉及的是基金本身因“金融商品转让”而发生的增值税问题。对于创业投资基金处置未上市公司股权的收益，根据“营改增”之前的财政部、国家税务总局《关于股权转让有关营业税问题的通知》的规定，已明确不属于增值税的征税范围。但是，如被投企业股权因IPO上市或被上市公司并购重组而转换为上市公司股票，根据财税〔2016〕36号文的规定，属于一种“金融商品转让”，需要按照卖出价扣除买入价后的余额作为销售额，按6%的税率缴纳增值税（小规模纳税人适用简易计税法，按照3%的征收率缴纳增值税）。国家税务总局《关于营改增试点若干征管问题的公告》（部分失效）专门就因企业IPO上市和因企业被并购重组而发生股票处置的情况确定了买入价，需要分别计算、缴纳相应的增值税。如果创业投资基金的组织形式不是有限合伙企业或者有限公司，而是契约型基金，则由基金管理人根据股票卖出价扣除买入价后的余额按3%的税率缴纳增值税。具体而言，公司首次公开发行股票并上市形成的限售股，以及上市首日至解禁日期间由上述股份孳生的送、转股，以该上市公司股票IPO的发行价为买入价；因上市公司实施重大资产重组形成的限售股，以及股票复牌首日至解禁日期间由上述股份孳生的送、转股，以该上市公司因重大资产重组股票停牌前一交易日的收盘价为买入价。

如按一般计税方式，举例说明如下：

◇举例：某合伙型私募股权基金以2000万元投资于某标的公司，取得标的公司注册资本500万元，后标的公司IPO上市，股票发行价格每股25元，私募基金持有的500万元注册资本相应转换为标的公司的500万股股票。在锁定期满后，私募基金以每股30元将其持有的500万股股票全部转让退出。

计算公式：

应纳税额 = 当期销项税额 − 当期进项税额

销项税额 = 含税销售额 ÷ （1 + 6%） × 6%

此案例下，含税销售额为500万股 ×（30 − 25）元 = 2500万元

进项税额：一般为从销售方取得的增值税专用发票上注明的增值税额

此案例下，无销售方提供的增值税专用发票，故进项税额为0

故：应纳税额 = 含税销售额 ÷ （1 + 税率） × 税率 − 当期进项税额 = ［500 × （30 − 25）］ ÷ （1 + 6%） × 6% − 0 = 141.51 万元

此外，对于创业投资基金而言，如涉及按可转债投资，因为可能取得了利息收入而按照“贷款服务”缴纳增值税。这个环节采用一般计税方法，增值税税率为6%（小规模纳税人适用简易计税法，按照3%的征收率缴纳增值税），计算方式基本如上例演示。

如果创业投资基金的组织形式不是有限合伙企业或者有限公司，而是契约型基金，则因“金融商品转让”或者“贷款服务”的收入按照财政部、国家税务总局《关于资管产品增值税有关问题的通知》的规定暂时适用简易计税方法，按照3%的征收率缴纳增值税。简易计税方式即按销售额和增值税征收率计算，不抵扣进项税额，具体举例说明如下：

◇举例：某契约型私募证券基金当期买卖某上市公司的股票，买入价1000万元，卖出价1100万元，取得股票交易所得100万元。

计算公式：

应纳税额 = 销售额 × 征收率

销售额 = 含税销售额 ÷ （1 + 3%）

此案例下，含税销售额为（1100 − 1000） = 100 万元

故：应纳税额 = （1100 − 1000） ÷ （1 + 3%） × 3% = 2.91 万元

（二）创业投资基金运行管理环节

创业投资基金运作管理环节，主要涉及的是管理人缴纳增值税的问题。管理人基于对创业投资基金的管理而收取了固定的管理费，应按照“直接收费金融服务”缴纳增值税，但管理人收取的绩效分成往往可能归类为投资收益而避免增值税的缴纳。这个环节采用一般计税方法，增值税税率为6%（小规模纳税人适用简易计税法，按照3%的征收率缴纳增值税）。

（三）创业投资基金分配（份额转让）环节

创业投资基金分配环节，主要涉及的是投资人缴纳增值税的问题。创业投资基金的对外投资为权益性投资，不存在财税〔2016〕140号文提及的承诺到期本金可全部收回的情形，因此，创业投资基金投资人从基金获得的分配收益属于非保本收益而非利息或利息性质的收入，故不属于增值税法律法规规定的

征税范围。但是如果投资人转让了基金份额，包括有限合伙型基金份额、公司型基金股份或者契约基金份额，均属于金融产品，在此种情形下前述基金的投资人则涉及投资环节增值税的缴纳。如果投资人是个人，根据财税〔2016〕36号文的规定，“个人从事金融商品转让业务”，可以免征个人所得税。如果投资人是机构投资人包括母基金，则涉及缴纳投资环节的增值税。

总体而言，增值税的缴纳需要关注两个问题：一是计税方式选择，即采用一般计税方法还是采用简易计税方法计算增值税。通常的区分方式如表7－1所示，当然，表7－1中作为纳税主体的私募基金管理人或有限合伙或公司都是一般纳税人，也不排除存在小规模纳税人的情形。

表7－1　一般计税方法和简易计税方法的区别

计税方法	一般计税方法	简易计税方法
应纳税额计算公式	应纳税额＝当期销项税额－当期进项税额	应纳税额＝销售额×征收率
增值税税率	增值税税率为6%	增值税税率为3%
适用情形	（1）所有类型私募基金的管理费收入； （2）有限合伙型/公司型私募基金运营中发生的贷款服务； （3）有限合伙型/公司型私募基金运营中发生的金融商品转让	（1）小规模纳税人的应税行为； （2）契约型私募基金运营中发生的贷款服务； （3）契约型私募基金运营中发生的金融商品转让

二是关注增值税不予征收和减免的问题。通过表7－2可以清楚把握哪些收益目前不属于增值税的征收范围，哪些收益属于增值税减、免的范围。除此之外，因非上市公司股权不属于财税〔2016〕36号文下“金融商品”，故转让非上市公司的股权收益也不属于增值税征收的范畴。

表7－2　不征收增值税和增值税减、免的范围

类别	不征收增值税	增值税减、免
法律规定	财税〔2016〕140号文	财税〔2016〕36号文

续表

类别	不征收增值税	增值税减、免
适用情形	（1）金融商品持有期间（含到期）取得的非保本收益不缴纳增值税，如股息红利； （2）购入金融商品持有至到期不属于金融商品转让，不缴纳增值税	（1）存款利息收入（不征收）； （2）国债、地方政府债的利息收入（免征）； （3）个人从事金融商品转让业务（免征）

三、创业投资基金的印花税

印花税是对经济活动和经济交往中订立、领受具有法律效力的凭证的行为所征收的一种税，因采用在应税凭证上粘贴印花税票作为完税的标志而得名。根据《印花税暂行条例》第1条的规定，在中国境内书立、领受本条例所列举凭证的单位和个人，都是印花税的纳税义务人，应当按照本条例规定缴纳印花税。创业投资基金无论是在基金设立、基金投资还是基金退出阶段，都有可能涉及印花税（见表7－3）。

表7－3　创业投资基金印花税缴纳一览

<table>
<tr><td rowspan="3">基金设立阶段</td><td>公司型创业投资基金</td><td>“实收资本”与“资本公积”两项的合计金额按0.5‰缴纳印花税</td><td rowspan="2">就工商营业执照按“权利、许可证照”一项按件缴纳印花税贴花5元</td></tr>
<tr><td>合伙型创业投资基金</td><td>合伙企业出资额不计入“实收资本”和“资本公积金”，不征收资金账簿印花税</td></tr>
<tr><td>契约型创业投资基金</td><td colspan="2">不属于法律实体，不需要缴纳印花税</td></tr>
<tr><td>基金投资阶段</td><td colspan="3">增资方式：由目标公司就“营业账簿”一项贴花并缴纳印花税；
股权转让：就“产权转让书据”一项，由交易双方分别依据股权转让金额的0.5‰贴花</td></tr>
<tr><td>基金退出阶段</td><td colspan="3">转让股权退出：按股权转让价款的0.5‰贴花；
二级市场退出：由出让方按1‰的税率缴纳证券（股票）交易印花税</td></tr>
</table>

在基金设立阶段，对于创业投资基金而言，涉及印花税的事项主要为“营业账簿”和“权利、许可证照”两个部分。“营业账簿”是记载资金的账簿，是应纳税凭证之一，应根据国家税务总局出台的《关于资金账簿印花税问题的通知》和《关于对营业账簿减免印花税的通知》的规定，就其“实收资本”与“资本公积”两项的合计金额按0.5‰缴纳印花税。契约型创业投资基金不是法律实体，因此不涉及“营业账簿”的印花税。公司型创业投资基金作为法人实体应据此进行缴纳。对于合伙型创业投资基金是否需要就“营业账簿”缴纳营业税，则存在一定争议。根据国家税务总局深圳市税务局网站披露，该机构曾在2018年1月11日的纳税咨询答疑中回复：合伙企业出资额不计入“实收资本”和“资本公积金”，不征收资金账簿印花税。这一咨询回复明确了合伙企业在税法上不应认定合伙人的出资为实收资本，对合伙人的出资额不征收印花税。另外，公司型创业投资基金和有限合伙型创业投资基金作为法律实体，会取得工商营业执照，属于印花税征税范围中的“权利、许可证照”一项，应按件缴纳印花税贴花5元。

在基金投资阶段，创业投资基金如是通过增资方式取得目标公司股权的，应由目标公司就“营业账簿”贴花并缴纳印花税；如是通过股权转让方式取得目标公司股权的，股权转让协议属于印花税征税范围中的“产权转让书据”一项，应由交易双方分别依据股权转让金额的0.5‰贴花。

在基金退出阶段，创业投资基金如是通过转让股权退出的，则如前所述按股权转让价款的0.5‰贴花；如是通过被投企业上市二级市场买卖股票实现退出，财政部、国家税务总局《关于转让优先股有关证券（股票）交易印花税政策的通知》规定：“在上海证券交易所、深圳证券交易所、全国中小企业股份转让系统买卖、继承、赠与优先股所书立的股权转让书据，均依书立时实际成交金额，由出让方按1‰的税率计算缴纳证券（股票）交易印花税。”这个印花税同样适用于被投企业新三板挂牌后创业投资基金通过全国中小企业股份转让交易系统进行退出的情形。①

① 财政部、国家税务总局《关于在全国中小企业股份转让系统转让股票有关证券（股票）交易印花税政策的通知》规定：“在全国中小企业股份转让系统买卖、继承、赠与股票所书立的股权转让书据，依书立时实际成交金额，由出让方按1‰的税率计算缴纳证券（股票）交易印花税。”

总体而言，有限合伙制基金、公司型基金及契约型基金适用不同的税收管理办法，所涉税种、税率差异较大，无论是创业投资基金还是其他类型的基金，都可能从税收优化的角度选择有利的组织形式、架构设计，甚至选择注册地，这给实务界带来很多不确定性。特别是创业投资基金，目前主要采用有限合伙的组织形式，然而涉及有限合伙的相关税制在实操层面存在多种不同的执行口径，给实务界带来诸多困扰，亟待监管机构对我国创业投资基金的税收机制和优惠政策进行统一和完善。

附：创业投资基金适用的主要税种与税率表

纳税主体	项目	合伙型	公司型	契约型
私募基金	所得税	透明税收实体，企业层面不缴纳所得税	税收实体，企业层面适用25%的企业所得税税率	不是税收实体，无须缴纳
	增值税	按6%的征收率缴纳增值税（小规模简易计税法按照3%的征收率缴纳）；“金融商品转让”按照卖出价扣除买入价后的余额作为销售额；“贷款服务”按照利息收益作为销售额	按6%的征收率缴纳增值税（小规模简易计税法按照3%的征收率缴纳）；“金融商品转让”按照卖出价扣除买入价后的余额作为销售额；“贷款服务”按照利息收益作为销售额	小规模简易计税法按照3%的征收率缴纳增值税；“金融商品转让”按照卖出价扣除买入价后的余额作为销售额；“贷款服务”按照利息收益作为销售额；以管理人名义缴纳
	印花税	不征收	按实收资本与资本公积的合计金额缴纳印花税	不是税收实体，无须缴纳

续表

纳税主体	项目	合伙型	公司型	契约型
投资者	所得税—股息、红利所得	自然人适用20%的个人所得税税率；居民企业适用25%的企业所得税税率（部分地区免税）	自然人适用20%的个人所得税税率；居民企业适用免税待遇	由投资者自行缴纳个人所得税
	所得税—财产转让所得	自然人适用5%～35%超额累进税率（部分地区适用20%税率）；居民企业适用25%的企业所得税税率	自然人适用20%的个人所得税税率；居民企业适用25%的企业所得税税率	由投资者自行缴纳个人所得税
	增值税	自然人从事金融商品转让业务免收增值税；居民企业不免		
管理人	增值税—“直接收费服务”	按6%的征收率缴纳增值税（小规模简易计税法按照3%的征收率缴纳）；以收费金额作为销售额	按6%的征收率缴纳增值税（小规模简易计税法按照3%的征收率缴纳）；以收费金额作为销售额	按6%的征收率缴纳增值税（小规模简易计税法按照3%的征收率缴纳）；以收费金额作为销售额
	增值税—“贷款服务”“金融商品转让”	—	—	小规模简易计税法按照3%征收率缴纳；以管理人名义为基金缴纳

第二节　创业投资基金所得税的优惠政策及申请流程

一、创业投资基金所得税优惠政策的历史演进

自国家发改委发布《创业投资企业管理暂行办法》，我国创业投资企业

的税收优惠政策经历了多年的发展和完善，截至目前，公司型和有限合伙型创业投资企业均可以享受一定的税收优惠。我国创业投资基金的税收优惠政策由来已久。具体而言，优惠政策的出台可以分成三个阶段。

第一个阶段，起步阶段。该阶段仅对投向中小型高新技术企业的公司制创业投资企业给予税收优惠。《企业所得税法》第 31 条规定："创业投资企业从事国家需要重点扶持和鼓励的创业投资，可以按投资额的一定比例抵扣应纳税所得额。"《企业所得税法实施条例》第 97 条进一步规定："企业所得税法第三十一条所称抵扣应纳税所得额，是指创业投资企业采取股权投资方式投资于未上市的中小高新技术企业 2 年以上的，可以按照其投资额的 70% 在股权持有满 2 年的当年抵扣该创业投资企业的应纳税所得额；当年不足抵扣的，可以在以后纳税年度结转抵扣。"这是当时专门为解决公司制创业投资企业面临的双重征税问题作出的针对性的法律规定，并由财政部和国家税务总局联合发布了《关于促进创业投资企业发展有关税收政策的通知》（已失效）和国税发〔2009〕87 号文（部分失效），对优惠政策的具体实施提供了可操作性意见。上述政策的实施对我国发展公司制的创业投资基金产生了积极的推动作用。

第二个阶段，延伸阶段。该阶段对于投向中小型高新技术企业的有限合伙制创业投资企业的法人合伙人也给予税收优惠。由于前述国税发〔2009〕87 号文的规定仅适用于公司制创业投资基金，而后期涌现的大量有限合伙制创业投资基金无法适用，因此，财政部和国家税务总局逐步发文，财政部、国家税务总局《关于苏州工业园区有限合伙制创业投资企业法人合伙人企业所得税试点政策的通知》，国家税务总局《关于苏州工业园区有限合伙制创业投资企业法人合伙人企业所得税政策试点有关征收管理问题的公告》（已失效），财政部、国家税务总局《关于将国家自主创新示范区有关税收试点政策推广到全国范围实施的通知》（财税〔2015〕116 号），《关于有限合伙制创业投资企业法人合伙人企业所得税有关问题的公告》（以下简称国税公告 2015 年 81 号），财政部、国家税务总局《关于创业投资企业和天使投资个人有关税收试点政策的通知》（已失效）、《关于创业投资企业和天使投资个人税收试点政策有关问题的公告》（已失效）等文件，基本确立了投向有限合伙制创业投资企业的法人合伙人也可以享受国税发〔2009〕87 号文的优惠政策。

第三个阶段，扩展阶段。该阶段降低了享受优惠政策的门槛，扩大了标的企业的范围，投向“种子期、初创期科技型企业”的公司制、有限合伙制创业投资企业的个人合伙人和企业合伙人均可以享受税收优惠政策。为引导更多的社会资本进入创业投资领域，在“创投国十条”后，财政部和国家税务总局逐步发文，财税〔2018〕55 号文，国家税务总局《关于创业投资企业和天使投资个人税收政策有关问题的公告》（以下简称国税公告 2018 年 43 号），财政部、国家税务总局《关于实施小微企业普惠性税收减免政策的通知》（财税〔2019〕13 号，部分失效）等文件经过多年的努力和推进，终于将前述可抵扣的原则适用于有限合伙制创业投资基金，从某些特定区域推广到全国，从针对法人合伙人推广到个人合伙人也可以适用相关政策。

创业投资基金税收政策的演进过程如表 7－4 所示。

表 7－4　创业投资基金税收政策的演进过程

法律规定	创业投资基金优惠政策	突破点
第一阶段：国税发〔2009〕87 号文	公司制创业投资基金采取股权投资方式投资于未上市的中小高新技术企业 2 年以上的，可以按照其投资额的 70% 在股权持有满 2 年的当年抵扣该创业投资企业的应纳税所得额；当年不足抵扣的，可以在以后纳税年度结转抵扣	—
第二阶段：国税公告 2015 年 81 号、财税〔2015〕116 号文	（1）有限合伙制创业投资企业采取股权投资方式投资于未上市的中小高新技术企业满 2 年的，其法人合伙人可按照对未上市中小高新技术企业投资额的 70% 抵扣该法人合伙人从该有限合伙制创业投资企业分得的应纳税所得额，当年不足抵扣的，可以在以后纳税年度结转抵扣。 （2）优惠政策推广到全国	增加了有限合伙制的法人合伙人在合伙企业投资高新技术企业满 2 年时也可以享受抵扣

续表

法律规定	创业投资基金优惠政策	突破点
第三阶段：财税〔2018〕55号文、国税公告2018年43号、财税〔2019〕13号文	（1）公司制创业投资企业采取股权投资方式直接投资于种子期、初创期科技型企业（以下简称初创科技型企业）满2年的，可以按照投资额的70%在股权持有满2年的当年抵扣该公司制创业投资企业的应纳税所得额；当年不足抵扣的，可以在以后纳税年度结转抵扣。 （2）有限合伙制创业投资企业（以下简称合伙创投企业）采取股权投资方式直接投资于初创科技型企业满2年的，该合伙创业投资。企业的合伙人分别按以下方式处理： ①法人合伙人可以按照对初创科技型企业投资额的70%抵扣法人合伙人从合伙创业投资企业分得的所得；当年不足抵扣的，可以在以后纳税年度结转抵扣； ②个人合伙人可以按照对初创科技型企业投资额的70%抵扣个人合伙人从合伙创业投资企业分得的经营所得；当年不足抵扣的，可以在以后纳税年度结转抵扣	（1）增加了标的企业的范围，投资种子期、初创期科技型企业也可以享受抵扣； （2）增加了个人合伙人也可以享受抵扣； （3）发改委备案的创投企业和中基协备案的创投基金都可以享受抵扣

如何理解上述政策，可以参考表7－5的创业投资企业投资抵扣应纳税所得额明细（A107030），该表适用于享受创业投资企业抵扣应纳税所得额优惠（含结转）的企业纳税人填报。无论是直接投资，还是通过有限合伙制创业投资企业间接投资，只要企业本年有新增符合条件的投资额、从有限合伙制创业投资企业有新增分得可抵扣投资额，或以前年度有结转的尚未抵扣的股权投资余额，则无论本年是否抵扣应纳税所得额，均需填报该表。该表将投资于未上市中小高新技术企业和初创科技型企业的创业投资企业的优惠申报整合为一张表，可以更为清晰地了解创业投资企业所得税的优惠政策。

表 7－5　创业投资企业投资抵扣应纳税所得额明细（A107030）

行次	项目	合计金额	投资于未上市中小高新技术企业	投资于种子期、初创期科技型企业
		1＝2＋3	2	3
一、创业投资企业直接投资按投资额一定比例抵扣应纳税所得额				
1	本年新增的符合条件的股权投资额			
2	税收规定的抵扣率	70%	70%	70%
3	本年新增的可抵扣的股权投资额（1×2）			
4	以前年度结转的尚未抵扣的股权投资余额			
5	本年可抵扣的股权投资额（3＋4）			
6	本年可用于抵扣的应纳税所得额			
7	本年实际抵扣应纳税所得额			
8	结转以后年度抵扣的股权投资余额			
二、通过有限合伙制创业投资企业投资按一定比例抵扣分得的应纳税所得额				
9	本年从有限合伙创投企业应分得的应纳税所得额			
10	本年新增的可抵扣投资额			
11	以前年度结转的可抵扣投资额余额			
12	本年可抵扣投资额（10＋11）			
13	本年实际抵扣应分得的应纳税所得额			
14	结转以后年度抵扣的投资额余额			
三、抵扣应纳税所得额合计				
15	合计（7＋13）			

二、财税〔2018〕55 号文的税收优惠

财政部、国家税务总局于 2018 年 5 月 14 日发布财税〔2018〕55 号文，

该文成为在“创投国十条”提出“进一步完善创业投资企业投资抵扣税收优惠政策”的要求后，首个落地实施的全国性创业投资税收优惠文件。

财税〔2018〕55 号文明确了合伙型创业投资企业和公司型创业投资企业投资初创科技型企业均可以享受优惠政策。同时，根据财政部、国家税务总局的规定，适用财税〔2018〕55 号文申请进行税收抵扣的创业投资企业应同时符合以下三项条件：（1）在中国境内（不含港、澳、台地区）注册成立、实行查账征收的居民企业或合伙创投企业，且不属于被投资初创科技型企业的发起人；（2）符合《创业投资企业管理暂行办法》的规定或者《私募投资基金监督管理暂行办法》关于创业投资基金的特别规定，按照上述规定完成备案且规范运作；（3）投资后 2 年内，创业投资企业及其关联方持有被投资初创科技型企业的股权比例合计应低于 50%。

同时，财税〔2018〕55 号文亦规定申请进行税收抵扣的创业投资企业所投资的初创科技型企业需要同时满足以下五项条件：（1）在中国境内（不包括港、澳、台地区）注册成立、实行查账征收的居民企业；（2）接受投资时，从业人数不超过 200 人，其中具有大学本科以上学历的从业人数不低于 30%；资产总额和年销售收入均不超过 3000 万元；（3）接受投资时设立时间不超过 5 年（60 个月）；（4）接受投资时以及接受投资后 2 年内未在境内外证券交易所上市；（5）接受投资当年及下一纳税年度，研发费用总额占成本费用支出的比例不低于 20%。

财政部、国家税务总局在财税〔2019〕13 号文（部分失效）中专门就财税〔2018〕55 号文提及的初创科技型企业的定义进行了调整，“从业人数不超过 200 人”调整为“从业人数不超过 300 人”“资产总额和年销售收入均不超过 3000 万元”再调整为“资产总额和年销售收入均不超过 5000 万元”，进一步放宽对初创科技型企业的界定，对于创业投资基金而言，其所获优惠程度更大。

近期，这个政策经《关于延续执行创业投资企业和天使投资个人投资初创科技型企业有关政策条件的公告》（财政部、税务总局公告 2022 年第 6 号）再次肯定，并将延续到 2023 年 12 月 31 日。

三、优惠政策对投资标的要求与比较

如前所述，我国对于创业投资基金的税收优惠政策有一个演进的过程，从投资标的上，从最早的国税发〔2009〕87 号文（部分失效）、财税〔2015〕116 号文、国税公告 2015 年 81 号规定投向未上市的中小高新技术企业可以享受优惠政策，到财税〔2018〕55 号文规定投向初创科技型企业就可以享受优惠政策，体现了我国对于创业投资从早期单纯鼓励高新技术企业到只要符合“早期”和“科技型”特点的投资均可以享受优惠政策的演进。

这两类投资标的，无论是标的本身还是适用主体都有所不同，具体见表 7－6。

表 7－6　两类税收优惠投资标的比较

比较项目	投向未上市的中小高新技术企业的税收优惠	投向初创科技型的税收优惠
法律依据	国税发〔2009〕87 号文、财税〔2015〕116 号文、国税公告 2015 年 81 号	财税〔2018〕55 号文、国税公告 2018 年 43 号文、财税〔2019〕13 号文
适用主体	国家发改委备案的创业投资企业： （1）依照《合伙企业法》《创业投资企业管理暂行办法》《外商投资创业投资企业管理规定》设立的专门从事创业投资活动的公司或有限合伙企业； （2）经营范围符合《创业投资企业管理暂行办法》规定，工商登记为“创业投资有限责任公司”“创业投资股份有限公司”等专业性法人创业投资企业，且按照《创业投资企业管理暂行办法》规定的条件和程序完成备案	国家发改委备案的创业投资企业或者基金业协会备案的创业投资基金： （1）在中国境内（不含港、澳、台地区）注册成立、实行查账征收的居民企业或合伙创投企业，且不属于被投资初创科技型企业的发起人； （2）符合《创业投资企业管理暂行办法》的规定或者《私募投资基金监督管理暂行办法》关于创业投资基金的特别规定，按照上述规定完成备案且规范运作
享受主体	公司制创业投资企业、有限合伙制创业投资基金的法人合伙人	公司制创业投资基金、有限合伙制创业投资基金的法人合伙人和个人合伙人

续表

比较项目	投向未上市的中小高新技术企业的税收优惠	投向初创科技型的税收优惠
投资标的	未上市的中小高新技术企业，应同时满足以下条件： （1）通过高新技术企业认定； （2）符合职工人数不超过 500 人，年销售（营业）额不超过 2 亿元，资产总额不超过 2 亿元的条件。 特别条款：中小企业接受创业投资之后，经认定符合高新技术企业标准的，应自其被认定为高新技术企业的年度起，计算创业投资企业的投资期限。该期限内中小企业接受创业投资后，企业规模超过中小企业标准，但仍符合高新技术企业标准的，不影响创业投资企业享受有关税收优惠	初创科技型企业，应同时满足以下条件： （1）接受投资时，从业人数不超过 300 人，其中具有大学本科以上学历的从业人数不低于 30%；资产总额和年销售收入均不超过 5000 万元； （2）接受投资时设立时间不超过 5 年（60 个月）； （3）接受投资时以及接受投资后 2 年内未在境内外证券交易所上市； （4）接受投资当年及下一纳税年度，研发费用总额占成本费用支出的比例不低于 20%
投资方式限制	—	仅限于通过向被投资初创科技型企业直接支付现金方式取得的股权投资，不包括受让其他股东的存量股权
投资比例限制	—	投资后 2 年内，创业投资企业及其关联方持有被投资初创科技型企业的股权比例合计应低于 50%
投资期限	“双 2 年”要求：（1）有限合伙制创业投资企业投资于未上市中小高新技术企业的实缴投资满 2 年；（2）法人合伙人对该有限合伙制创业投资企业的实缴出资满 2 年	“一个 2 年”要求，仅要求创业投资企业投资初创科技型企业的实缴投资满 2 年

四、创业投资基金优惠政策的申请及流程

（一）创业投资基金税收优惠的申请方式

根据财税〔2018〕55 号文，享受创业投资基金的所得税优惠政策有两类，一类是在国家发改委备案的创业投资企业，另一类是在基金业协会备案的创业投资基金。根据前述规定，税务机构在核准给予税收优惠时，需要提供发展改革

部门或证监部门出具的符合创业投资企业条件的年度证明材料作为主要备查资料。表7－7对于这两类创业投资企业的法律依据、主管部门、申请流程进行了比较。

表7－7　两类创业投资企业比较

类别	国家发改委备案创业投资企业	基金业协会备案的创业投资基金
法律依据	《创业投资企业管理暂行办法》、财税〔2018〕55号文	《私募投资基金监督管理暂行办法》《私募基金监管问答——关于享受税收政策的创业投资基金标准及申请流程》
主管部门	国务院管理部门为国家发改委；省级（含副省级城市）管理部门由同级人民政府确定，通常为地方发改委及主管税务部门	基金业协会、主管税务部门
税收优惠申请流程	（1）申请备案的创业投资企业需向注册地管理部门（发改委）提交相关文件：如《创业投资企业备案申请书》《创业投资企业基本情况表》《创业投资企业或其管理顾问机构高管人员情况表》《创业投资企业资本资产分布情况表》《创业投资企业从事创业投资情况表》《创业投资企业投资退出情况表》； （2）管理部门在收到创业投资企业的备案申请后，应当在5个工作日内，审查备案申请文件是否齐全，并决定是否受理其备案申请。在受理创业投资企业的备案申请后，应当在20个工作日内，审查申请人是否符合备案条件，并向其发出“已予备案”或“不予备案”的书面通知。“不予备案”的，应当在书面通知中说明理由； （3）创业投资企业在自查符合财税〔2018〕55号文所规定条件的情况下，可在年度汇算清缴时申报税收优惠，申报前需要与公司的主管税务部门联系并准备相关材料并递交至主管税务机关。 注：税务机关备查的“发改委出具的符合创业投资企业条件的年度证明材料”系创业投资企业的“年检合格证明”	（1）创业投资基金管理人应于4月底前，通过中国证监会政务服务平台（网址：neris. csrc. gov. cn/portal）“私募税收优惠”模块提出申请（基金管理人账号由证监局在外网监管门户创设），按照《享受税收政策的创业投资基金证明材料申请表》[1]内容填写相关信息，扫描并上传相关材料； （2）基金注册地证监局应自接收申请后20个工作日内，为符合中国证监会规定条件的申请机构出具享受创业投资企业税收政策的年度证明材料，即“无异议意见”，对于不符合条件的，不出具“无异议意见”，并说明理由； （3）创业投资基金在自查符合财税〔2018〕55号文所规定条件的情况下，可在年度汇算清缴时申报税收优惠，申报前需要与公司的主管税务部门联系并准备相关材料并递交至主管税务机关

〔1〕具体内容参见本节附表。

（二）创业投资基金享受税收优惠的备查资料

根据国家税务总局《关于发布修订后的〈企业所得税优惠政策事项办理办法〉的公告》的规定，企业享受优惠事项采取“自行判别、申报享受、相关资料留存备查”的办理方式。因此，公司制创业投资基金或者有限合伙制创业投资基金的法人合伙人，应当根据经营情况以及相关税收规定自行判断是否符合优惠事项规定的条件，自行计算减免税额，并通过填报企业所得税纳税申报表享受税收优惠。同时，按照《企业所得税优惠政策事项办理办法》的规定归集和留存相关资料，以备税务机关核查。所需备查资料如表7－8所示。

表7－8　创业投资基金法人合伙人享受税收优惠时的备查资料

类别	备查资料
投资于未上市的中小高新技术企业	（1）发展改革或证监部门出具的符合创业投资企业条件的年度证明材料； （2）中小高新技术企业投资合同（协议）、章程、实际出资等相关材料； （3）由省、自治区、直辖市和计划单列市高新技术企业认定管理机构出具的中小高新技术企业有效的高新技术企业证书复印件（注明“与原件一致”，并加盖公章）； （4）中小高新技术企业基本情况［包括企业职工人数、年销售（营业）额、资产总额、未上市等］说明； （5）法人合伙人应纳税所得额抵扣情况明细表； （6）有限合伙制创业投资企业法人合伙人应纳税所得额分配情况明细表
投资于初创科技型企业	（1）发展改革或证监部门出具的符合创业投资企业条件的年度证明材料； （2）初创科技型企业接受现金投资时的投资合同（协议）、章程、实际出资的相关证明材料； （3）创业投资企业与其关联方持有初创科技型企业的股权比例的说明； （4）被投资企业符合初创科技型企业条件的有关资料： ·接受投资时从业人数、资产总额、年销售收入和大学本科以上学历的从业人数比例的情况说明； ·接受投资时设立时间不超过5年的证明材料； ·接受投资时以及接受投资后2年内未在境内外证券交易所上市情况说明； ·研发费用总额占成本费用总额比例的情况说明

特别需要关注的是，有限合伙创业投资基金的自然人合伙人享受优惠政策，仍需要由合伙企业在投资初创科技型企业满 2 年后的 3 个月内向其主管税务部门办理备案手续，且每年度需要报送有关信息。而法人合伙人由合伙企业直接提供给其相关资料留存备查即可。

总之，我国针对创业投资基金所得税的优惠政策一直在推进历程中，从对中小高新技术企业的投资可以享受优惠政策，到只要符合“早期”和“科技型”特点的“初创科技型企业”的投资即可以享受优惠政策，体现了越来越鼓励创业投资的政策演变思路。总体而言，财税〔2018〕55 号文的政策优惠力度比较大，该规定采取兼容并蓄的态度，同时认可在国家发改委备案的创业投资企业和在基金业协会备案的创业投资基金的地位，把两个相对独立的监管系统在财政政策层面进行了统一规范，创业投资领域有了适用于全国的税收优惠政策，体现了举国上下对于创业投资领域的支持。

附：根据财税〔2018〕55 号文申请所得税优惠政策的申请表

管理人全称		管理人在基金业协会登记编码	
拟申请税收政策基金全称		拟申请税收政策基金在基金业协会备案编码	
联系人		联系电话	
拟申请税收政策的基金是否满足申请标准		□是 □否 ________	
管理人最近一年是否受到刑事处罚		□否 □是 ________	
管理人最近一年是否受到证券监管部门的行政处罚或被采取行政监管措施		□否 □是 ________	
管理人最近一年是否被立案调查		□否 □是 ________	

续表

管理人最近一年是否受到基金业协会自律处分	□否　　□是 ________
企业应提交材料清单	1. 拟申请税收政策基金的实缴资本证明材料（验资报告或托管方证明材料或银行回单） 2. 拟申请税收政策基金的章程或合伙协议 3. 拟申请税收政策基金的管理团队成员简历 4. 拟申请税收政策基金的投资项目所属行业、投资金额、是否上市等情况说明（包括已投资项目及已退出项目）
企业声明	我单位已知悉与享受税收政策相关的税收政策和私募基金合规运作相关监管要求，并保证此表填写内容是真实、完整的，提交的资料真实、合法、有效。 （企业公章） 法定代表人（负责人）：　　年　月　日
证券监督管理部门意见	我单位对公司（合伙企业）向税务机关申请享受税收政策无异议。 （单位盖章） 年　月　日

资料来源：中国证监会政务服务平台（网址：neris. gov. cn/portal）。

注：创业投资基金管理人应于4月底前，通过中国证监会外网监管门户（网址：neris. csrc. gov. cn/portal）“私募税收优惠”模块提出申请（基金管理人账号由证监局在外网监管门户创设），按照表中内容填写相关信息，扫描并上传相关材料中国证监会外网监管门户（网址：neris. csrc. gov. cn/portal）。

1. 本表一式两份，创业投资基金管理人需提交两份原件。
2. 本表仅供创业投资基金向税务机关申请税收政策使用。
3. 本表中“最近一年”是指享受税收优惠事项所属年度的1月1日至12月31日。
4. 本表中是否受到刑事处罚、证券监管部门的行政处罚或被采取行政监管措施、受到基金业协会自律处分、是否被调查等事项，如存在相关情况，需说明受到处罚时间、处罚部门、作出处罚原因及结果以及被立案调查的时间、部门、原因及进展情况（可附附件）。
5. 提交本表的同时，创业投资基金管理人还须提供本表“企业应提交材料清单”所列相关材料一份，并加盖企业骑缝章。

第三节 创业投资基金个人合伙人所得税核算方式的两种选择

创业投资行业存在税负高、重复纳税及征税方式不合理等问题，尤其是个人合伙人的经营所得需要按5%～35%缴纳所得税的规定，已严重影响了社会资本进入创业投资行业的积极性，并得到广泛的关注。为了支持创业投资企业发展，2019年1月10日，财政部联合国家税务总局、国家发改委、中国证监会发布财税〔2019〕8号文，创业投资企业（含创业投资基金）可以选择按单一投资基金核算或者按创业投资企业年度所得整体核算两种方式之一，对其个人合伙人源于创业投资企业的所得计算个人所得税应纳税额。

一、两种所得税核算方式

根据财税〔2019〕8号文，创业投资企业选择按单一投资基金核算的，其个人合伙人从该基金应分得的股权转让所得和股息红利所得，按照20%的税率计算缴纳个人所得税。如选择按单一投资基金核算的，需在基金备案完成30日内进行核算方式的备案，并且3年内不得变更。同时，创业投资企业选择按年度所得整体核算的，其个人合伙人从创业投资企业取得的所得，按照“经营所得”项目、5%～35%的超额累进税率计算缴纳个人所得税。两种核算方式的具体比较如表7-9所示。

表7-9 两种所得税核算方式比较

核算方式	单一投资基金核算	年度所得整体核算
适用年度	选定后需向税务部门备案，3年内不得变更，未按规定备案的，视同选择按年度所得整体核算	
经营所得项目税率	20%	5%～35%
计税原则	仅依据项目收益亏损，不考虑基金的成本费用，项目亏损不得结转至后续年度补亏	按整体基金的收入扣除成本费用及损失后，有收益的计算分配纳税，亏损的可结转以后有收益的年度补亏；不得超过5年

续表

核算方式	单一投资基金核算	年度所得整体核算
按初创科技型企业投资额的70%抵扣	可以按照被转让项目对应投资额的70%抵扣其可以从创业投资企业应分得的经营所得，但当期抵扣不足的，不能向以后年度结转	可以按照被转让项目对应投资额的70%抵扣其可以从创业投资企业应分得的经营所得，当期抵扣不足的，可以向以后年度结转
管理费及业绩报酬的抵扣	不能抵扣	可以抵扣
被投项目股息红利所得税率	按20%征税； 按次征税，不能扣除任何费用	按20%征税； 按次征税，不能扣除任何费用
个人合伙人基本减除费用（每年6万元）	不能扣除	可以扣除

除上述两种核算方式之外，部分地区曾允许对自然人合伙人按营业收入或者投资收益进行核定征收，在2021年12月30日财政部、国家税务总局《关于权益性投资经营所得个人所得税征收管理的公告》（财政部税务总局公告2021年第41号）发布后，持有股权、股票、合伙企业财产份额等权益性投资的个人独资企业、合伙企业，一律要求适用查账征收方式计征个人所得税，也就是说，自然人合伙人只能通过财税〔2019〕8号考虑税收优惠政策，除此之外，必须按照生产经营所得适用5%～35%超额累进税率缴纳个人所得税。

二、核算方式申请时间节点

根据财税〔2019〕8号文，创业投资企业选择按单一投资基金核算的，应当在按照《创业投资企业管理暂行办法》或者《私募投资基金监督管理暂行办法》规定完成备案的30日内，向主管税务机关进行核算方式备案；未按规定备案的，视同选择按创业投资企业年度所得整体核算。一旦确定核算方式，在3年内不得变更。因此，创业投资企业需根据投资的标的企业情况合理进行核算方式选择，并尽快办理备案手续，以免丧失选择机会。此外，对于两种核算方式的转换，财税〔2019〕8号文预留了一个调整机制，创业投资企业选择一种核算方式满3年的，如有需要可以调整。

三、财税〔2019〕8号文在执行层面存在的问题

财税〔2019〕8号文的出台是对李克强总理在国务院常务会议上关于确保创业投资基金总体税负不增，保持地方已实施的创投基金税收支持政策稳定的指示精神的进一步落实，但在执行层面仍存在不足。

首先，根据财税〔2019〕8号文，创业投资企业选择按照年度所得整体核算的，应当适用5%～35%超额累进税率。实践中，项目通常退出金额较大，都会达到35%的税率征收标准。此种情况下，相比财税〔2019〕8号文出台前创业投资企业享受地方税收优惠政策按照20%实际税率缴纳个人所得税而言，实际上大大增加了其税收负担。

其次，创业投资企业选择按照单一投资基金核算的，应当适用20%税率，不仅要求管理费和业绩报酬在内的成本支出不得在核算时扣除，而且所投资的初创科技型企业按投资额70%抵扣的只能在当期扣减，亏损不能像整体核算一样跨年度结转至后续年度，这个政策虽有进步却又令人遗憾。显然，该机制是参考个人直接对于企业投资按20%税率征收所得税的逻辑进行设计的，但却不尽合理，一是个人合伙人的税率并未实际降低；二是亏损不能跨年度结转意味着70%可抵扣额的优惠政策大打折扣，倒不如财税〔2018〕55号文规定的天使投资个人在按照投资额的70%抵扣转让所得时如当期不足抵扣的可以跨年度抵扣。创业投资基金的投资多为早期或成长期项目，从投资到退出的周期通常在5～10年，而且绝大多数都是好的项目先退出，差的项目由于没有退出途径往往要拖到基金清盘时才强制退出或报损，盈利与亏损发生的时间节点不同，如果不是按基金整个生命周期汇总后综合计算，而是按照纳税年度来核算，客观上很多后期亏损无法抵扣，最终创业投资企业投资人的税负无法真正得到减免。

再次，值得关注的是，根据投资机构测算，单一投资基金核算方式并不必然比年度整体核算方式更节税。在基金整体收益偏低的情况下，采用年度

整体核算方式可以利用个人合伙人每年可以扣除的基本费用，反而更节税。[①]但选定单一投资基金核算方式或者选定年度整体核算方式则三年不能修改，既要估算基金的投资收益又要把握好时间节奏，实属不易。

最后，单一投资基金核算是否适用于全部类型的有限合伙企业并不清晰，很多区域只适用于直投创业投资基金，并不能适用于母基金、联接基金以及一般性质的合伙企业，既不利于以高净值客户为基础的财富管理公司发行配置型母基金，也不利于基金公司员工跟投平台的搭建，以及特殊背景下不备案的有限合伙企业的投资。

附：合伙制创业投资企业单一投资基金核算方式备案表

（　　至　　年度）

备案编号（主管税务机关填写）：

<table>
<tr><td>创投企业（基金）名称</td><td colspan="2"></td></tr>
<tr><td>纳税人识别号（统一社会信用代码）</td><td colspan="2"></td></tr>
<tr><td>创投企业（基金）备案管理机构</td><td colspan="2">□发展改革部门　□证券监管部门</td></tr>
<tr><td>管理机构备案编号</td><td colspan="2"></td></tr>
<tr><td>管理机构备案时间</td><td colspan="2"></td></tr>
<tr><td colspan="3">谨声明：本表是根据国家税收法律法规及相关规定填报的，是真实的、可靠的、完整的。
创投企业（基金）印章：　年　月　日</td></tr>
<tr><td colspan="2">经办人签字：
经办人身份证件号码：
代理机构签章：
代理机构统一社会信用代码：</td><td>受理人：
受理税务机关（章）：
受理日期：　年　月　日</td></tr>
</table>

国家税务总局监制

① 参见陈铁：《〈关于创业投资企业个人合伙人所得税政策问题的通知〉的解读》，载微信公众号“基小律”2019年1月28日，https://mp.weixin.qq.com/s/SNLimtAs5hyROOqeKkPApw。

《合伙制创业投资企业单一投资基金核算方式备案表》填表说明

一、适用范围

本表适用于合伙制创业投资企业（含创业投资基金，以下统称创投企业）选择按单一投资基金核算，按规定向主管税务机关进行核算类型备案。

二、报送期限

选择按单一投资基金核算的创投企业，应当在管理机构完成备案的30日内，向主管税务机关进行核算方式备案，报送本表。

创投企业选择一种核算方式满3年需要调整的，应当在满3年的次年1月31日前，重新向主管税务机关备案，报送本表。

三、本表各栏填写

1. 创投企业（基金）名称：填写创投企业的法定名称全称。

2. 纳税人识别号（统一社会信用代码）：填写创投企业的纳税人识别号或统一社会信用代码。

3. 创投企业（基金）备案管理机构：选择创投企业备案的机构名称，在“发展改革部门”或“证券监管部门”备案的，分别在对应框中打“√”。

4. 管理机构备案编号：填写创投企业在国家发展和改革委员会或中国证券投资基金业协会备案的编号。

5. 管理机构备案时间：填写创投企业在国家发展和改革委员会或中国证券投资基金业协会备案的时间。

四、其他事项说明

以纸质方式报送本表的，应当一式两份，扣缴义务人、税务机关各留存一份。

第八章

创业投资基金制度构建与完善的建议

前述七章已从创业投资基金的设立、投资、管理退出以及特殊背景投资人对创业投资基金的影响、创业投资基金的税收几个方面，多角度、多层次地详述了我国创业投资基金“募、投、管、退”等方面的制度。我国创业投资基金乃至整个私募基金行业发展时间不长，制度构建与设计方面有许多待完善，甚至于待建立之处。鉴于创业投资、私募行业滥觞于欧美，在欧美国家历经几十年的发展，已具有一套较为完备、适用于当地的法律制度；故本章将从比较法的角度分析美国、欧盟及新加坡的创业投资基金制度设计，并对我国创业投资基金的制度完善提出一些建议。

第一节　海外创业投资基金制度发展与比较

一、美国

美国对于创业投资基金的立法进路可概括为“一般规则下的例外”加上“委托立法”两种方式的有机统一。美国对于创业投资基金的监管，是在对一般私募基金的法律制度的基础上，针对创业投资基金的特点作出豁免适用的规定，辅之以委托立法后出现的一些单行法规，如 2010 年的《多德 - 弗兰克华尔街改革和消费者保护法》（Dodd-Frank Wall Street Reform and Consumer Protection Act，以下简称《多德 - 弗兰克法案》），共同组成了美国创业投资基金的法律制度体系。

（一）美国一般私募基金的监管要求

在美国设立投资基金（investment fund）主要有两类主体受到监管，一类是投资顾问，另一类是投资公司。

美国的投资顾问类似于我国的私募基金管理人，《1940 年投资顾问法》

（Investment Advisers Act of 1940）对投资顾问[①]作出了具体定义和监管要求，《多德－弗兰克法案》第四章（也称《2010 年私募基金投资顾问注册法》，Private Fund Investment Advisers Registration Act of 2010）对《1940 年投资顾问法》作出了修订，美国现行法对于投资顾问的定义为：投资顾问，是指为获取报酬，直接或通过出版物或书面形式就证券的价值或证券的投资、购买、出售的可取性向他人提供建议，或作为报酬并作为其常规业务一部分而发行或发布有关证券的分析或报告的主体。

投资顾问都需要注册，对投资顾问的监管分成两个层面，除了第 203 条（b）款规定的豁免情形及第 203A 条[②]规定的管理规模小于 2500 万美元的投资顾问受到州证券监管外，其他投资顾问应在美国证券交易委员会（Securities and Exchange Commission，SEC）登记，并受到 SEC 的监管。

美国的投资公司类似于我国的公募基金，其设立受到《1940 年投资公司法》（Investment Company Act of 1940）、《证券法》（Securities Act of 1933）及《证券交易法》（Securities Exchange Act of 1934）的监管。根据《1940 年投资公司法》的规定，投资公司，是指主要从事或试图主要从事投资、再投资或交易证券活动，或者从事或试图从事投资、再投资、所有、持有或交易证券活动，且全部资产的超过 40% 用于所有或试图取得投资证券（investment securities）的发行人（issuer）。投资公司应在 SEC 注册并受 SEC 的监管。而私募基金，是指根据《1940 年投资公司法》第 3（c）（1）条[③]或

---

① 参见《声音：美国证监会对私募基金管理人的监管规定》，载新浪网 2016 年 5 月 6 日，http：//finance. sina. com. cn/money/fund/jjzl/2016 – 05 – 06/doc – ifxryhhh1700124. shtml。

② 第 203A 条规定应当受到州证券监管的投资顾问的情形包括：（1）拥有不少于 2500 万美元的在管资产，或 SEC 认为根据《1940 年投资顾问法》的规定适合的更高的在管资产规模；（2）是根据《1940 年投资公司法》规定登记的投资公司的顾问。

③ 第 3（c）（1）条排除：指受益所有人（beneficiary owners）不超过 100 人，且不面向公众发行的私募基金。在计算受益所有人人数时，需要适用穿透规则。通常而言，如果（1）投资人本身属于被排除在投资公司定义外，且拥有私募基金超过 10% 的投票权的集合投资载体；（2）投资人本身系为投资私募基金之目的设立（如果投资人全部资产的 40% 以上投资于私募基金，则该等投资人通常被视为为投资私募基金之目的设立）；（3）最终投资人对于投资人是否投资于私募基金具有选择权，则该等投资人将被穿透计算受益所有人人数。

第3（c）（7）条[①]被排除在投资公司定义外的集合投资载体，不面向公众发行，穿透后的受益人少于100人或者投资人均为合格投资人，与我国的私募基金定义非常接近。私募基金通常的业务类型包括对冲基金（hedge fund）和私募股权基金（private equity fund）。由于私募基金被排除在投资公司的定义外，不同于投资公司，无须在SEC登记。

综上，根据《1940年投资公司法》《1940年投资顾问法》《多德－弗兰克法案》等的规定，美国私募基金的投资顾问和投资公司须在SEC进行注册，私募基金则豁免在SEC进行登记。私募基金的投资顾问完成注册后，将受到严格监管，一旦部分符合条件，将面临严重的法律责任，甚至被撤销登记和禁止从业。

（二）对风险投资基金[②]投资顾问监管的豁免

1. 风险投资基金投资顾问注册义务豁免

经《多德－弗兰克法案》修改《1940年投资顾问法》后，美国开始对风险投资基金的投资顾问与一般私募基金的投资顾问进行差别化的监管，主要原则是如果风险投资基金符合如下要求，其投资顾问可以豁免根据《1940年投资顾问法》的规定进行注册。美国法下的“风险投资基金”，是指符合以下条件的基金：

（1）向投资人或潜在投资人表明其追求的风险投资策略。

（2）获取任何资产后（不包括合格投资及短期持有资产），基金持有的非合格投资[③]资产不超过基金的实缴出资及未实缴出资总和的20%（不包括短期持有资产，根据成本及公允价值进行估值）。

（3）基金从事借贷、发行债务、提供担保或者其他产生杠杆的行为，但

① 第3（c）（7）条排除：指投资人均为合格投资者（qualified purchasers），且不面向公众发行的私募基金。其中，合格投资者包括：（1）拥有不少于500万美元投资（investments）的自然人，其中，SEC对投资的定义非常广泛，包括证券、现金及现金等价物、为投资之目的持有的不动产等；（2）拥有不少于500万美元投资的公司，且该等公司由2个以上具有亲属关系的自然人直接或间接拥有；（3）符合条件的信托；（4）拥有不少于2500万美元投资的符合条件的其他人士。

② 美国法下的“风险投资基金”（Venture Capital，VC），为创业投资基金的同义词。方便起见，本节中以美国法下的用语“风险投资基金”为准。

③ 合格投资是指：（1）由合格的投资组合公司发行，并由私人基金直接从合格投资组合公司购入的股票证券；（2）由合格投资组合公司发行的任何股票证券，以换取第1款所述的合格投资组合公司发行的股票证券；或（3）由合格投资组合公司控股股东发行的证券。

其杠杆不得超过基金实缴出资及未实缴出资总和的15%，并且该等借贷、债务、担保或杠杆的不可更新期限（non – renewable term）不得超过120日。

（4）仅发行其条款没有赋予持有人任何权利的证券，但以下情形除外：①在特殊情况下，持有人可撤回、赎回或要求回购该等证券；②可赋予所有持有人按比例获取分配的权利。

（5）未根据《1940年投资公司法》注册成为投资公司或选择成为商业发展公司。

根据上述关于风险投资基金的定义，可以看出美国法在设置的风险投资基金的要件上，更多地着眼于投资策略、资产组成、杠杆率等方面来划定风险投资基金的范围；相较于我国以及之后介绍的欧盟法而言，其并无对风险投资基金资产规模上的要求。

2. 信息披露义务的豁免

按照《2010年私募基金投资顾问注册法》，以及SEC于2011年发布的行政法规的规定，符合一定规模要求的风险投资基金还可以豁免基金公司和基金经理向SEC进行信息披露义务，但是应当保存相关记录并在当SEC认为必要或在与公共利益及投资者保护相关时，向其提供年报或其他报告。

总体而言，美国对风险投资基金的投资顾问的监管是较为宽松的，在满足一定条件的前提下，风险投资基金的投资顾问可以豁免注册，并仅在SEC认为必要时履行信息披露义务。

（三）对于创业企业的政策性支持

美国对于风险投资基金行业的制度建设及政策支持肇始于20世纪50年代。为促进美国国内中小企业的发展，美国国会于1953年通过了《小企业法案》（Small Business Act）、《小企业融资法案》（Small Business Finance Act），临时性小企业管理局于同年成立，该局在当时的主要任务是为创业型中小企业提供各项金融支持。1958年，美国国会通过了《小企业投资法》（Small Business Investment Act），提出了支持小企业发展的重要计划——“小企业投资公司”（Small Business Investment Company，SBIC）计划，弥补、引导本国风险资本投资，促进创新企业的发展。SBIC由美国小企业管理局（Small Business Administration，SBA）管理，具体负责实施SBIC计划的实施，向支持小企业发展的风险投资公司颁发牌照、提供政府资助。SBIC一般采取合伙企业的形式，存续期间为10年左右，实行完全市场化运作，类似于直投基金。①

SBIC计划中涉及的各方参与者有：SBA、投资者及SBIC基金管理人，且各方定位明晰、职责明确。SBA在SBIC计划中担任了监管者的角色，并不直接干涉SBIC的运营；其主要职责有三：第一，SBIC牌照的颁发，评估基金管理人是否合格；第二，以政府担保债务的方式帮助SBIC募集资金，最多不超过私人投资者出资的2倍，上限为1.5亿美元；第三，负责管理和监督SBIC的财务健康状况和投资行为规范。SBA从“允许”及“禁止”两个角度对SBIC进行管理，其中“允许”内容包括：（1）允许投资地处美国或其他属地的任何小企业；（2）允许控制一家小企业的最长时间是7年（SBA特许情况除外）；（3）允许使用债权投资、股权投资或具有股权性质的债权投资。“禁止”的内容包括：（1）禁止投资超过49%的雇员在美国境外的小企业；（2）禁止将投资公司10%以上资金（或者30%以上私人资本）投资单个企业；（3）禁止投资于项目融资、房地产或金融中介机构等。②

SBIC计划实施60多年来，已发放许可2100余家SBIC，共计提供670亿美元规模的资金支持，投资小企业16.6万家。目前在注册的SBIC有314家，管理资金规模超过300亿美元，已成为小企业风险资本的最主要来源。苹果、英特尔、联邦快递、特斯拉等知名企业都曾经从该计划受益。这一制度也推动了美国20世纪70年代后创业投资行业的大发展。

（四）风险投资基金适用的税收优惠制度

1. 资本利得税

对于风险投资基金，美国在税收方面也相应地采取了较多的优惠措施，以促进投资。特别是就“资本利得税”这一与风险投资基金联系较为密切的税种，自20世纪50年代起，美国就对资本利得税税率作出过多次调整，历次调整不但反映出美国风险投资业的发展变化，同样也体现了美国政府对于风险投资基金的监管态度的变化。

---

① 参见曹毅：《中小企业投融资机制建设的国际经验及对我国的启示》，载《武汉金融》2017年第4期。

② 参见曹毅：《中小企业投融资机制建设的国际经验及对我国的启示》，载《武汉金融》2017年第4期。

有学者对美国资本利得税的变化做过详细梳理：美国1957年的资本利得税税率为25%，后来提高至27%；1969年年初，美国的创业风险投资额已经达到1.71亿美元的规模，美国第一次进入风险投资浪潮。然而，20世纪70年代中期美国资本利得税率提高到49%，严重阻碍了美国创业风险投资业的发展，1975年风险投资资金规模迅速萎缩。鉴于此，美国政府从20世纪70年代中期以后一直对风险投资给予大力支持，1978年发布了《税收法》（Tax Reform Act），规定创业风险投资收益适用的税率从49%下降到28%。这项法律的出台使美国1979年的风险投资资金增长了40%。20世纪80年代，为了鼓励创业风险投资和谋求高新技术的进一步发展，美国国会通过了《经济复兴税法》（Economic Recovery Tax Act），将资本利得税率从28%降至20%。该法还对高新技术开发研究作出规定：研究开发投资税率从49%减至25%。[①] 20世纪80年代以后，美国政府历次调整创业投资行业的资本利得税基本都与美国经济发展状况相关，在宏观经济不景气时降低创业投资行业相关的长期资本税率、减免投资新企业的创业投资个人的税收。近几年来美国经济衰退，2003年美国国会通过《就业与经济增长税收减免协调法案》（Economic Growth and Tax Relief Reconciliation Act），把长期资本利得税率从20%下降到15%，红利税率从38.6%下降到与长期资本收益税率相同的15%，极大地提高了投资者的投资积极性。[②]

2. 其他税种

除了资本利得税之外，美国还在收入扣减、经费补贴、研究与试验发展免税、减税以及个人和企业负担税收“应有份额”的降低等方面，多方面、多层次地降低、减少风险投资基金的税负，运用的方式多样，较为实际地减少了风险投资基金的税务成本。具体来说，1958年《国内收入法》（Internal Revenue Code of 1958）、1986年《税收改革法》（Tax Reform Act of 1986）、1997年《投资收益税降低法案》（Taxpayer Relief Act of 1997）等法律，共同组成了一系列针对风险投资基金的税收优惠政策。《国内收入法》规定了

---

① 参见潘玉香：《美国创业风险投资税收政策演变及其启示》，载《中国科技论坛》2012年第7期。

② 参见潘玉香：《美国创业风险投资税收政策演变及其启示》，载《中国科技论坛》2012年第7期。

个人向新企业投资超过25,000美元遇到资本损失时，可从收入中抵减这一损失，并为了鼓励小企业投资公司的成立，规定了特定税收优惠；《税收改革法》的目标旨在通过合法运用各种税收激励措施来减少个人和企业负担的税收“应有份额”，该法案规定投资额的60%免除课税，其余的40%减半征收，此外还包括实行加速折旧和特殊产业扣除、简化税制等，促进了创业风险投资的发展；《投资收益税降低法案》进一步对减税额和适用范围作出了明确规定，并进一步降低了投资收益税税率。

同时，美国还专门针对风险投资基金进行税收优惠立法。美国作为联邦制国家，其法律分为联邦法和州立法两部分，除了上述联邦立法的相关规定外，几乎每个州都有专门关于创业风险投资的立法，如阿肯色州《2001年创业风险投资法》（Arkansas Venture Capital Investment Act of 2001）、加利福尼亚州《2003年创业风险投资法》（California New Markets Venture Capital Program Act of 2003）等，各州立法与联邦立法互为补充。[①]

二、欧盟[②]

（一）欧盟创业投资基金相关规定

欧盟对于投资基金的监管体系由《可转让证券集合投资计划指令》（The Undertakings for the Collective Investment in Transferable Securities，UCITS）、《欧盟另类投资基金管理人指令》（Alternative Investment Fund Manager Directive，AIFMD）、《欧盟风险投资基金条例》（Europe Venture Capital Funds Regulation，EuVECA Regulation）等一系列欧盟指令、条例等规范构成。2011年，欧盟成立了欧洲证券及市场管理局（The European Securities and Markets Authority，ESMA），成为欧盟市场单一的多边证券监管机构。[③]

---

① 参见潘玉香：《美国创业风险投资税收政策演变及其启示》，载《中国科技论坛》2012年第7期。

② 由于欧盟各成员国有其本国的税制，故此处难以以“欧盟”为主体探讨创业投资基金的税收优惠政策。

③ 参见刁超、韩斯睿：《创业投资基金的国际立法和监管经验》，载微信公众号“基金业协会”2019年4月11日，https：//mp. weixin. qq. com/s/DXsjM3vfxUQkxJh3Fbkrrw。

欧盟金融市场上的基金大致可分为两种类型，一种是 UCITS，主要面向零售投资者发行；另一种是另类投资基金（Alternative Investment Fund），包含对冲基金、不动产基金、私募股权和风险投资基金等各类型的投资基金。[①] AIFMD 对不能满足公募基金发行条件的所有基金进行监管，并就基金的管理人、投资资金流向、信息披露、杠杆率等方面作出统一规定。然而，AIFMD 并不适用于创业投资基金，[②] 所谓创业投资基金的标准为总资产不超过 1 亿欧元含杠杆安排的基金，或者总资产不超过 5 亿欧元不含杠杆安排的、发行五年内不得赎回的基金，该标准源于 AIFMD 出台后在欧盟基金设立与运营的实际情况。虽然符合上述条件的创业投资基金管理人可豁免适用该指令中有关于管理人授权的要求，但仍需在母国履行注册义务，且须向母国有权机关提供相关信息，披露的信息应当包括管理的基金交易的主要证券、票据或其他类型的金融工具等。[③]

此外，AIFMD 规定了获得授权的另类投资基金管理人在欧盟全境开展业务活动的权利；[④] 还设计了“欧盟基金护照”[⑤] 制度，允许有欧盟背景的基金公司在欧盟不同成员国进行投资活动，但是，根据 AIFMD 可享受豁免安排的基金并不适用“欧盟基金护照”制度，而且 98% 的欧盟创业投资基金并不能达到 AIFMD 中关于“欧盟基金护照”的要求。[⑥] 为了更好地促进创业投资基金的发展，2013 年，欧盟出台了 EuVECA Regulation，对于投资创业创新领域但不能满足 AIFMD 要求的基金给予法定保护和政策优惠（在管理人和基金本身符合了 EuVECA Regulation 的条件后，他们管理的基金就成为欧盟风险投资基金或欧盟社会企业基金，仍可以享受单一护照制度、取得在欧盟境内销售基金的权利），以促进创业投资基金在欧盟一体化市场的跨国融资。至此，总资产不超过 1 亿欧元含杠杆安排的基金，或者总资产不超过 5 亿欧

---

① 参见朱炎生：《欧盟〈另类投资基金管理人指令〉述评》，载《证券市场导报》2013 年第 1 期。

② See AIFMD，Article 3，para. 2.

③ See AIFMD，Wheras，para.（17）.

④ See AIFMD，Chapter VI.

⑤ See AIFMD，Article 34，35，36，42.

⑥ 参见习超、韩斯睿：《创业投资基金的国际立法和监管经验》，载微信公众号“中国基金业协会”2019 年 8 月 2 日，https：//mp. weixin. qq. com/s/DXsjM3vfxUQkxJh3Fbkrrw。

元不含杠杆安排的、发行5年内不得赎回的基金成为欧盟创业投资和其他私募基金分类的技术标准，并沿用至今。①

（二）对创业企业的政策性支持

欧洲投资基金（European Investment Fund，EIF）是欧盟促进中小企业发展的政策性金融机构，其管理的资金主要源于欧洲投资银行（European Investment Bank，EIB）、欧盟委员会（European Commission，EC）、各国和地方政府以及第三方委托资金。其核心任务是为欧洲各国的中小企业提供融资支持，以促进欧盟在推动创新、科技发展、经济增长、促进就业、区域平衡等领域的战略目标实现，重点支持科技创新和成果转化，但其支持对象不局限于科技中小企业。②

EIF主要有两种运营模式，第一种模式是与市场化股权投资基金合作设立母基金，或单独设立母基金，通过母基金投资于各个领域的创业投资基金，继而由创业投资基金在其项目领域进行项目投资。对创业投资基金的投资主要通过股权融资的方式开展，辅以债权融资。通过母基金设立的创业投资基金在投资时，EIF往往充当基石投资者的角色，出资比例为20%～33%，子基金的管理运营由与EIF合作的基金管理机构具体进行，EIF则以市场为导向，对子基金的表现作出评价。③ 第二种模式是通过与商业银行等金融机构开展合作，对符合相应要求的中小企业提供信用担保和信用升级。④

EIF的设立与运营有效地促进了欧洲中小企业的发展，通过多样化的方式为欧洲各国中小企业提供融资，联合社会资本，鼓励金融资本投向中小微企业；EIF引导社会资本的效果显著，根据EIF公开的年度报告，EIF的资金

① 参见习超、韩斯睿：《创业投资基金的国际立法和监管经验》，载微信公众号“中国基金业协会”2019年8月2日，https：//mp. weixin. qq. com/s/DXsjM3vfxUQkxJh3Fbkrrw。

② 参见曹毅：《中小企业投融资机制建设的国际经验及对我国的启示》，载《武汉金融》2017年第4期。

③ 参见曹毅：《中小企业投融资机制建设的国际经验及对我国的启示》，载《武汉金融》2017年第4期。

④ 参见张增磊：《政府投资基金经济效应及作用路径研究》，中国财政科学研究院2018年博士学位论文，第176页。

投入一般能带动 2 ~6 倍[①]的社会资本进入中小微企业融资领域。在创业投资基金领域，EIF 积累了多年经验，在欧洲创业投资基金领域有非常重要的地位。2018 年，欧洲创业投资基金总融资额达到 114 亿欧元，[②] 其中，EIF、欧盟法律框架的建设等公共政策扮演了重要角色。

三、以色列

以色列是一个资源匮乏、常年战乱、国土范围较为狭窄的国家，但同时也是世界上创业投资最为发达的国家之一。以色列在纳斯达克上市的企业数量仅次于美国和中国，以色列已成为全球的创新中心，以及全球科技投资的热土。能取得这样的成果，与以色列政府自 1993 年设立 YOZMA 基金、实施政府引导民间创业投资发展密不可分。

YOZMA 基金的运作方式包括两部分：将募集到的资金的 20% 由基金直接投资于起步阶段的创新型企业，从而引导民间资本投资于早期的创新企业；80% 则与其他资本（主要为国际知名金融机构）共同组建子基金。[③]

在以上运作模式中，以色列政府重点作了如下设计：一是在投资安排上，以直接投资的投资取向，体现政府的投资原则和政策导向，为子基金做产业和企业的选择引导。二是在子基金的股权安排上，政府对所投入的 40% 份额作出退出承诺，即承诺在投资的 5 年之内，私人、国际投资者可以通过一个确定的期权价格（一般以成本价加 5% ~7% 的收益水平定价）回购政府股份。三是在组织安排上，子基金采用有限合伙制，政府和其他出资人作为有限合伙人承担出资义务，共同聘请专业管理团队作为普通合伙人负责投资管理业务。政府不参加董事会，不干预管理团队和创业企业的运作，保证参股基金按市场化方式运作。四是在基金的引资安排上，力求拓展海外市场，吸引国际资本。[④]

---

① 参见黄曼远、孟艳、许文：《欧洲投资基金管理运作模式及对我国政府创业投资引导基金的借鉴》，载《经济研究参考》2015 年第 7 期。

② *See European Small Business Finance Outlook*，EIF Working Paper，2019/61.

③ 参见萧端、熊婧：《政府创业引导基金运作模式借鉴——以以色列 YOZMA 基金为例》，载《南方经济》2014 年第 7 期。

④ 参见萧端、熊婧：《政府创业引导基金运作模式借鉴——以以色列 YOZMA 基金为例》，载《南方经济》2014 年第 7 期。

YOZMA 基金成立以来共设立过 3 只母基金，三期 YOZMA 母基金设立后，截至 2008 年，所有 YOZMA 基金所参股的 55 只市场化创业投资基金共募集到 59.75 亿美元，相当于同期以色列创业投资行业募集金额（122.43 亿美元）的 49%。这些参股基金共投资 862 家创新型企业，成功退出 357 家，退出率为 41%，比同期以色列创业投资行业退出率（20%）高出 21 个百分点。① 同年，以色列的人均风险资本投资已达世界首位，是美国的 2.5 倍，欧洲国家的 30 余倍，中国的 80 倍，印度的 350 倍。

第二节 我国创业投资基金制度完善的建议

综观上述三个国家/地区的创业投资基金的制度建设，可发现创业投资基金发展年限长、深受投资者青睐的国家/地区对于创业投资基金的监管趋于宽松，且设置了较多优惠政策（金融信贷、税收优惠等），以期吸引投资者投资、激活创业投资市场。结合我国当下对于创业投资基金的监管、政策等方面的制度建设情况，其他国家/地区的经验给我们的启示如下。

一、推动创业投资基金的监管差异化管理

无论美国还是欧盟对基金的监管体制，基本上都采用了三分原则对公募基金、私募基金和其中的创业投资基金进行监管。从商业实质看，前两者属于金融领域，而后者更贴近实体经济。故美国和欧盟均对创业投资基金在监管上给予一定程度的豁免，并简化日常披露要求，以推动创业投资基金的设立，进而促进实体企业的发展。

我国早在 2014 年 8 月 21 日起实施的《私募投资基金监督管理暂行办法》第八章中就制定了针对创业投资基金实施差异化监管的基本原则，如第 36 条规定："基金业协会在基金管理人登记、基金备案、投资情况报告要求和会员管理等环节，对创业投资基金采取区别于其他私募基金的差异化行业自律，并提供差异化会员服务。"第 37 条规定："中国证监会及其派出机构对创业

① 参见徐文舸：《政府性创业投资引导基金的国际镜鉴——基于对以色列、澳大利亚的比较分析》，载《国际金融》2017 年第 5 期。

投资基金在投资方向检查等环节，采取区别于其他私募基金的差异化监督管理；在账户开立、发行交易和投资退出等方面，为创业投资基金提供便利服务。”但是，无论中国证监会部门规章层面还是基金业协会自律规则层面，对创业投资基金的差异化监管机制至今未能建立。

从目前基金业协会对于股权基金的分类监管来看，把股权类基金分为股权投资基金和创业投资基金的依据主要是投资对象的不同。根据《私募投资基金类型说明》的规定，主要向处于创业各阶段的未上市成长性企业进行股权投资的属于创业投资基金，除此之外主要投资于非公开交易的企业股权为股权投资基金。但这两类基金的管理人都是私募股权、创业投资基金管理人，两类管理人资格本身就合并在一起，在监管上并不存在区分，差异仅在于发起设立的基金是否备案为创业投资基金，如是，则可以享受一定优惠政策。

笔者认为，我国可以借鉴海外关于创业投资基金的差异化监管体制，对创业投资基金管理人和创业投资基金本身进行界定和施之独立的监管政策，以促进创业投资行业的发展。具体建议为：

首先，给予创业投资基金管理人更灵活的资格准入门槛。目前在基金业协会登记的有四类管理人：私募股权、创业管理人，私募证券管理人，私募其他管理人，私募配置管理人，从牌照的申请到牌照维护，成本并不低，特别是同时需要维护几类牌照的机构。从节省社会成本考虑，并无必要单设创业投资基金管理人资格准入，而是可以考虑给予其他三类管理人发起设立创业投资基金的资质。私募管理人本身就具备资产管理人的一定素质与能力，符合中国证监会和基金业协会关于私募机构的准入门槛，而且创业投资基金规模小，人数少，市场影响小，却具有深远的社会意义。赋予其他三类私募管理人发起设立创业投资基金的资格，而非将创业投资基金限于私募股权、创业管理人资格，将大大激发市场的活力。

其次，明确创业投资基金的定义。无论是中国证监会还是国家发改委，或者其他部委，虽然对于创业投资基金的主要定义基本一致，即主要向处于创业各阶段的未上市成长性企业进行股权投资的基金，但却对创业投资基金的内涵缺少具体的阐述。笔者建议，可以细化有关创业投资基金的内涵要求，例如：（1）规模不能超过一定金额，如1亿元；（2）不含结构化安排；（3）自然人投资者人数不超过一定数量，如不超过 15 人；（4）所投资项目超过 50% 均符合创业投资项目的规定，等等。

再次，建立创业投资基金独立的监管机制。根据《私募投资基金监督管理暂行办法》确立的对创业投资基金差异化行业自律的原则，建议出台创业投资基金产品备案、日常信息披露的柔性监管政策，例如：（1）出台创业投资基金的备案须知，就先募后备、先备后投、扩募、托管等制定新的规则，给予创业投资基金募集设立的便利机制；（2）简化创业投资基金信息披露要求，可以按照半年度/年度在 AMBERS 系统进行产品信息更新，按照年度在信息披露系统进行更新，等等。

最后，统一证监部门和财税部门对于创业投资基金享受优惠政策的资质要求。证监部门的优惠政策主要体现在二级市场上的减持规定上，财政部门的优惠政策主要体现在税基抵扣和税收缴纳方式选择上。这两个部门对于创业投资基金的资质及其所投创业投资项目的资质均有要求，而且有所差异，致使创业投资基金在申请相关优惠政策时并不能完全符合。例如，从基金层面，有的要求“投资后 2 年内，创业投资企业及其关联方持有被投资初创科技型企业的股权比例合计应低于 50%”,① 有的并无此要求；从创业投资项目层面，有的要求“首次投资接受投资时，职工人数不超 500 人，年销售额、资产总额均不超过 2 亿元”,② 有的又要求“接受投资时职工人数不超 200 人，年销售额、资产总额均不超过 3000 万元”。③ 同时，中国证监会的优惠

① 财税〔2018〕55 号文和《私募基金监管问答——关于享受税收政策的创业投资基金标准及申请流程》。

② 《创投基金股东减持特别规定》第 3 条：“创业投资基金所投资符合条件的企业是指满足下列情形之一的企业：（一）首次接受投资时，企业成立不满 60 个月；（二）首次接受投资时，企业职工人数不超过 500 人，根据会计事务所审计的年度合并会计报表，年销售额不超过 2 亿元、资产总额不超过 2 亿元；（三）截至发行申请材料受理日，企业依据《高新技术企业认定管理办法》（国科发火〔2016〕32 号）已取得高新技术企业证书。”

③ 财税〔2018〕55 号文第 2 条：“相关政策条件：（一）本通知所称初创科技型企业，应同时符合以下条件：1. 在中国境内（不包括港、澳、台地区）注册成立、实行查账征收的居民企业。2. 接受投资时，从业人数不超过 200 人，其中具有大学本科以上学历的从业人数不低于 30%；资产总额和年销售收入均不超过 3000 万元。3. 接受投资时设立时间不超过 5 年（60 个月）。4. 接受投资时以及接受投资后 2 年内未在境内外证券交易所上市。5. 接受投资当年及下一纳税年度，研发费用总额占成本费用支出的比例不低于 20%。”

政策只开放给在基金业协会备案的创业投资基金，在国家发改委备案的创业投资企业只能望洋兴叹。[①] 这些不统一使市场效率大打折扣，创业投资基金优惠政策门槛条件不统一的问题亟待解决。

笔者认为，只有创业投资基金有一个明确的定义后，才具备了给予前述其他三类私募管理人设立创业投资基金而非股权投资基金的边界；只有创业投资基金建立了柔性的监管机制并统一创业投资基金可以享受优惠政策的资质要求，才能有效鼓励创业投资行业的发展，以及带动实体经济的发展。值得一提的是，2020 年 5 月 26 日，中国人民银行、中国银保监会、国家发改委、工业和信息化部、财政部、国家市场监督管理总局、中国证监会、国家外汇管理局联合印发《关于进一步强化中小微企业金融服务的指导意见》，对私募基金行业未来政策的制定提出了修改的方向。其中第 22 条规定："引导私募股权投资和创业投资投早投小。修订《私募投资基金监督管理暂行办法》（中国证券监督管理委员会令第 105 号），强化对创业投资基金的差异化监管和自律。制定《创业投资企业标准》，引导和鼓励创业投资企业和天使投资专注投资中小微企业创新创造企业。鼓励资管产品加大对创业投资的支持力度，并逐步提高股权投资类资管产品比例，完善银行、保险等金融机构与创业投资企业的投贷联动、投保联动机制，加强创业投资企业与金融机构的市场化合作。推动完善保险资金投资创业投资基金政策。"

由此可见，中国人民银行、国家发改委、中国证监会、中国银保监会等金融监管机构已认识到有必要落实创业投资基金与股权投资基金的差异化管理，并给予更多的政策支持。就这一点意义而言，上述部门有必要共同对创业投资基金进一步出台相关政策，给予创业投资基金清晰的法律内涵和定位，以便各部委可以据此建立或者完善相应的监管机制和优惠政策。

二、优化创业投资基金两元监管体系的统一规范

中国目前的监管体制分为基金业协会与国家发改委二元监管体制，这

① 《私募基金监管问答——关于首发企业中创业投资基金股东的认定标准》第 4 条明确，"符合一定条件的创业投资基金"为已在基金业协会备案为"创业投资基金"，并未包括国家发改委备案的创业投资基金。

种监管差异主要是源于中国早期创业投资系由产业发展的主管部门国家发改委来主导，直到2013年后经国务院确定由中国证监会来负责，反映了中国创业投资快速发展的进程，也体现了中国与境外对于基金和资产管理行业的监管体系进一步并轨。中国证监会接过对私募基金监管的接力棒之后，《创业投资企业管理暂行办法》的效力仍然存续，虽然近些年来在国家发改委备案的创业投资企业逐年减少，但其仍不失为一种创业投资的监管体制。

笔者认为，对国家发改委备案下的创业投资企业仍然存在给予大力扶持的理由。其一，基金业协会备案的创业投资基金必须存在受托管理，即管理人需要“受人之托，忠人之事”，对于投资人有信义责任，而国家发改委备案的创业企业则未必，既可以有，也可以无。随着中国股权投资的不断发展，公司创业投资（Corporate Venture Capital，CVC）开始在我国逐步崛起。据统计，腾讯投资、阿里资本、小米集团、百度投资、京东均在自己的上下游投资了大量的企业，不少企业已完成上市，CVC的发展对于企业集团实现横向产业扩张和纵向产业延伸有着重大战略意义。CVC在从事创业投资的时候，仅是自己的决策，不存在管理人和投资人两类角色，不需要具备私募管理人资格，但是仍有完成国家发改委的备案从而享受相关优惠政策的需求。除此之外，市场上也存在不少中小企业参与创业投资，不存在受托管理，但是与CVC存在同样的需求，都是我国鼓励创业投资不可忽视的力量。其二，笔者通过研究近年来在国家发改委备案的创业投资企业发现，不少企业已在基金业协会备案为股权投资基金，因为变更为创业投资基金程序复杂而不约而同地选择了同时在国家发改委进行创业投资企业的备案，以便以创业企业的名义申请优惠政策，国家发改委备案为创业投资基金正名起到了意想不到的替补作用。

此外，基金业协会与国家发改委的两元监管体制在优惠政策上并未取得统一，国家发改委备案的创业投资企业在备案要求以及优惠待遇上仍与基金业协会备案的创业投资基金存在一定差距，亟待进行统一规范。两类备案企业的要求及优惠待遇对比如表8－1所示。

表8-1 两类备案企业对比

类别	国家发改委——创业投资企业	基金业协会——创业投资基金
备案要求	根据《创业投资企业管理暂行办法》的规定，申请备案主要须满足： （1）实收资本不低于3000万元，或者首期实收资本不低于1000万元且全体投资者承诺在注册后的5年内补足不低于3000万元实收资本； （2）投资者不超过200人。单个投资者的投资不得低于100万元； （3）有至少3名具备2年以上创业投资或相关业务经验的高级管理人员承担投资管理责任	无实收资本的门槛要求。 人数不超过200人，私募股权、创业管理人取得资质要符合中国证监会的要求
扩募要求	—	有专门要求
投资要求	创业投资企业对单个企业的投资不得超过创业投资企业总资产的20%	无强制要求
减持优惠政策	—	根据《创投基金股东减持特别规定》以及交易所相应实施细则，创业投资基金享有减持方面的反向挂钩政策，并取消大宗交易方式下减持受让方的锁定期限制
锁定期优惠政策	—	根据《发行监管问答——关于首发企业中创业投资基金股东的锁定期安排》《私募基金监管问答——关于首发企业中创业投资基金股东的认定标准》的规定，发行人没有或难以认定实际控制人的，对于非发行人第一大股东但位列合计持股51%以上股东范围，并且符合一定条件的创业投资基金股东，可以仅锁定一年

笔者认为，经过这些年监管部门对于私募机构的排查整顿，大量的失联、异常或者存在经营问题的私募机构已被清理出私募队伍，私募管理人资格的门槛也已大大提高，目前私募机构越来越重视合规经营，同时私募机构的成

本也是居高不下。由企业集团主导的 CVC，或者中小企业临时性、偶发性的创业投资，或者小圈子、小规模的创业投资并不都适合走发起创业投资基金的道路，而国家发改委对于创业投资企业的备案可以成为中国对于创业投资监管体制的一个补充力量。对于国家发改委而言，降低创业投资企业备案要求，取消 3000 万元实收资本和对单个项目投资额度不超过 20% 的门槛，并推动创业投资企业与创业投资基金可以享受统一的优惠政策，也必将给中国的创业投资注入新的活力。

三、加大资金方面的政策性支持

相较于美国的 SBIC 计划、欧盟的 EIF 和以色列的母基金，我国当前对于创业投资基金的募资、融资等领域的扶持政策则显得有些零散，各部门的规定缺乏联动，也缺失自上而下成体系的制度设计。一是在募集资金来源上，我国创业投资基金的资金来源较为单一，主要来自政府的财政资金，但限制很多，如返投或者配资。二是多为国有企业、民营企业资金，金融机构如银行、保险、证券等则占比很小。三是融资机制上，因为主体资格偏弱，私募机构或者私募基金基本上无法取得融资。总体而言，我国创业投资基金的资金来源受到比较大的限制。

第一，对于政府资金，主要指财政部门通过一般公共预算、政府性基金预算、国有资本经营预算等安排的资金，通常称为政府引导基金，这一类资金引入的主要障碍在于限制较多，如出资比例，规定不超过基金比例的 20% 或不得作为第一大股东，导致管理人募集配套资金压力较大；再如返投比例，要求基金投资于当地的企业不少于其对基金出资的 1 ~ 3 倍，但一些中小型城市优质项目少，导致基金完成返投要求困难重重，造成了当地政府引导基金与优质私募机构的合作困境。笔者建议：一是扩大国家级、省级引导基金规模，市、区级引导基金宜设立结合区域特色和发达区域产能转移的产业型基金；二是采取更为灵活的返投折算方式，如私募机构及其管理的其他基金对于该区域的投资都可以纳入统计，这一点已为很多地方引导基金所采用。

第二，对于银行资金，自 2018 年 4 月 27 日《资管新规》出台之后，银行理财作为一种公募产品，原则上不允许投资未上市企业股权，[①] 而且“滚动发行”列入“刚性兑付”，银行通过理财产品的滚动发行实现期限错配来投资私募基金的传统模式已被禁止。自 2018 年 12 月 2 日《商业银行理财子公司管理办法》发布后，银行理财子公司可以选择符合条件的私募投资基金管理人担任理财投资合作机构，银行资金投资进入创业投资基金的闸口方被打开。[②] 目前该办法仅要求私募管理人为基金业协会登记满一年、无重大违法违规记录的会员，对于投资创业投资基金并无实施细则，未来仍需等待中国银保监会对于创业投资基金投资出台相关政策。

第三，对于保险资金，根据 101 号文第 2 条、第 3 条的规定，保险资金可以投资创业投资基金，但该规定的适用对于管理人和创业投资基金有双重要求，例如对于管理人要求累计管理创业投资资产规模不低于 10 亿元，成功退出的创业投资项目合计不少于 10 个；对于基金要求不能是基金管理机构管理的首只创业投资基金，募集规模不超过 5 亿元，基金管理机构及其关联方认缴额不低于基金募集规模的 3%。这个规定的门槛相对较高，而符合要求的管理人往往募集规模大大超过 5 亿元，市场上引入保险资金的创业投资基金的成功案例相对较少。

第四，针对母基金，当下我国以地方引导基金为主，市场化母基金为辅，比较缺乏国家级的创业投资母基金。目前的国家级政府引导基金主要由各大部委主导，联合各大央企发起设立，基金运作结构主要有四种模式，第一种模式是采用“引导基金 + 母基金 + 子基金”三层架构，例如国家发改委国家新兴产业创业投资引导基金，委托中金启元、国投创合、盈富泰克三家基金公司进行管理，只投向直投基金，该基金对于市场产生了比较大的影响。第

① 《资管新规》第 10 条规定：“公募产品主要投资标准化债权类资产以及上市交易的股票，除法律法规和金融管理部门另有规定外，不得投资未上市企业股权。公募产品可以投资商品及金融衍生品，但应当符合法律法规以及金融管理部门的相关规定。”

② 《商业银行理财子公司管理办法》第 32 条第 3 款规定：“银行理财子公司可以选择符合以下条件的私募投资基金管理人担任理财投资合作机构：（一）在中国证券投资基金业协会登记满 1 年、无重大违法违规记录的会员；（二）担任银行理财子公司投资顾问的，应当为私募证券投资基金管理人，其具备 3 年以上连续可追溯证券、期货投资管理业绩且无不良从业记录的投资管理人员应当不少于 3 人；（三）金融监督管理部门规定的其他条件。”

二种模式是“引导基金＋子基金”，即直投基金直接申请各部委的引导基金，例如科技部的国家科技成果转化引导基金，目前投资了30多家直投基金，投资重点是符合科技成果转化的创业投资基金，基金投资由科技部直接进行管理。第三种模式是“直投＋母基金”，以直投为主，母基金为辅，例如财政部发起设立的国家集成电路产业投资基金（一期、二期），截至2021年8月直投了60多家企业，但仅投资了10多家股权基金。第四种模式是“直投＋直管”，由各部委成立其直属管辖的私募管理人，由各部委委派人员和市场化招聘人员来管理资金，并采用直投的方式介入产业发展，如国资委的“国企改革两大基金”和“协同创新四基金”。总体而言，从整个市场来看，国家级的创业、股权母基金非常缺乏，第一种、第二种模式的国家级引导基金的占比非常少，国家级引导的作用并未通过母基金—直投基金的模式放大有关效应。

第五，针对创业投资基金的融资，受限于目前中国的企业融资机制，创业投资基金客观上属于特殊的中小企业，显然面临融资的困难。虽然《股票质押式回购交易及登记结算业务办法》给予创业投资基金融资的特殊安排，但仅限于其所投项目已上市的前提下，对于创业投资基金投资阶段的帮助甚少；而根据中国证监会《双创债指导意见》的规定，我国目前仅面向公司制创业投资基金和创业投资基金管理机构试点了创新创业公司债券，但是受制于主体评级，只有大型国有创投机构受益于此，鲜有民营私募机构发行成功。总体而言，这个领域是否可以借鉴美国小企业管理局管理的SBIC计划，以政府担保债务的方式帮助所投向的中小投资公司进行融资，需要更高监管层面的推动，并协调银行、担保等机构共同推动有关政策的实施。

总体而言，我国创业投资基金的主要资金来源还是政府的财政资金，门槛高、地方为阵，比较缺乏系统性的管理，也未实现类似美国的多元化渠道，养老基金、银行、保险、捐赠、大学基金等资金，均有待各部门给予政策上的进一步梳理和突破。特别对于我国引导基金的发展，可以借鉴以色列YOZMA母基金的运作经验，重点设立国家级创业母基金，在引入政府资金的同时，鼓励以专业的团队管理基金，减少不必要的行政干预，更好地融合政府投资、市场化管理两个要素，提高基金的发起设立、投资管理、到期退出等环节的市场化运作程度。

四、进一步健全税收优惠制度

综合比较美国与我国的创业投资基金税收政策，美国针对创业投资基金的税收优惠政策更为突出，呈现体系化特征，有一套完整的针对创业投资基金的税收政策体系，对于创业投资基金的各个方面，如投资运作、投资退出等，均有法可依；其所得税等税种优惠的覆盖面广，税收激励机制全面。

在“创投国十条”出台后，我国针对创业投资行业也出台了一些税收优惠政策，如财税〔2018〕55 号文、财税〔2019〕8 号文等规定，但整体而言，我国创业投资行业的税收存在税负高、重复征税、纳税方式不合理等问题，具体如下。

其一，有限合伙制基金、公司型基金及契约型基金适用不同的所得税税制，所涉税种、税率差异较大，无论是创业投资基金还是其他类型的基金，都可能因为组织形式的选择不同而导致不同的缴税机制。这其实反映了我国始终以基金的载体作为依据确定纳税方式，并未就私募投资基金建立一个独立的和统一的税收监管体制，导致社会资本通过选择不同的投资载体规避有关税收征管，不利于主管部门的监管。

其二，创业投资基金目前主要采用有限合伙的组织形式，然而涉及有限合伙的相关税制在实操层面存在很多不同的执行口径。如创业投资基金到底按一项目一清的原则计算投资收益和所得额，还是按整体盈亏情况计算所得额，不同税务部门存在一定的差异；又如，合伙企业转让被投资企业股权取得的财产转让，对于个人合伙人视同个体工商户的生产经营所得还是视为财产转让所得，也存在不同理解；再如，合伙企业作为投资人时，底层有限合伙基金的生产经营所得是穿透到顶层合伙企业进行认定，还是将其视为一种对顶层合伙企业的分红所得，各地税务部门也是莫衷一是，这些不统一给创业投资实务界带来很多困惑和不确定性，亟待进一步厘清。

其三，个人投资人通过创业投资企业进行投资的所得税明显高于个人直接投资的所得税。自财税〔2019〕8 号文后，创业投资企业的个人合伙人缴纳税率实行双轨制，可以选择按“单一投资基金核算的，其个人合伙人从该基金应分得的股权转让所得和股息红利所得，按照20%税率计算缴纳个人所得税”，或者选择按“年度所得整体核算的，其个人合伙人应从创投企业取得的所得，按照‘经营所得’项目、5% –35%的超额累进税率计算缴纳个人所得税”。这应该是一个进步，是国家对创业投资企业面临的实际问题作出的积极决策。但是如果选择按单一投资基金核算，即适用20%税率，管理费和业绩报酬并不能作为成本予以扣除，未抵扣部分也不能跨年度进行结转，因此至多只是追平了个人直接进行投资的税收待遇，做到了穿透后的相对公平，并未给予创业投资企业实际的优惠待遇。如果选择按照“经营所得”5% ~35%的超额累进税率核算，又非常容易超过20%的税率，反而不如财税〔2019〕8号文出台前享受的地方税收优惠政策。

其四，增值税的重复征税问题。在财税〔2016〕36号文（部分失效）发布之前，根据《关于股权转让有关营业税问题的通知》第2条的规定："对股权转让不征收营业税。"自2016年5月1日财税〔2016〕36号文实施后，金融业被纳入营业税改征增值税试点范围。根据相关文件的规定，股权转让收入同样也无须缴纳增值税。因此，私募股权基金转让非上市公司股权不属于增值税的征税范围，但私募股权基金如果通过二级市场减持退出，其转让的是二级市场的股票，从性质上讲，上市公司的股权已经变成有价证券，归属于金融商品的范畴，根据财税〔2016〕36号文的相关规定，金融商品转让属于增值税的征税范围，应该缴纳增值税。虽然这部分增值税的基数为转让上市公司股票价格与IPO的首发价格之差，但是因为其本身就作为私募股权基金的合伙人缴纳企业所得税的一部分，合伙基金也并无可抵扣的进项发票，因此存在重复征税的问题，创业投资基金并没有任何特殊待遇。欧美等主要发达国家尚无对创业投资机构的变现环节征收此类流转税的先例。

其五，税务部门要求按单项目而非整个创业投资基金的生命周期来缴纳所得税，导致创业投资基金后期项目投资亏损无法抵扣的问题。创业投资基金的特点是所投优质项目退出较快，其他项目退出较慢，创业投资基金开始退出分配给投资人的款项主要源于好项目，显得利润较高，但在创业投资基金后期，很多项目很难退出也很难破产清算，项目投资亏损难以确认且亏损不能跨年结转，实践中难以取得税务局要求的投资损失备案资料，造成前期因盈利大、缴税多，而后期无法取得投资损失证明，实际亏损的项目却无处弥补的窘境。与此同时，有的年度有项目退出和盈利要缴税，有的年度没有项目退出只有亏损，但选择了按单一投资基金核算方式，不同年度的盈利和亏损却不能互相抵扣，导致同一基金的不同项目，盈利项目缴税，亏损项目却可能无法与盈利项目相抵减，最终多缴纳了税金。

笔者建议，可从如下几个方向考虑我国创业投资企业的税收机制的改革和优化：

第一，税收中性和统一税收监管。我国目前税法对于有限合伙制基金、公司型基金及契约型基金适用不同的税收管理办法，涉及的税种差异较大。公司型基金严格按照公司的体制缴纳增值税、企业所得税，分配时代扣代缴股东个人所得税。而合伙制基金在税制模式上采用了准实体模式，即合伙企业本身无所得税税负，而由其合伙人承担缴纳所得税的义务，但是合伙企业又区别股息红利和生产经营所得，对于生产经营所得需要统一进行收入和成本核算，使其缴税变得更为复杂。契约型基金本身不是一个法律实体，除了增值税之外，既无须缴纳企业所得税，也无须代扣代缴个人所得税，成为募集个人投资人资金时管理机构最偏爱的投资载体。同样都是私募基金，却因为组织形式的选择不同而在缴税方面千差万别，非常不利于行业的发展和监管。笔者建议采取税收中性原则并统一税收监管，避免不同法律形式投资主体之间的税负差异，避免不同性质收入的税率差异。

第二，扩大对于个人合伙人税收政策的优惠力度。创业投资基金是高风险、长周期的行业，却又是拉动实体经济发展的引擎之一，各国政府均对其重点予以扶持，我国目前给予创投基金个人所得税的政策并不能反映对这个领域的特别支持。建议统一创业投资基金的税收方式，无论股息红利还是经营所得，个人合伙人全部按照20%的税率进行纳税，同时允许抵扣基金管理人的管理费和业绩报酬等支出，如果汇算清缴后税收比例可以优惠至15%左右，即个人合伙人的税率低于其直接投向标的公司的个人股东税率时，才能有效引导个人的资金流向创业投资基金，由专业团队进行管理，有效利用社会资本于创业投资行业。

第三，调整对于法人合伙人的税收政策，促使机构投资人投资创业投资基金获得实际优惠。目前的合伙企业缴税机制对于机构投资人仍然存在一些不公平，例如，财政部、国家税务总局《关于合伙企业合伙人所得税问题的通知》第5条规定："合伙企业的合伙人是法人和其他组织的，合伙人在计算其缴纳企业所得税时，不得用合伙企业的亏损抵减其盈利。"因此，合伙企业的亏损对于法人和其他组织而言并不能抵减其盈利。再如，根据《企业所得税法》第26条和《企业所得税法实施条例》第83条的规定，符合条件的居民企业之间的股息、红利等权益性投资收益为免税收入。被投企业的分红如果通过有限合伙基金向法人股东分红，因为合伙企业不属于居民企业，导致法人合伙人需要再次缴纳企业所得税，鲜有地区给予免税待遇。[①] 由此可见，对于法人合伙人的税收政策，无论是亏损可以抵减盈利的政策支持，还是将合伙基金视为透明体可以享受多项政策，我国仍有比较大的调整空间。

第四，建议取消增值税，避免重复征税。目前创业投资基金减持所投资企业的股票所得收益需缴纳增值税及附加，虽然增值税的基数为转让上市公司股票价格与IPO的首发价格之差，但这是在投资人投资收益应缴纳所得税之外加征的。然而，由于创业投资机构本身无生产经营活动，几乎没有抵扣项，造成了重复征税，建议将增值税取消，符合相应的国际惯例。

第五，考虑将税收优惠与投资期限相挂钩，投资时间越长税率越低。中国证监会在2020年3月6日对《创投基金股东减持特别规定》进行了修订，实现了创业投资基金所持股票减持与投资期限反向挂钩的政策，对于创业投资基金而言是非常大的利好，是否可以将此推广到税收领域，以此来鼓励长期创业投资，是可以考虑的一条路径。如美国，创业投资企业投资人所获得的投资期限超过一年的收益分配被认定为"长期资本利得"，享受15%～20%的优惠税率。而短期资本利得，即一年内实现的投资收益，则需和薪酬收入一样，按照普通所得税率交税，最高适用税率达37%。根据美国1202

---

① 根据北京市《关于促进股权投资基金业发展的意见》的规定，合伙制股权基金从被投资企业获得的股息、红利等投资性收益，属于已缴纳企业所得税的税后收益，该收益可按照合伙协议约定直接分配给法人合伙人，其企业所得税按有关政策执行。但这仅为地方性政策，各地执行并不统一。

法案[①]，如非公司制投资者投资符合一定要求的合格小企业超过 5 年，则最高可享受比例达 100% 的资本利得税减免。我国或可参考美国的先进经验，将投资期限的长短与税率反向挂钩，激励长期股权投资。

第六，建议按创业投资基金的生命周期来核算整个税收。不少税务部门要求每个投资项目退出后按项目缴纳相关税收，导致创业投资基金的后期项目投资亏损无法抵扣，不少投资机构要求管理人采用基金减资的方式来避免税务部门认定前期收入为利润而属于投资返本，但是每一次投资人的分配之前需要完成一次减资，相关手续非常复杂，特别对于公司型基金，还需要完成公告等系列手续。如果采用创业投资基金的生命周期来核算整个税收，则可以化解前期单个项目分配马上需要缴税的问题。在创业投资基金没有收回全部投资本金之前，暂不核定为利润，待其收回全部投资本金之后，才代扣代缴个人合伙人所得税或者法人合伙人内部才核定为利润。与此同时，对于创业投资基金后期项目，如有亏损需要进行认定的，仍然需要给予政策支持，允许创业投资基金向税务主管机关自行申报项目损失，提供会计师事务所的鉴证报告，作为创业投资基金确认股权投资损失的合法依据。当然，税务主管机构有权抽查申报材料真实性，并对作假行为实施严厉的惩罚性措施。

总之，若欲达到利用税收政策促进创业投资基金发展之目的，必须建立一套健全的创业投资基金税收政策体系，完善相关创业投资基金方面的法律法规，不仅涉及税收方面，还应制定税收制度促进创业投资基金发展的实施细则，将税收优惠政策落实到位，进一步降低创业投资基金的税负成本。[②]同时，完善其他配套创业投资基金发展的政策，如吸引各类资本投入创业投资基金的政策、疏通创业投资基金退出渠道、加快创投企业成果转化等。创业投资是我国振兴实体经济、完成产业升级的加速器，应得到国家各个部门的特别关注和大力扶持。

---

① 1202 法案，即《小企业股权收益减免法案》（Small Business Stock Gains Exclusion），简称为 Section 1202。

② 参见潘玉香：《美国创业风险投资税收政策演变及其启示》，载《中国科技论坛》2012 年第 7 期。

附：国家级政府引导基金目录

序号	基金名称	基金概况	管理机构	投资领域	存续情况
1	国家科技成果转化引导基金： www. nfttc. org. cn/	2011年，科技部、财政部设立国家科技成果转化引导基金，总规模接近500亿元，主要用于支持转化利用财政资金形成的科技成果。转化基金的支持方式包括设立创业投资子基金、贷款风险补偿和绩效奖励等。 未在基金业协会备案	国家科技成果转化引导基金采用事业单位管理，国家科技风险开发事业中心为其受托管理机构。未在基金业协会登记	国家科技计划、地方科技计划及其他由事业单位产生的新技术、新产品、新工艺、新材料、新装置及其系统等	共参股设立31只子基金
2	国家中小企业发展基金：国家中小企业发展基金有限公司 www. csmedf. com/	2015年，工业和信息化部设立国家中小企业发展基金，基金主要采取“母基金”方式运作，总规模600亿元，旨在通过中央财政撬动社会资本，共同支持中小企业发展。 已在基金业协会备案	基金由本基金理事会管理。理事会由财政部、工业和信息化部、科技部、国家发改委、国家工商行政管理总局（现为国家市场监督管理总局）五部委组成。已在基金业协会登记	重点支持种子期、初创期成长型中小企业。不限投资区域，也不限产业领域	已完成2只子基金的注册设立及首期出资

续表

序号	基金名称	基金概况	管理机构	投资领域	存续情况
3	国家新兴产业创业投资引导基金： 盈富泰克国家新兴产业创业投资引导基金（有限合伙） www. infovc. com/ 中金启元国家新兴产业创业投资引导基金（有限合伙） www. qcc. com/firm/a0839566b03f0fbc758739a8824d9409. html 国投创合国家新兴产业创业投资引导基金（有限合伙） www. sdicfof. com/gtch/index. htm	2015 年 1 月，为促进大众创业，万众创新，实现产业升级，国家发改委、财政部决定设立国家新兴产业创业投资引导基金，总规模 400 亿元。 中金启元国家新兴产业创业投资引导基金（有限合伙）未在基金业协会备案，其他两只已备案	盈富泰克（深圳）新兴产业投资基金管理有限公司、中金佳成投资管理有限公司、国投创合（北京）基金管理有限公司，均已在基金业协会登记	主要投资于发展前景广阔的新兴产业，重点支持新兴产业领域最具创新活力的早中期、初创期创新型企业成长壮大	3 只引导基金仍处于投资期，共参股设立 170 只子基金、21 个投资项目
4	中国国有企业结构调整基金： 中国国有企业结构调整基金股份有限公司 www. cctfund. cn	2016 年 9 月，受国资委委托，中国诚通牵头发起成立中国国有企业结构调整基金。基金总规模为 3500 亿元，首期募集资金 1310 亿元。主要承担优化国有经济布局结构调整、提升产业集中度、提高国有资本运营效率等重大使命。 已在基金业协会备案	诚通基金管理有限公司，已在基金业协会登记	重点支持中央企业及国有骨干企业产业布局优化、转型升级、专业化整合、国际化经营等项目	已经投资 30 只子基金、45 个项目，投资规模接近 400 亿元

续表

序号	基金名称	基金概况	管理机构	投资领域	存续情况
5	中国国有资本风险投资基金： 中国国有资本风险投资基金股份有限公司 www. qcc. com/firm/f1991a392d2778833a8d3a34c5570520. html	2016 年 8 月，为促进中央企业间合作，助力大众创业、万众创新。经国资委批准，中国国有资本风险投资基金成立，总规模 2000 亿元，一期 1024 亿元。 已在基金业协会备案	国新风险投资管理（深圳）有限公司，已在基金业协会登记	重点投资于技术创新、产业升级项目，积极支持小微企业创新发展	已经投资 27 只子基金、17 个项目
6	国新国同基金： 国新国同（浙江）投资基金合伙企业（有限合伙） www. qcc. com/firm/deab728ce8e95989674a03395f5b23fa. html	2016 年 11 月，由国资委批准，国新国同基金成立，总规模 1500 亿元，为中国企业参与“一带一路”建设、促进国际产能和装备制造合作及开展国际投资并购等提供人民币资金和专业支持。 已在基金业协会备案	国新国控（杭州）投资管理有限公司，已在基金业协会登记	支持央企开展国际产能合作、重大国际工程承包、高端制造领域国际并购	已经投资 9 只子基金、10 个项目
7	中央企业国创投资引导基金： 国创投资引导基金（有限合伙） www. qcc. com/firm/84e0b1e33fd1889117a76fa678068527. html	2017 年 5 月 16 日，为贯彻落实国务院《关于加快实施创新驱动发展战略　进一步推进大众创业万众创新深入发展意见》，促进中央企业科技创新及新兴产业发展，国创基金在国资委的指导下，由航天投资控股有限公司代表发起设立，首期规模 1139 亿元。 已在基金业协会备案	国创基金管理有限公司，已在基金业协会登记	专注于航天、核能、船舶等军民融合产业，以及高铁、先进电网装备、新一代信息技术、清洁能源、新能源汽车等产业，并对量子通信、3D 打印、机器人、石墨烯、碳纤维、高温合金、高强轻质合金、生物医药、节能环保等一批中央企业优质项目提供支持	已经投资 5 只子基金、7 个项目

续表

序号	基金名称	基金概况	管理机构	投资领域	存续情况
8	国家集成电路产业投资基金： 国家集成电路产业投资基金股份有限公司 www.qcc.com/firm/c422654c2cc68b420f326abf6e9cd8da.html	2014年9月24日，为促进集成电路产业发展，财政部、国开金融等企业发起成立国家集成电路产业投资基金，采用公司制形式，首期规模为987.20亿元。 已在基金业协会备案	华芯投资管理有限责任公司，已在基金业协会登记	重点投资集成电路芯片制造业，兼顾芯片设计、封装测试、设备和材料等产业	基金第二期于2019年7月已募集完成。已经投资14只子基金、67个项目
9	军民融合发展基金： 国家军民融合产业投资基金有限责任公司 www.tianyancha.com/company/2358493344	2016年9月，为落实军民融合发展国家战略，带动各类社会资本进入该领域，推动军民融合取得实质性进展，经中央军民融合发展委员会办公室同意，国家发改委与国投集团共同牵头发起设立首支国家级的军民融合基金，基金总规模1000亿元，首期规模100亿元。 已在基金业协会备案	惠华基金管理有限公司，已在基金业协会登记	重点支持保军类项目，聚焦“民参军”重点细分领域，重点关注信息化、高端装备制造、新材料三个方向；积极参与军工企业混改和科研院所改制；针对军工领域急需核心技术进行投资	已经投资10只子基金、15个项目

续表

序号	基金名称	基金概况	管理机构	投资领域	存续情况
10	国家服务贸易创新发展引导基金： 服务贸易创新发展引导基金（有限合伙） www. qcc. com/firm/5eb4657d9402765cd8469670fa08d774. html	2018 年 1 月 5 日，为贯彻落实党的十九大关于推动形成全面开放新格局推进贸易强国建设和中央经济工作会议关于大力发展服务贸易的精神，经国务院批准，服务贸易创新发展引导基金由财政部、商务部、招商局资本管理有限责任公司共同发起，中央财政引导社会资金出资设立。总规模超过 300 亿元，首期基金 100. 08 亿元。 已在基金业协会备案	招商局资本管理（北京）有限公司负责管理服贸基金，已在基金业协会登记。投资决策委员会进行投资决策	一是增资和新设投资于服务贸易相关领域，二是安排部分资金用于直接投资符合一定条件的服务贸易企业	已完成首期资金的认缴工作。已经投资 16 只子基金、9 个项目
11	国家战略性新兴产业发展基金： 建信领航战略性新兴产业发展基金（有限合伙） www. qcc. com/firm/ebec7dd7ae5e2dd20ab93f8aa05c3c7b. html	2018 年 6 月 12 日，国家发改委与中国建设银行以支持战略性新兴产业发展壮大为目标，共同发起设立国家级战略性新兴产业发展基金，基金目标规模约 3000 亿元。 已在基金业协会备案	建信股权投资管理有限责任公司，已在基金业协会登记。基金托管方为中国建设银行	新一代信息技术、高端装备、新材料、生物、新能源汽车、新能源、节能环保和数字创意等战略性新兴产业领域，支持战略性新兴产业重大工程建设	该基金目前处于筹备募资阶段，存续

续表

序号	基金名称	基金概况	管理机构	投资领域	存续情况
12	中国农垦产业发展基金： 中国农垦产业发展基金（有限合伙） www.qcc.com/firm/d04de8ad93cad4079883d4770c710aae.html	服务于党的十九大提出的中央乡村振兴战略，2017年11月10日，财政部牵头筹建中国农垦产业发展基金，重点支持全国大型垦区农业企业的改革发展，助推农垦行业龙头企业做大做强，首期规模100亿元。 已在基金业协会备案	招垦资本管理（北京）有限公司，已在基金业协会登记	紧密围绕全国农垦系统内优质资产及其相关上下游产业	发展基金已投资4.5亿元。已经投资4只子基金、7个项目
13	国家制造业转型升级基金： 国家制造业转型升级基金股份有限公司 www.qcc.com/firm/6bd99a14b52deb1653234429f82a23f8.html	为推动国家制造业转型升级，2019年11月18日，中国中车股份有限公司共19位股东参与、财政部等共同发起设立。转型基金注册资本1472亿元。 已在基金业协会备案	本基金公司董事会，已在基金业协会登记	新材料、新一代信息技术、电力装备等领域成长期、成熟期企业	已经投资14只子基金
14	国创母基金： 国创开元股权投资基金（有限合伙） www.qcc.com/firm/5c549e01bf369830c1ccf00e5934b843.html 国创元禾创业投资基金（有限合伙） www.qcc.com/firm/c5cee00608746638fbb41853aeb51453.html	2010年12月22日，由国家开发银行全资子公司国开金融有限责任公司和前苏州创业投资集团（现元禾控股）共同发起设立。PE板块名为国创开元股权投资基金，首期规模100亿元，由国开金融为主进行管理；VC板块名为国创元禾创业投资基金，首期规模30.1亿元。 已在基金业协会备案	国开开元股权投资基金管理有限公司、苏州工业园区元禾辰坤股权投资基金管理中心（有限合伙），已在基金业协会登记	PE：产业整合、并购重组的股权投资基金；VC：专注早期和成长期投资的创投基金	已经举行国创母基金（二期）签约仪式。已经投资共68只子基金

续表

序号	基金名称	基金概况	管理机构	投资领域	存续情况
15	科技型中小企业创业投资引导基金： 中科院科技成果转化创业投资基金（武汉）合伙企业（有限合伙） www. cnwhkjtz. com/subfundsshow. html? Sid = 1347	2013 年，国开金融出资设立科技型中小企业创业投资引导基金，总规模 200 亿元，来源为从所支持的创业投资机构回收的资金和社会捐赠的资金。 已在基金业协会备案	中科院创业投资管理有限公司，已在基金业协会登记	在中国境内从事创业投资的创业投资企业、创业投资管理企业、具有投资功能的中小企业服务机构，及初创期科技型中小企业	首批 6 家引导基金阶段参股项目的资金退出收缴工作顺利完成。已经投资 23 只子基金、17 个项目
16	国家军民融合产业投资基金： 军民融合发展产业投资基金（有限合伙） www. qcc. com/firm/71fc5113d47f5ae142959b4efcbf7f41. html	2018 年年底，为落实军民融合发展国家战略，带动各类社会资本进入该领域，推动军民融合取得实质性进展，经中央军民融合发展委员会办公室同意，国家发改委与国投集团共同牵头发起设立首支国家级的军民融合基金，基金总规模 1000 亿元，首期规模 100 亿元。 已在基金业协会备案	国投创合（上海）投资管理有限公司，已在基金业协会登记	军民融合产业中具有核心专利、技术的优质企业或具有广阔技术应用前景的成长期、成熟期高科技企业，兼顾初创期企业以及军民科技成果推广应用项目，作为母基金发起设立或参股地方政府、其他企业设立的军民融合产业投资基金等	现基金已实际到位 112 亿元。已经投资 11 只子基金、9 个项目

续表

序号	基金名称	基金概况	管理机构	投资领域	存续情况
17	国协一期股权投资基金：深圳市国协一期股权投资基金合伙企业（有限合伙）www. qcc. com/firm/b85fe373c4209513e5df4bb1d67d11d3. html	为保障央企在经济增长的同时高效率高质量地国际化、“走出去”，2016 年 11 月 18 日，招商局资本投资有限责任公司在国资委的指导下发起设立国协一期股权投资基金，基金总规模 300 亿元。 已在基金业协会备案	深圳市招商国协壹号股权投资基金管理有限公司，已在基金业协会登记	能带来稳定现金流、高成长特性的企业股权或资产：物流园区开发和现代物流、基础设施与城市建设、金融特殊资产、新能源与节能环保、高端装备与精密制造、信息技术、医药医疗与生物科技、文化传媒与新型消费	已经投资 7 只子基金、5 个项目
18	国新央企运营基金：国新央企运营（广州）投资基金（有限合伙）www. qcc. com/firm/ab388b59243822eef2968f3497f811b7. html	2017 年 4 月 13 日，国新央企运营基金由中国国新控股有限责任公司发起设立，承担探索国有资本运营公司试点任务。基金总规模 1500 亿元，首期规模 500 亿元，围绕中央企业瘦身健体、提质增效及国有企业深化改革的重要任务开展工作。 已在基金业协会备案	国新央企运营投资国新央企运营投资基金管理（广州）有限公司，已在基金业协会登记	关系国家安全、国民经济命脉的重要行业和关键领域、前瞻性战略性产业和具有核心竞争力的优势企业	已经投资 1 只子基金、9 个项目

注：存续情况数据源于天眼查网站，数据截至 2021 年 4 月 2 日。

附录

创业投资基金募集及运作的法律法规

序号	法律法规	发文时间	发文机关	是否附后
一、募集设立				
1	《中华人民共和国合伙企业法》	1997 年 2 月 23 日发布，2006 年 8 月 27 日修订	全国人民代表大会常务委员会	否
2	《中华人民共和国证券投资基金法》	2003 年 10 月 28 日发布，2012 年 12 月 28 日修订，2015 年 4 月 24 日	全国人民代表大会常务委员会	否
3	《国务院办公厅转发发展改革委等部门关于创业投资引导基金规范设立与运作指导意见的通知》（国办发〔2008〕116 号）	2008 年 10 月 18 日	国务院办公厅	是
4	《国务院关于促进创业投资持续健康发展的若干意见》（国发〔2016〕53 号）	2016 年 9 月 16 日	国务院	是
5	《创业投资企业管理暂行办法》	2005 年 11 月 15 日	国家发展和改革委员会、科学技术部、财政部、商务部、中国人民银行、国家税务总局、国家工商行政管理总局（已撤销）、中国银行业监督管理委员会（已撤销）、中国证券监督管理委员会、国家外汇管理局	是

续表

序号	法律法规	发文时间	发文机关	是否附后
6	《外商投资创业投资企业管理规定》	2003 年 1 月 30 日发布，2015 年 10 月 28 日修正	商务部	是
7	《国家发展改革委办公厅关于做好创业投资企业备案申请受理工作的通知》（发改办财金［2006］774 号）	2006 年 4 月 17 日	国家发展和改革委员会	是
8	《私募投资基金管理人登记和基金备案办法（试行）》（中基协发［2014］1 号）	2014 年 1 月 17 日	中国证券投资基金业协会	否
9	《私募投资基金监督管理暂行办法》	2014 年 8 月 21 日	中国证券监督管理委员会	否
10	《中国证监会关于开展创新创业公司债券试点的指导意见》（中国证券监督管理委员会公告〔2017〕10 号）	2017 年 7 月 4 日	中国证券监督管理委员会	是
11	《关于加强私募投资基金监督管理的若干规定》（中国证券监督管理委员会公告〔2020〕71 号）	2020 年 12 月 30 日	中国证券监督管理委员会	否
二、投资运作				
12	《发展改革委、人民银行、财政部、银保监会、证监会、外汇局关于进一步明确规范金融机构资产管理产品投资创业投资基金和政府出资产业投资基金有关事项的通知》（发改财金规〔2019〕1638 号）	2019 年 10 月 19 日	国家发展和改革委员会、中国人民银行、财政部、中国银行保险监督管理委员会、中国证券监督管理委员会、国家外汇管理局	是
13	《中国保监会关于保险资金投资创业投资基金有关事项的通知》（保监发〔2014〕101 号）	2014 年 12 月 12 日	中国保险监督管理委员会（已撤销）	是

续表

序号	法律法规	发文时间	发文机关	是否附后
14	《中国人民银行、中国银行业保险监督管理委员会、中国证券监督管理委员会、国家外汇管理局关于规范金融机构资产管理业务的指导意见》	2018年4月27日	中国人民银行、中国银行保险监督管理委员会、中国证券监督管理委员会、国家外汇管理局	否
三、减持退出				
15	《上市公司股东、董监高减持股份的若干规定》（中国证券监督管理委员会公告〔2017〕9号）	2017年5月26日	中国证券监督管理委员会	否
16	《发行监管问答——关于首发企业中创业投资基金股东的锁定期安排》	2017年6月2日	中国证券监督管理委员会	是
17	《私募基金监管问答——关于首发企业中创业投资基金股东的认定标准》	2017年6月2日	中国证券监督管理委员会	是
18	《上市公司创业投资基金股东减持股份的特别规定》（中国证券监督管理委员会公告〔2020〕17号）	2020年3月6日	中国证券监督管理委员会	是
19	《股票质押式回购交易及登记结算业务办法》（上证发〔2018〕4号）	2018年1月12日	上海证券交易所、中国证券登记结算有限责任公司	否
20	《股票质押式回购交易及登记结算业务办法》（深证会〔2018〕27号）	2018年3月12日	深圳证券交易所、中国证券登记结算有限责任公司	否
21	《上海证券交易所上市公司创业投资基金股东减持股份实施细则》（上证发〔2020〕14号）	2020年3月6日	上海证券交易所	否

续表

序号	法律法规	发文时间	发文机关	是否附后
22	《深圳证券交易所上市公司创业投资基金股东减持股份实施细则》（深证上〔2020〕143 号）	2020 年 3 月 6 日	深圳证券交易所	否
四、税收政策				
23	《财政部、税务总局、发展改革委、证监会关于创业投资企业个人合伙人所得税政策问题的通知》（财税〔2019〕8 号）	2019 年 1 月 10 日	财政部、国家税务总局、国家发展和改革委员会、中国证券监督管理委员会	是
24	《财政部、税务总局关于创业投资企业和天使投资个人有关税收政策的通知》（财税〔2018〕55 号）	2018 年 5 月 14 日	财政部、国家税务总局	是
25	《国家税务总局关于实施创业投资企业所得税优惠问题的通知》（国税发〔2009〕87 号）（部分失效）	2009 年 4 月 30 日	国家税务总局	是
26	《国家税务总局关于有限合伙制创业投资企业法人合伙人企业所得税有关问题的公告》（国家税务总局公告 2015 年第 81 号）	2015 年 11 月 16 日	国家税务总局	是
27	《国家税务总局关于创业投资企业和天使投资个人税收政策有关问题的公告》（国家税务总局公告 2018 年第 43 号）	2018 年 7 月 30 日	国家税务总局	是
28	《私募基金监管问答——关于享受税收政策的创业投资基金标准及申请流程》	2019 年 4 月 19 日	中国证券监督管理委员会	是

一、募集设立

国务院办公厅转发发展改革委等部门关于创业投资引导基金规范设立与运作指导意见的通知

（国办发〔2008〕116 号）

各省、自治区、直辖市人民政府，国务院各部委、各直属机构：

发展改革委、财政部、商务部《关于创业投资引导基金规范设立与运作的指导意见》已经国务院同意，现转发给你们，请认真贯彻执行。

国务院办公厅

二〇〇八年十月十八日

关于创业投资引导基金规范设立与运作的指导意见

发展改革委　财政部　商务部

为贯彻《国务院关于实施〈国家中长期科学和技术发展规划纲要（2006—2020 年）〉若干配套政策的通知》（国发〔2006〕6 号）精神，配合《创业投资企业管理暂行办法》（发展改革委等十部委令 2005 年第 39 号）实施，促进创业投资引导基金（以下简称引导基金）的规范设立与运作，扶持创业投资企业发展，现提出如下意见：

一、引导基金的性质与宗旨

引导基金是由政府设立并按市场化方式运作的政策性基金，主要通过扶持创业投资企业发展，引导社会资金进入创业投资领域。引导基金本身不直接从事创业投资业务。

引导基金的宗旨是发挥财政资金的杠杆放大效应，增加创业投资资本的供给，克服单纯通过市场配置创业投资资本的市场失灵问题。特别是通过鼓励创业投资企业投资处于种子期、起步期等创业早期的企业，弥补一般创业投资企业主要投资于成长期、成熟期和重建企业的不足。

二、引导基金的设立与资金来源

地市级以上人民政府有关部门可以根据创业投资发展的需要和财力状况设立引导基金。其设立程序为：由负责推进创业投资发展的有关部门和财政部门共同提出设立引导基金的可行性方案，报同级人民政府批准后设立。各地应结合本地实际情况制订和不断完善引导基金管理办法，管理办法由财政部门和负责推进创业投资发展的有关部门共同研究提出。

引导基金应以独立事业法人的形式设立，由有关部门任命或派出人员组成的理事会行使决策管理职责，并对外行使引导基金的权益和承担相应义务与责任。

引导基金的资金来源：支持创业投资企业发展的财政性专项资金；引导基金的投资收益与担保收益；闲置资金存放银行或购买国债所得的利息收益；个人、企业或社会机构无偿捐赠的资金等。

三、引导基金的运作原则与方式

引导基金应按照“政府引导、市场运作，科学决策、防范风险”的原则进行投资运作，扶持对象主要是按照《创业投资企业管理暂行办法》规定程序备案的在中国境内设立的各类创业投资企业。在扶持创业投资企业设立与发展的过程中，要创新管理模式，实现政府政策意图和所扶持创业投资企业按市场原则运作的有效结合；要探索建立科学合理的决策、考核机制，有效防范风险，实现引导基金自身的可持续发展；引导基金不用于市场已经充分竞争的领域，不与市场争利。

引导基金的运作方式：（一）参股。引导基金主要通过参股方式，吸引社会资本共同发起设立创业投资企业。（二）融资担保。根据信贷征信机构提供的信用报告，对历史信用记录良好的创业投资企业，可采取提供融资担保方式，支持其通过债权融资增强投资能力。（三）跟进投资或其他方式。产业导向或区域导向较强的引导基金，可探索通过跟进投资或其他方式，支持创业投资企业发展并引导其投资方向。其中，跟进投资仅限于当创业投资企业投资创业早期企业或需要政府重点扶持和鼓励的高新技术等产业领域的创业企业时，引导基金可以按适当股权比例向该创业企业投资，但不得以

“跟进投资”之名，直接从事创业投资运作业务，而应发挥商业性创业投资企业发现投资项目、评估投资项目和实施投资管理的作用。

引导基金所扶持的创业投资企业，应当在其公司章程或有限合伙协议等法律文件中，规定以一定比例资金投资于创业早期企业或需要政府重点扶持和鼓励的高新技术等产业领域的创业企业。引导基金应当监督所扶持创业投资企业按照规定的投资方向进行投资运作，但不干预所扶持创业投资企业的日常管理。引导基金不担任所扶持公司型创业投资企业的受托管理机构或有限合伙型创业投资企业的普通合伙人，不参与投资设立创业投资管理企业。

四、引导基金的管理

引导基金应当遵照国家有关预算和财务管理制度的规定，建立完善的内部管理制度和外部监管与监督制度。引导基金可以专设管理机构负责引导基金的日常管理与运作事务，也可委托符合资质条件的管理机构负责引导基金的日常管理与运作事务。

引导基金受托管理机构应当符合下列资质条件：（1）具有独立法人资格；（2）其管理团队具有一定的从业经验，具有较高的政策水平和管理水平；（3）最近3年以上持续保持良好的财务状况；（4）没有受过行政主管机关或者司法机关重大处罚的不良纪录；（5）严格按委托协议管理引导基金资产。

引导基金应当设立独立的评审委员会，对引导基金支持方案进行独立评审，以确保引导基金决策的民主性和科学性。评审委员会成员由政府有关部门、创业投资行业自律组织的代表以及社会专家组成，成员人数应当为单数。其中，创业投资行业自律组织的代表和社会专家不得少于半数。引导基金拟扶持项目单位的人员不得作为评审委员会成员参与对拟扶持项目的评审。引导基金理事会根据评审委员会的评审结果，对拟扶持项目进行决策。

引导基金应当建立项目公示制度，接受社会对引导基金的监督，确保引导基金运作的公开性。

五、对引导基金的监管与指导

引导基金纳入公共财政考核评价体系。财政部门和负责推进创业投资发展的有关部门对所设立引导基金实施监管与指导，按照公共性原则，对引导基金建立有效的绩效考核制度，定期对引导基金政策目标、政策效果及其资产情况进行评估。

引导基金理事会应当定期向财政部门和负责推进创业投资发展的有关部门报告运作情况。运作过程中的重大事件及时报告。

六、引导基金的风险控制

应通过制订引导基金章程，明确引导基金运作、决策及管理的具体程序和规定，以及申请引导基金扶持的相关条件。申请引导基金扶持的创业投资企业，应当建立健全业绩激励机制和风险约束机制，其高级管理人员或其管理顾问机构的高级管理人员应当已经取得良好管理业绩。

引导基金章程应当具体规定引导基金对单个创业投资企业的支持额度以及风险控制制度。以参股方式发起设立创业投资企业的，可在符合相关法律法规规定的前提下，事先通过公司章程或有限合伙协议约定引导基金的优先分配权和优先清偿权，以最大限度控制引导基金的资产风险。以提供融资担保方式和跟进投资方式支持创业投资企业的，引导基金应加强对所支持创业投资企业的资金使用监管，防范财务风险。

引导基金不得用于从事贷款或股票、期货、房地产、基金、企业债券、金融衍生品等投资以及用于赞助、捐赠等支出。闲置资金只能存放银行或购买国债。

引导基金的闲置资金以及投资形成的各种资产及权益，应当按照国家有关财务规章制度进行管理。引导基金投资形成股权的退出，应按照公共财政的原则和引导基金的运作要求，确定退出方式及退出价格。

七、指导意见的组织实施

本指导意见发布后，新设立的引导基金应遵循本指导意见进行设立和运作，已设立的引导基金应按照本指导意见逐步规范运作。

国务院关于促进创业投资持续健康发展的若干意见

（国发〔2016〕53号）

各省、自治区、直辖市人民政府，国务院各部委、各直属机构：

创业投资是实现技术、资本、人才、管理等创新要素与创业企业有效结合的投融资方式，是推动大众创业、万众创新的重要资本力量，是促进科技创新成果转化的助推器，是落实新发展理念、实施创新驱动发展战略、推进供给侧结构性改革、培育发展新动能和稳增长、扩就业的重要举措。近年来，我国创业投资快速发展，不仅拓宽了创业企业投融资渠道、促进了经济结构调整和产业转型升级，增强了经济发展新动能，也提高了直接融资比重、拉动了民间投资服务实体经济，激发了创业创新、促进了就业增长。但同时也面临着法律法规和政策环境不完善、监管体制和行业信用体系建设滞后等问题，存在一些投资“泡沫化”现象以及非法集资风险隐患。按照党中央、国务院的决策部署，为进一步促进创业投资持续健康发展，现提出以下意见。

一、总体要求

创业投资是指向处于创建或重建过程中的未上市成长性创业企业进行股权投资，以期所投资创业企业发育成熟或相对成熟后，主要通过股权转让获取资本增值收益的投资方式。天使投资是指除被投资企业职员及其家庭成员和直系亲属以外的个人以其自有资金直接开展的创业投资活动。发展包括天使投资在内的各类创业投资，应坚持以下总体要求：

（一）指导思想。

牢固树立和贯彻落实创新、协调、绿色、开放、共享的发展理念，着力推进供给侧结构性改革，深入实施创新驱动发展战略，大力推进大众创业万众创新，使市场在资源配置中起决定性作用和更好发挥政府作用，进一步深化简政放权、放管结合、优化服务改革，不断完善体制机制，健全政策措施，加强统筹协调和事中事后监管，构建促进创业投资发展的制度环境、市场环境和生态环境，加快形成有利于创业投资发展的良好氛围和“创业、创新+创投”的协同互动发展格局，进一步扩大创业投资规模，促进创业投资做大做强做优，培育一批具有国际影响力和竞争力的中国创业投资品牌，推动我国创业投资行业跻身世界先进行列。

（二）基本原则。

一是坚持服务实体。创业投资是改善投资结构、增加有效投资的重要手段。要进一步深化简政放权、放管结合、优化服务改革，创新监管方式，既要重视发挥大企业的骨干作用，也要通过创业投资激发广大中小企业的创造力和活力。以支持实体经济发展、助力创业企业发展为本，引导创业投资企业和创业投资管理企业秉承价值投资理念，鼓励长期投资和价值投资，防范和化解投资估值“泡沫化”可能引发的市场风险，积极应对新动能成长过程中对传统产业和行业可能造成的冲击，妥善处理好各种矛盾，加大对实体经济支持的力度，增强可持续性，构建“实体创投”投资环境。

二是坚持专业运作。以市场为导向，充分调动民间投资和市场主体的积极性，发挥市场规则作用，激发民间创新模式，防止同质化竞争。鼓励创业投资企业和创业投资管理企业从自身独特优势出发，强化专业化投资理念和投资策略，深化内部体制机制创新，加强对投资项目的投后管理和增值服务，不断提高创业投资行业专业化运作和管理水平，夯实“专业创投”运行基础。

三是坚持信用为本。以诚信为兴业之本、发展之基，加强创业投资行业信用体系建设，建立和完善守信联合激励和失信联合惩戒制度，促进创业投资企业和创业投资管理企业诚信守法，忠实履行对投资者的诚信义务，创建“信用创投”发展环境。

四是坚持社会责任。围绕推进创新型国家建设、支持大众创业万众创新、促进经济结构调整和产业转型升级的使命和社会责任，推动创业投资行业严格按照国家有关法律法规和相关产业政策开展投资运营活动，按照市场化、法治化原则，促进创业投资良性竞争和绿色发展，共同维护良好市场秩序，树立“责任创投”价值理念。

二、培育多元创业投资主体

（三）加快培育形成各具特色、充满活力的创业投资机构体系。鼓励各类机构投资者和个人依法设立公司型、合伙型创业投资企业。鼓励行业骨干企业、创业孵化器、产业（技术）创新中心、创业服务中心、保险资产管理机构等创业创新资源丰富的相关机构参与创业投资。鼓励具有资本实力和管理经验的个人通过依法设立一人公司从事创业投资活动。鼓励和规范发展市场化运作、专业化管理的创业投资母基金。（国家发展改革委、科技部、工业和信息化部、人力资源社会保障部、商务部、国务院国资委、工商总局、银监会、证监会、保监会按职责分工负责）

（四）积极鼓励包括天使投资人在内的各类个人从事创业投资活动。鼓励成立公益性天使投资人联盟等各类平台组织，培育和壮大天使投资人群体，促进天使投资人与创业企业及创业投资企业的信息交流与合作，营造良好的天使投资氛围，推动天使投资事业发展。规范发展互联网股权融资平台，为各类个人直接投资创业企业提供信息和技术服务。（国家发展改革委、科技部、证监会按职责分工负责）

三、多渠道拓宽创业投资资金来源

（五）大力培育和发展合格投资者。在风险可控、安全流动的前提下，支持中央企业、地方国有企业、保险公司、大学基金等各类机构投资者投资创业投资企业和创业投资母基金。鼓励信托公司遵循价值投资和长期投资理念，充分发挥既能进行创业投资又能发放贷款的优势，积极探索新产品、新模式，为创业企业提供综合化、个性化金融和投融资服务。培育合格个人投资者，支持具有风险识别和风险承受能力的个人参与投资创业投资企业。（国家发展改革委、财政部、国务院国资委、银监会、证监会、保监会按职责分工负责）

（六）建立股权债权等联动机制。按照依法合规、风险可控、商业可持续的原则，建立创业投资企业与各类金融机构长期性、市场化合作机制，进一步降低商业保险资金进入创业投资领域的门槛，推动发展投贷联动、投保联动、投债联动等新模式，不断加大对创业投资企业的投融资支持。加强“防火墙”相关制度建设，有效防范道德风险。支持银行业金融机构积极稳妥开展并购贷款业务，提高对创业企业兼并重组的金融服务水平。完善银行业金融机构投贷联动机制，稳妥有序推进投贷联动业务试点，推动投贷联动金融服务模式创新。支持创业投资企业及其股东依法依规发行企业债券和其他债务融资工具融资，增强投资能力。（国家发展改革委、科技部、人民银行、银监会、证监会、保监会按职责分工负责）

四、加强政府引导和政策扶持

（七）完善创业投资税收政策。按照税收中性、税收公平原则和税制改革方向与要求，统筹研究鼓励创业投资企业和天使投资人投资种子期、初创期等科技型企业的税收支持政策，进一步完善创业投资企业投资抵扣税收优惠政策，研究开展天使投资人个人所得税政策试点工作。（国家发展改革委、科技部、财政部、商务部、税务总局、证监会按职责分工负责）

（八）建立创业投资与政府项目对接机制。在全面创新改革试验区域、双创示范基地、国家高新区、国家自主创新示范区、产业（技术）创新中心、科技企业孵化器、众创空间等，开放项目（企业）资源，充分利用政府项目资源优势，搭建创业投资与企业信息共享平台，打通创业资本和项目之间的通道，引导创业投资企业投资于国家科技计划（专项、基金等）形成科技成果的转化。挖掘农业领域创业投资潜力，依托农村产业融合发展园区、农业产业化示范基地、农民工返乡创业园等，通过发展第二、三产业，改造提升第一产业。有关方面要配合做好项目对接和服务。（国家发展改革委、科技部、工业和信息化部、农业部、商务部按职责分工负责）

（九）研究鼓励长期投资的政策措施。倡导长期投资和价值投资理念，研究对专注于长期投资和价值投资的创业投资企业在企业债券发行、引导基金扶持、政府项目对接、市场化退出等方面给予必要的政策支持。研究建立所投资企业上市解禁期与上市前投资期限长短反向挂钩的制度安排。（国家发展改革委、科技部、财政部、人民银行、证监会按职责分工负责）

（十）发挥政府资金的引导作用。充分发挥政府设立的创业投资引导基金作用，加强规范管理，加大力度培育新的经济增长点，促进就业增长。充分发挥国家新兴产业创业投资引导基金、国家中小企业发展基金、国家科技成果转化引导基金等已设立基金的作用。对于已设立基金未覆盖且需要政府引导支持的领域，鼓励有条件的地方按照“政府引导、市场化运作”原则推动设立创业投资引导基金，发挥财政资金的引导和聚集放大作用，引导民间投资等社会资本投入。进一步提高创业投资引导基金市场化运作效率，促进政策目标实现，维护出资人权益。鼓励创业投资引导基金注资市场化母基金，由专业化创业投资管理机构受托管理引导基金。综合运用参股基金、联合投资、融资担保、政府出资适当让利于社会出资等多种方式，进一步发挥政府资金在引导民间投资、扩大直接融资、弥补市场失灵等方面的作用。建立并完善创业投资引导基金中政府出资的绩效评价制度。（国家发展改革委、科技部、工业和信息化部、财政部按职责分工负责）

五、完善创业投资相关法律法规

（十一）构建符合创业投资行业特点的法制环境。进一步完善促进创业投资发展相关法律法规，研究推动相关立法工作，推动完善公司法和合伙企业法。完善创业投资相关管理制度，推动私募投资基金管理暂行条例尽快出台，对创业投资企业和创业投资管理企业实行差异化监管和行业自律。完善外商投资创业投资企业管理制度。（国家发展改革委、商务部、证监会按职责分工负责）

（十二）落实和完善国有创业投资管理制度。鼓励国有企业集众智，开拓广阔市场空间，增强国有企业竞争力。支持有需求、有条件的国有企业依法依规、按照市场化方式设立或参股创业投资企业和创业投资母基金。强化国有创业投资企业对种子期、初创期等创业企业的支持，鼓励国有创业投资企业追求长期投资收益。健全符合创业投资行业特点和发展规律的国有创业投资管理体制，完善国有创业投资企业的监督考核、激励约束机制和股权转让方式，形成鼓励创业、宽容失败的国有创业投资生态环境。支持具备条件的国有创业投资企业开展混合所有制改革试点，探索国有创业投资企业和创业投资管理企业核心团队持股和跟投。探索地方政府融资平台公司转型升级为创业投资企业。依法依规豁免国有创业投资企业和国有创业投资引导基金国有股转持义务。（国家发展改革委、财政部、国务院国资委、证监会按职责分工负责）

六、进一步完善创业投资退出机制

（十三）拓宽创业投资市场化退出渠道。充分发挥主板、创业板、全国中小企业股份转让系统以及区域性股权市场功能，畅通创业投资市场化退出渠道。完善全国中小企业股份转让系统交易机制，改善市场流动性。支持机构间私募产品报价与服务系统、证券公司柜台市场开展直接融资业务。鼓励创业投资以并购重组等方式实现市场化退出，规范发展专业化并购基金。（证监会牵头负责）

七、优化创业投资市场环境

（十四）优化监管环境。实施更多的普惠性支持政策措施，营造公平竞争的发展环境，深化简政放权、放管结合、优化服务改革，搞好服务，激发活力。坚持适度监管、差异监管和统一功能监管，创新监管方式，有效防范系统性区域性风险。对创业投资企业在行业管理、备案登记等方面采取与其他私募基金区别对待的差异化监管政策，建立适应创业投资行业特点的宽市场准入、重事中事后监管的适度而有效的监管体制。加强信息披露和风险揭示，引导创业投资企业建立以实体投资、价值投资和长期投资为导向的合理的投资估值机制。对不进行实业投资、从事上市公司股票交易、助推投资泡沫及其他扰乱市场秩序的创业投资企业建立清查清退制度。建立行业规范，强化创业投资企业内控机制、合规管理和风险管理机制。加强投资者保护，特别是要进一步完善产权保护制度，依法保护产权和投资者合法经营、合法权益和合法财产。加强投资者教育，相关投资者应为具有风险识别和风险承受能力的合格投资者。建立并完善募集资金的托管制度，规范创业投资企业募集资金行为，打击违法违规募集资金行为。健全对创业投资企业募集资金、投资运作等与保护投资者权益相关的制度规范，加强日常监管。（国家发展改革委、科技部、国务院国资委、证监会按职责分工负责）

（十五）优化商事环境。各地区、各部门不得自行出台限制创业投资企业和创业投资管理企业市场准入和发展的有关政策。建立创业投资行业发展备案和监管备案互联互通机制，为创业投资企业备案提供便利，放宽创业投资企业的市场准入。持续深化商事制度改革，提高工商登记注册便利化水平。促进创业投资行业加强品牌建设。（国家发展改革委、工商总局、证监会会同各有关部门按职责分工负责）

（十六）优化信用环境。有关部门、行业组织和社会征信机构要进一步建立健全创业投资企业、创业投资管理企业及其从业人员信用记录，实现创业投资领域信用记录全覆盖。推动创业投资领域信用信息纳入全国信用信息共享平台，并与企业信用信息公示系统实现互联互通。依法依规在“信用中国”网站和企业信用信息公示系统公示相关信息。加快建立创业投资领域严重失信黑名单制度，鼓励有关社会组织探索建立守信红名单制度，依托全国信用信息共享平台，按照有关法律法规和政策规定实施守信联合激励和失信联合惩戒。建立健全创业投资行业信用服务机制，推广使用信用产品。（国家发展改革委、商务部、人民银行、工商总局、证监会按职责分工负责）

（十七）严格保护知识产权。完善知识产权保护相关法律法规和制度规定，加强对创业创新早期知识产权保护，在市场竞争中培育更多自主品牌，健全知识产权侵权查处机制，依法惩治侵犯知识产权的违法犯罪行为，将企业行政处罚、黑名单等信息纳入全国信用信息共享平台，对严重侵犯知识产权的责任主体实施联合惩戒，并通过“信用中国”网站、企业信用信息公示系统等进行公示，创造鼓励创业投资的良好知识产权保护环境。（国家发展改革委、人民银行、工商总局、知识产权局、证监会等按职责分工负责）

八、推动创业投资行业双向开放

（十八）有序扩大创业投资对外开放。发展创业投资要坚持走开放式发展道路，通过吸引境外投资，引进国际先进经验、技术和管理模式，提升我国创业投资企业的国际竞争力。按照对内外资一视同仁的原则，放宽外商投资准入，简化管理流程，鼓励外资扩大创业投资规模，加大对种子期、初创期创业企业支持力度。鼓励和支持境内外投资者在跨境创业投资及相关的投资贸易活动中使用人民币。允许外资创业投资企业按照实际投资规模将外汇资本金结汇所得的人民币划入被投资企业。（国家发展改革委、商务部、人民银行、国家外汇局按职责分工负责）

（十九）鼓励境内有实力的创业投资企业积极稳妥“走出去”。完善境外投资相关管理制度，引导和鼓励创业投资企业加大对境外及港、澳、台地区高端研发项目的投资，积极分享高端技术成果。（国家发展改革委、商务部、

人民银行、国家外汇局按职责分工负责）

九、完善创业投资行业自律和服务体系

（二十）加强行业自律。加快推进依法设立全国性创业投资行业协会，鼓励具备条件的地区成立创业投资协会组织，搭建行业协会交流服务平台。充分发挥行业协会在行业自律管理和政府与市场沟通中的积极作用，加强行业协会在政策对接、会员服务、信息咨询、数据统计、行业发展报告、人才培养、国际交流合作等方面的能力建设，支持行业协会推动创业投资行业信用体系建设和社会责任建设，维护有利于行业持续健康发展的良好市场秩序。（国家发展改革委、科技部、民政部、证监会按职责分工负责）

（二十一）健全创业投资服务体系。加强与创业投资相关的会计、征信、信息、托管、法律、咨询、教育培训等各类中介服务体系建设。支持创业投资协会组织通过高等学校、科研院所、群团组织、创业投资企业、创业投资管理企业、天使投资人等多种渠道，以多种方式加强创业投资专业人才培养，加大教育培训力度，吸引更多的优秀人才从事创业投资，提高创业投资的精准度。（国家发展改革委、科技部、证监会按职责分工负责）

十、加强各方统筹协调

（二十二）加强政策顶层设计和统筹协调。国家发展改革委要会同有关部门加强促进创业投资发展的政策协调，建立部门之间、部门与地方之间政策协调联动机制，加强创业投资行业发展政策和监管政策的协同配合，增强政策针对性、连续性、协同性。建立相关政府部门促进创业投资行业发展的信息共享机制。（国家发展改革委、证监会会同有关部门按职责分工负责）

各地区、各部门要把促进创业投资持续健康发展作为深入实施创新驱动发展战略、推动大众创业万众创新、促进经济结构调整和产业转型升级的一项重要举措，按照职责分工抓紧制定相关配套措施，加强沟通协调，形成工作合力，确保各项政策及时落实到位，积极发展新经济、培育新动能、改造提升传统动能，推动中国经济保持中高速增长、迈向中高端水平。

国务院

2016 年 9 月 16 日

创业投资企业管理暂行办法

国家发展和改革委员会、中华人民共和国科学技术部、
中华人民共和国财政部、中华人民共和国商务部、中国人民银行、
国家税务总局、国家工商行政管理总局、中国银行业监督管理委员会、
中国证券监督管理委员会、国家外汇管理局令
（第 39 号）

第一章　总　　则

第一条　为促进创业投资企业发展，规范其投资运作，鼓励其投资中小企业特别是中小高新技术企业，依据《中华人民共和国公司法》、《中华人民共和国中小企业促进法》等法律法规，制定本办法。

第二条　本办法所称创业投资企业，系指在中华人民共和国境内注册设立的主要从事创业投资的企业组织。

前款所称创业投资，系指向创业企业进行股权投资，以期所投资创业企业发育成熟或相对成熟后主要通过股权转让获得资本增值收益的投资方式。

前款所称创业企业，系指在中华人民共和国境内注册设立的处于创建或重建过程中的成长性企业，但不含已经在公开市场上市的企业。

第三条　国家对创业投资企业实行备案管理。凡遵照本办法规定完成备案程序的创业投资企业，应当接受创业投资企业管理部门的监管，投资运作符合有关规定的可享受政策扶持。未遵照本办法规定完成备案程序的创业投资企业，不受创业投资企业管理部门的监管，不享受政策扶持。

第四条　创业投资企业的备案管理部门分国务院管理部门和省级（含副省级城市）管理部门两级。国务院管理部门为国家发展和改革委员会；省级（含副省级城市）管理部门由同级人民政府确定，报国务院管理部门备案后履行相应的备案管理职责，并在创业投资企业备案管理业务上接受国务院管理部门的指导。

第五条 外商投资创业投资企业适用《外商投资创业投资企业管理规定》。依法设立的外商投资创业投资企业，投资运作符合相关条件，可以享受本办法给予创业投资企业的相关政策扶持。

第二章 创业投资企业的设立与备案

第六条 创业投资企业可以以有限责任公司、股份有限公司或法律规定的其他企业组织形式设立。

以公司形式设立的创业投资企业，可以委托其他创业投资企业、创业投资管理顾问企业作为管理顾问机构，负责其投资管理业务。委托人和代理人的法律关系适用《中华人民共和国民法通则》、《中华人民共和国合同法》等有关法律法规。

第七条 申请设立创业投资企业和创业投资管理顾问企业，依法直接到工商行政管理部门注册登记。

第八条 在国家工商行政管理部门注册登记的创业投资企业，向国务院管理部门申请备案。

在省级及省级以下工商行政管理部门注册登记的创业投资企业，向所在地省级（含副省级城市）管理部门申请备案。

第九条 创业投资企业向管理部门备案应当具备下列条件：

（一）已在工商行政管理部门办理注册登记。

（二）经营范围符合本办法第十二条规定。

（三）实收资本不低于3000万元人民币，或者首期实收资本不低于1000万元人民币且全体投资者承诺在注册后的5年内补足不低于3000万元人民币实收资本。

（四）投资者不得超过200人。其中，以有限责任公司形式设立创业投资企业的，投资者人数不得超过50人。单个投资者对创业投资企业的投资不得低于100万元人民币。所有投资者应当以货币形式出资。

（五）有至少3名具备2年以上创业投资或相关业务经验的高级管理人员承担投资管理责任。委托其他创业投资企业、创业投资管理顾问企业作为管理顾问机构负责其投资管理业务的，管理顾问机构必须有至少 3 名具备 2 年以上创业投资或相关业务经验的高级管理人员对其承担投资管理责任。

前款所称“高级管理人员”，系指担任副经理及以上职务或相当职务的管理人员。

第十条 创业投资企业向管理部门备案时，应当提交下列文件：

（一）公司章程等规范创业投资企业组织程序和行为的法律文件。

（二）工商登记文件与营业执照的复印件。

（三）投资者名单、承诺出资额和已缴出资额的证明。

（四）高级管理人员名单、简历。

由管理顾问机构受托其投资管理业务的，还应提交下列文件：

（一）管理顾问机构的公司章程等规范其组织程序和行为的法律文件。

（二）管理顾问机构的工商登记文件与营业执照的复印件。

（三）管理顾问机构的高级管理人员名单、简历。

（四）委托管理协议。

第十一条 管理部门在收到创业投资企业的备案申请后，应当在 5 个工作日内，审查备案申请文件是否齐全，并决定是否受理其备案申请。在受理创业投资企业的备案申请后，应当在 20 个工作日内，审查申请人是否符合备案条件，并向其发出“已予备案”或“不予备案”的书面通知。对“不予备案”的，应当在书面通知中说明理由。

第三章 创业投资企业的投资运作

第十二条 创业投资企业的经营范围限于：

（一）创业投资业务。

（二）代理其他创业投资企业等机构或个人的创业投资业务。

（三）创业投资咨询业务。

（四）为创业企业提供创业管理服务业务。

（五）参与设立创业投资企业与创业投资管理顾问机构。

第十三条 创业投资企业不得从事担保业务和房地产业务，但是购买自用房地产除外。

第十四条 创业投资企业可以以全额资产对外投资。其中，对企业的投资，仅限于未上市企业。但是所投资的未上市企业上市后，创业投资企业所持股份的未转让部分及其配售部分不在此限。其他资金只能存放银行、购买国债或其他固定收益类的证券。

第十五条 经与被投资企业签订投资协议，创业投资企业可以以股权和优先股、可转换优先股等准股权方式对未上市企业进行投资。

第十六条 创业投资企业对单个企业的投资不得超过创业投资企业总资产的20%。

第十七条 创业投资企业应当在章程、委托管理协议等法律文件中，明确管理运营费用或管理顾问机构的管理顾问费用的计提方式，建立管理成本约束机制。

第十八条 创业投资企业可以从已实现投资收益中提取一定比例作为对管理人员或管理顾问机构的业绩报酬，建立业绩激励机制。

第十九条 创业投资企业可以事先确定有限的存续期限，但是最短不得短于7年。

第二十条 创业投资企业可以在法律规定的范围内通过债权融资方式增强投资能力。

第二十一条 创业投资企业应当按照国家有关企业财务会计制度的规定，建立健全内部财务管理制度和会计核算办法。

第四章　对创业投资企业的政策扶持

第二十二条 国家与地方政府可以设立创业投资引导基金，通过参股和提供融资担保等方式扶持创业投资企业的设立与发展。具体管理办法另行制定。

第二十三条 国家运用税收优惠政策扶持创业投资企业发展并引导其增加对中小企业特别是中小高新技术企业的投资。具体办法由国务院财税部门会同有关部门另行制定。

第二十四条 创业投资企业可以通过股权上市转让、股权协议转让、被投资企业回购等途径，实现投资退出。国家有关部门应当积极推进多层次资本市场体系建设，完善创业投资企业的投资退出机制。

第五章 对创业投资企业的监管

第二十五条 管理部门已予备案的创业投资企业及其管理顾问机构，应当遵循本办法第二、第三章各条款的规定进行投资运作，并接受管理部门的监管。

第二十六条 管理部门已予备案的创业投资企业及其管理顾问机构，应当在每个会计年度结束后的 4 个月内向管理部门提交经注册会计师审计的年度财务报告与业务报告，并及时报告投资运作过程中的重大事件。

前款所称重大事件，系指：

（一）修改公司章程等重要法律文件。

（二）增减资本。

（三）分立与合并。

（四）高级管理人员或管理顾问机构变更。

（五）清算与结业。

第二十七条 管理部门应当在每个会计年度结束后的 5 个月内，对创业投资企业及其管理顾问机构是否遵守第二、第三章各条款规定，进行年度检查。在必要时，可在第二、第三章相关条款规定的范围内，对其投资运作进行不定期检查。

对未遵守第二、三章各条款规定进行投资运作的，管理部门应当责令其在 30 个工作日内改正；未改正的，应当取消备案，并在自取消备案之日起的 3 年内不予受理其重新备案申请。

第二十八条 省级（含副省级城市）管理部门应当及时向国务院管理部门报告所辖地区创业投资企业的备案情况，并于每个会计年度结束后的 6 个月内报告已纳入备案管理范围的创业投资企业的投资运作情况。

第二十九条 国务院管理部门应当加强对省级（含副省级城市）管理部

门的指导。对未履行管理职责或管理不善的，应当建议其改正；造成不良后果的，应当建议其追究相关管理人员的失职责任。

第三十条 创业投资行业协会依据本办法和相关法律、法规及规章，对创业投资企业进行自律管理，并维护本行业的自身权益。

第六章 附 则

第三十一条 本办法由国家发展和改革委员会会同有关部门解释。

第三十二条 本办法自2006年3月1日起施行。

外商投资创业投资企业管理规定

（外经贸部、科技部、工商总局、税务总局、外汇局令 2003 年第 2 号，根据 2015 年 10 月 28 日《商务部关于修改部分规章和规范性文件的决定》修正）

第一章　总　　则

第一条　为鼓励外国公司、企业和其他经济组织或个人（以下简称外国投资者）来华从事创业投资，建立和完善中国的创业投资机制，根据《中华人民共和国中外合作经营企业法》、《中华人民共和国中外合资经营企业法》、《中华人民共和国外资企业法》、《公司法》及其他相关的法律法规，制定本规定。

第二条　本规定所称外商投资创业投资企业（以下简称创投企业）是指外国投资者或外国投资者与根据中国法律注册成立的公司、企业或其他经济组织（以下简称中国投资者），根据本规定在中国境内设立的以创业投资为经营活动的外商投资企业。

第三条　本规定所称创业投资是指主要向未上市高新技术企业（以下简称所投资企业）进行股权投资，并为之提供创业管理服务，以期获取资本增值收益的投资方式。

第四条　创投企业可以采取非法人制组织形式，也可以采取公司制组织形式。

采取非法人制组织形式的创投企业（以下简称非法人制创投企业）的投资者对创投企业的债务承担连带责任。非法人制创投企业的投资者也可以在创投企业合同中约定在非法人制创投企业资产不足以清偿该债务时由第七条所述的必备投资者承担连带责任，其他投资者以其认缴的出资额为限承担责任。

采用公司制组织形式的创投企业（以下简称公司制创投企业）的投资者

以其各自认缴的出资额为限对创投企业承担责任。

第五条 创投企业应遵守中国有关法律法规，符合外商投资产业政策，不得损害中国的社会公共利益。创投企业在中国境内的正当经营活动及合法权益受中国法律的保护。

第二章 设立与登记

第六条 设立创投企业应具备下列条件：

（一）投资者人数在2人以上50以下；且应至少拥有一个第七条所述的必备投资者；

（二）外国投资者以可自由兑换的货币出资，中国投资者以人民币出资；

（三）有明确的组织形式；

（四）有明确合法的投资方向；

（五）除了将本企业经营活动授予一家创业投资管理公司进行管理的情形外，创投企业应有三名以上具备创业投资从业经验的专业人员；

（六）法律、行政法规规定的其他条件。

第七条 必备投资者应当具备下列条件：

（一）以创业投资为主营业务；

（二）在申请前三年其管理的资本累计不低于1亿美元，且其中至少5000万美元已经用于进行创业投资。在必备投资者为中国投资者的情形下，本款业绩要求为：在申请前三年其管理的资本累计不低于1亿元人民币，且其中至少5000万元人民币已经用于进行创业投资）；

（三）拥有3名以上具有3年以上创业投资从业经验的专业管理人员；

（四）如果某一投资者的关联实体满足上述条件，则该投资者可以申请成为必备投资者。本款所称关联实体是指该投资者控制的某一实体、或控制该投资者的某一实体、或与该投资者共同受控于某一实体的另一实体。本款所称控制是指控制方拥有被控制方超过50%的表决权；

（五）必备投资者及其上述关联实体均应未被所在国司法机关和其他相关监管机构禁止从事创业投资或投资咨询业务或以欺诈等原因进行处罚；

（六）非法人制创投企业的必备投资者，对创投企业的认缴出资及实际出资分别不低于投资者认缴出资总额及实际出资总额的1%，且应对创投企业的债务承担连带责任；公司制创投企业的必备投资者，对创投企业的认缴出资及实际出资分别不低于投资者认缴出资总额及实际出资总额的30%。

第八条　设立创投企业按以下程序办理：

（一）投资者须向拟设立创投企业所在地省级外经贸主管部门报送设立申请书及有关文件。

（二）省级外经贸主管部门应在收到全部上报材料后15天内完成初审并上报对外贸易经济合作部（以下简称审批机构）。

（三）审批机构在收到全部上报材料之日起45天内，经商科学技术部同意后，做出批准或不批准的书面决定。予以批准的，发给《外商投资企业批准证书》。

（四）获得批准设立的创投企业应自收到审批机构颁发的《外商投资企业批准证书》之日起一个月内，持此证书向国家工商行政管理部门或所在地具有外商投资企业登记管理权的省级工商行政管理部门（以下简称登记机关）申请办理注册登记手续。

第九条　申请设立创投企业应当向审批机构报送以下文件：

（一）必备投资者签署的设立申请书；

（二）投资各方签署的创投企业合同及章程；

（三）必备投资者书面声明（声明内容包括：投资者符合第七条规定的资格条件；所有提供的材料真实性；投资者将严格遵循本规定及中国其他有关法律法规的要求）；

（四）律师事务所出具的对必备投资者合法存在及其上述声明已获得有效授权和签署的法律意见书；

（五）必备投资者的创业投资业务说明、申请前三年其管理资本的说明、其已投资资本的说明，及其拥有的创业投资专业管理人员简历；

（六）投资者的注册登记证明（复印件）、法定代表人证明（复印件）；

（七）名称登记机关出具的创投企业名称预先核准通知书；

（八）如果必备投资者的资格条件是依据第七条第（四）款的规定，则还应报送其符合条件的关联实体的相关材料；

（九）审批机构要求的其他与申请设立有关的文件。

第十条 创投企业应当在名称中加注创业投资字样。除创投企业外，其他外商投资企业不得在名称中使用创业投资字样。

第十一条 申请设立创投企业应当向登记机关报送下列文件，并对其真实性、有效性负责：

（一）创投企业董事长或联合管理委员会负责人签署的设立登记申请书；

（二）合同、章程以及审批机构的批准文件和批准证书；

（三）投资者的合法开业证明或身份证明；

（四）投资者的资信证明；

（五）法定代表人的任职文件、身份证明和企业董事、经理等人员的备案文件；

（六）企业名称预先核准通知书；

（七）企业住所或营业场所证明。

申请设立非法人制创投企业，还应当提交境外必备投资者的章程或合伙协议。企业投资者中含本规定第七条第四款规定的投资者的，还应当提交关联实体为其出具的承担出资连带责任的担保函。

以上文件应使用中文。使用外文的，应提供规范的中文译本。

创投企业登记事项变更应依法向原登记机关申请办理变更登记。

第十二条 经登记机关核准的公司制创投企业，领取《企业法人营业执照》；经登记机关核准的非法人制创投企业，领取《营业执照》。

《营业执照》应载明非法人制创投企业投资者认缴的出资总额和必备投资者名称。

第三章 出资及相关变更

第十三条 非法人制创投企业的投资者的出资及相关变更应符合如下规定：

（一）投资者可以根据创业投资进度分期向创投企业注入认缴出资。各期投入资本额由创投企业根据创投企业合同及其与所投资企业签定的协议自主制定。投资者应在创投企业合同中约定投资者不如期出资的责任和相关措施；

（二）必备投资者在创投企业存续期内不得从创投企业撤出。特殊情况下确需撤出的，应获得占总出资额超过50%的其他投资者同意，并应将其权益转让给符合第七条要求的新投资者，且应当相应修改创投企业的合同和章程，并报审批机构批准。

其他投资者如转让其认缴资本额或已投入资本额，须按创投企业合同的约定进行，且受让人应符合本规定第六条的有关要求。投资各方应相应修改创投企业合同和章程，并报审批机构备案。

（三）创投企业设立后，如果有新的投资者申请加入，须符合本规定和创投企业合同的约定，经必备投资者同意，相应修改创投企业合同和章程，并报审批机构备案。

（四）创投企业出售或以其他方式处置其在所投资企业的利益而获得的收入中相当于其原出资额的部分，可以直接分配给投资各方。此类分配构成投资者减少其已投资的资本额。创投企业应当在创投企业合同中约定此类分配的具体办法，并在向其投资者作出该等分配之前至少30天内向审批机构和所在地外汇局提交一份要求相应减少投资者已投入资本额的备案说明，同时证明创投企业投资者未到位的认缴出资额及创投企业当时拥有的其他资金至少相当于创投企业当时承担的投资义务的要求。但该分配不应成为创投企业对因其违反任何投资义务所产生的诉讼请求的抗辩理由。

第十四条　非法人制创投企业向登记机关申请变更登记时，上述规定中审批机关出具的相关备案证明可替代相应的审批文件。

第十五条　非法人制创投企业投资者根据创业投资进度缴付出资后，应持相关验资报告向原登记机关申请办理出资备案手续。登记机关根据其实际出资状况在其《营业执照》出资额栏目后加注实缴出资额数目。

非法人制创投企业超过最长投资期限仍未缴付或缴清出资的，登记机关根据现行规定予以处罚。

第十六条　公司制创投企业投资者的出资及相关变更按现行规定办理。

第四章　组 织 机 构

第十七条　非法人制创投企业设联合管理委员会。公司制创投企业设董事会。联合管理委员会或董事会的组成由投资者在创投企业合同及章程中予以约定。联合管理委员会或董事会代表投资者管理创投企业。

第十八条　联合管理委员会或董事会下设经营管理机构，根据创投企业的合同及章程中规定的权限，负责日常经营管理工作，执行联合管理委员会或董事会的投资决策。

第十九条　经营管理机构的负责人应当符合下列条件：

（一）具有完全的民事行为能力；

（二）无犯罪记录；

（三）无不良经营记录；

（四）应具有创业投资业的从业经验，且无违规操作记录；

（五）审批机构要求的与经营管理资格有关的其他条件。

第二十条　经营管理机构应定期向联合管理委员会或董事会报告以下事项：

（一）经授权的重大投资活动；

（二）中期、年度业绩报告和财务报告；

（三）法律、法规规定的其他事项；

（四）创投企业合同及章程中规定的有关事项。

第二十一条　联合管理委员会或董事会可以不设立经营管理机构，而将该创投企业的日常经营权授予一家创业投资管理企业或另一家创投企业进行管理。该创业投资管理企业可以是内资创业投资管理企业，也可以是外商投资创业投资管理企业，或境外创业投资管理企业。在此情形下，该创投企业与该创业投资管理企业应签订管理合同，约定创投企业和创业投资管理企业的权利义务。该管理合同应经全体投资者同意并报审批机构批准后方可生效。

第二十二条　创投企业的投资者可以在创业投资合同中依据国际惯例约定内部收益分配机制和奖励机制。

第五章　创业投资管理企业

第二十三条　受托管理创投企业的创业投资管理企业应具备下列条件：

（一）以受托管理创投企业的投资业务为主营业务；

（二）拥有三名以上具有三年以上创业投资从业经验的专业管理人员；

（三）有完善的内部控制制度。

第二十四条　创业投资管理企业可以采取公司制组织形式，也可以采取合伙制组织形式。

第二十五条　同一创业投资管理企业可以受托管理不同的创投企业。

第二十六条　创业投资管理企业应定期向委托方的联合管理委员会或董事会报告第二十条所列事项。

第二十七条　设立外商投资创业投资管理企业应符合本规定第二十三条的条件，经拟设立外商投资创业投资管理公司所在地省级外经贸主管部门报审批机构批准。审批机构在收到全部上报材料之日起45天内，做出批准或不批准的书面决定。予以批准的，发给《外商投资企业批准证书》。获得批准设立的外商投资创业投资管理企业应自收到审批机构颁发的《外商投资企业批准证书》之日起一个月内，持此证书向登记机关申请办理注册登记手续。

第二十八条　申请设立外商投资创业投资管理公司应当向审批机构报送以下文件：

（一）设立申请书；

（二）外商投资创业投资管理公司合同及章程；

（三）投资者的注册登记证明（复印件）、法定代表人证明（复印件）；

（四）审批机构要求的其他与申请设立有关的文件。

第二十九条　外商投资创业投资管理企业名称应当加注创业投资管理字样。除外商投资创业投资管理企业外，其他外商投资企业不得在名称中使用创业投资管理字样。

第三十条　获得批准接受创投企业委托在华从事创业投资管理业务的境外创业投资管理企业，应当自管理合同获得批准之日起30日内，向登记机关申请办理营业登记手续。

申请营业登记应报送下列文件，并对其真实性、有效性负责：

（一）境外创业投资管理企业董事长或有权签字人签署的登记申请书；

（二）经营管理合同及审批机构的批准文件；

（三）境外创业投资管理企业的章程或合伙协议；

（四）境外创业投资管理企业的合法开业证明；

（五）境外创业投资管理企业的资信证明；

（六）境外创业投资管理企业委派的中国项目负责人的授权书、简历及身份证明；

（七）境外创业投资管理企业在华营业场所证明。

以上文件应使用中文。使用外文的，应提供规范的中文译本。

第六章　经 营 管 理

第三十一条　创投企业可以经营以下业务：

（一）以全部自有资金进行股权投资，具体投资方式包括新设企业、向已设立企业投资、接受已设立企业投资者股权转让以及国家法律法规允许的其他方式；

（二）提供创业投资咨询；

（三）为所投资企业提供管理咨询；

（四）审批机构批准的其他业务。

创投企业资金应主要用于向所投资企业进行股权投资。

第三十二条　创投企业不得从事下列活动：

（一）在国家禁止外商投资的领域投资；

（二）直接或间接投资于上市交易的股票和企业债券，但所投资企业上市后，创投企业所持股份不在此列；

（三）直接或间接投资于非自用不动产；

（四）贷款进行投资；

（五）挪用非自有资金进行投资；

（六）向他人提供贷款或担保，但创投企业对所投资企业 1 年以上的企业债券和可以转换为所投资企业股权的债券性质的投资不在此列（本款规定并不涉及所投资企业能否发行该等债券)；

（七）法律、法规以及创投企业合同禁止从事的其他事项。

第三十三条　投资者应在创投企业合同中约定对外投资期限。

第三十四条　创投企业主要从出售或以其他方式处置其在所投资企业的股权获得收益。创投企业出售或以其他方式处置其在所投资企业的股权时，可以依法选择适用的退出机制，包括：

（一）将其持有的所投资企业的部分股权或全部股权转让给其他投资者；

（二）与所投资企业签订股权回购协议，由所投资企业在一定条件下依法回购其所持有的股权；

（三）所投资企业在符合法律、行政法规规定的上市条件时可以申请到境内外证券市场上市。创投企业可以依法通过证券市场转让其拥有的所投资企业的股份；

（四）中国法律、行政法规允许的其他方式。

所投资企业向创投企业回购该创投企业所持股权的具体办法由审批机构会同登记机关另行制订。

第三十五条　创投企业应当依照国家税法的规定依法申报纳税。对非法人制创投企业，可以由投资各方依照国家税法的有关规定，分别申报缴纳企业所得税；也可以由非法人制创投企业提出申请，经批准后，依照税法规定统一计算缴纳企业所得税。

非法人制创投企业企业所得税的具体征收管理办法由国家税务总局另行颁布。

第三十六条　创投企业中属于外国投资者的利润等收益汇出境外的，应当凭管理委员会或董事会的分配决议，由会计师事务所出具的审计报告、外方投资者投资资金流入证明和验资报告、完税证明和税务申报单（享受减免税优惠的，应提供税务部门出具的减免税证明文件)，从其外汇帐户中支付或者到外汇指定银行购汇汇出。

外国投资者回收的对创投企业的出资可依法申购外汇汇出。公司制创投企业开立和使用外汇帐户、资本变动及其他外汇收支事项，按照现行外汇管理规定办理。非法人制创投企业外汇管理规定由国家外汇管理局另行制定。

第三十七条 投资者应在合同、章程中约定创投企业的经营期限，一般不得超过12年。经营期满，经审批机构批准，可以延期。

经审批机构批准，创投企业可以提前解散，终止合同和章程。但是，如果非法人制创投企业的所有投资均已被出售或通过其他方式变卖，其债务亦已全部清偿，且其剩余财产均已被分配给投资者，则毋需上述批准即可进入解散和终止程序，但该非法人制创业投资企业应在该等解散生效前至少30天内向审批机构提交一份书面备案说明。

创投企业解散，应按有关规定进行清算。

第三十八条 创投企业应当自清算结束之日起30日内向原登记机关申请注销登记。

申请注销登记，应当提交下列文件，并对其真实性、有效性负责：

（一）董事长或联合管理委员会负责人或清算组织负责人签署的注销登记申请书；

（二）董事会或联合管理委员会的决议；

（三）清算报告；

（四）税务机关、海关出具的注销登记证明；

（五）审批机构的批准文件或备案文件；

（六）法律、行政法规规定应当提交的其他文件。

经登记机关核准注销登记，创投企业终止。

非法人制创投企业必备投资者承担的连带责任不因非法人制创投企业的终止而豁免。

第七章　审核与监管

第三十九条 创投企业境内投资比照执行《指导外商投资方向规定》和《外商投资产业指导目录》的规定。

第四十条 创投企业投资于任何鼓励类和允许类的所投资企业，应向所投资企业当地授权的外经贸部门备案。当地授权的外经贸部门应在收到备案材料后15天内完成备案审核手续并向所投资企业颁发外商投资企业批准证书。所投资企业持外商投资企业批准证书向登记机关申请办理注册登记手续。

登记机关依照有关法律和行政法规规定决定准予登记或不予登记。准予登记的，颁发外商投资企业法人营业执照。

第四十一条　创投企业投资于限制类的所投资企业，应向所投资企业所在地省级外经贸主管部门提出申请，并提供下列材料：

（一）创投企业关于投资资金充足的声明；

（二）创投企业的批准证书和营业执照（复印件）；

（三）创投企业（与所投资企业其他投资者）签定的所投资企业合同与章程。

省级外经贸主管部门接到上述申请之日起45日内作出同意或不同意的书面批复。作出同意批复的，颁发外商投资企业批准证书。所投资企业持该批复文件和外商投资企业批准证书向登记机关申请登记。登记机关依照有关法律和行政法规规定决定准予登记或不予登记。准予登记的，颁发外商投资企业法人营业执照。

第四十二条　创投企业投资属于服务贸易领域逐步开放的外商投资项目，按国家有关规定审批。

第四十三条　创投企业增加或转让其在所投资企业投资等行为，按照第四十条、第四十一条和第四十二条规定的程序办理。

第四十四条　创投企业应在履行完第四十条、第四十一条、第四十二条和第四十三条规定的程序之日起一个月内向审批机构备案。

第四十五条　创投企业还应在每年3月份将上一年度的资金筹集和使用情况报审批机构备案。

审批机构在接到该备案材料起5个工作日内应出具备案登记证明。凡未按上述规定备案的，审批机构将商国务院有关部门后予以相应处罚。

第四十六条　创投企业的所投资企业注册资本中，如果创投企业投资的比例中外国投资者的实际出资比例或与其他外国投资者联合投资的比例总和不低于25%，则该所投资企业将享受外商投资企业有关优惠待遇；如果创投企业投资的比例中外国投资者的实际出资比例或与其他外国投资者联合投资的比例总和低于该所投资企业注册资本的25%，则该所投资企业将不享受外商投资企业有关优惠待遇。

第四十七条　已成立的含有境内自然人投资者的内资企业在接受创业投

资企业投资变更为外商投资企业后，可以继续保留其原有境内自然人投资者的股东地位。

第四十八条 创投企业经营管理机构的负责人和创业投资管理企业的负责人如有违法操作行为，除依法追究责任外，情节严重的，不得继续从事创业投资及相关的投资管理活动。

第八章 附 则

第四十九条 香港特别行政区、澳门特别行政区、台湾地区的投资者在大陆投资设立创投企业，参照本规定执行。

第五十条 本规定由对外贸易经济合作部、科学技术部、国家工商行政管理总局、国家税务总局和国家外汇管理局负责解释。

第五十一条 本规定自二〇〇三年三月一日起施行。对外贸易经济合作部、科学技术部和国家工商行政管理总局于二〇〇一年八月二十八日发布的《关于设立外商投资创业投资企业的暂行规定》同日废止。

国家发展改革委办公厅关于做好创业投资企业备案申请受理工作的通知

（发改办财金［2006］774号）

各省级创业投资企业备案管理部门：

为做好创业投资企业备案申请受理工作，根据《创业投资企业管理暂行办法》（以下简称《办法》），现将有关事项通知如下：

一、关于创业投资企业备案程序

依据《办法》第十条、第十一条规定，凡在中华人民共和国境内注册设立的创业投资企业（含外商投资创业投资企业），均可按以下程序到相应的备案管理部门申请备案。

（一）创业投资企业向备案管理部门提交《创业投资企业备案申请书》（格式见附件一），并填写相关登记表格（格式见附表一至五）：

1.《创业投资企业基本情况表》；

2.《创业投资企业或其管理顾问机构高管人员情况表》；

3.《创业投资企业资本资产分布情况表》；

4.《创业投资企业从事创业投资情况表》；

5.《创业投资企业投资退出情况表》。

（二）备案管理部门在收到创业投资企业的备案申请文件后，应当在5个工作日内，审查备案申请文件是否齐全，并签发《备案申请受理通知》（格式见附件二）或《备案申请不予受理通知》（格式见附件三）。

（三）备案管理部门在签发《备案申请受理通知》后，应当在20个工作日内，审查申请人是否符合备案条件，并向其签发《已予备案通知》（格式见附件四）或《不予备案通知》（格式见附件五）。

为方便创业投资企业申请备案，各省级备案管理部门应当在机关网站开辟“创业投资企业备案管理专栏”，并加载本《通知》及有关文本、登记表格以及备案管理部门联系方式（含两位经办人姓名、电话与电子邮件），以便申请备案企业查询和下载。各省级备案管理部门应在5月10日以前，将联系方式报告国家发展改革委，以便及时加载到国家发展改革委网站。

二、关于受理创业投资企业备案申请的职责划分

依据《办法》第八条规定，在国家工商行政管理部门注册的创业投资企业，由国家发展和改革委受理备案申请。在省级及以下工商行政管理部门注册的创业投资企业，由所在地省级备案管理部门受理备案申请。其中，在副省级城市所辖工商行政管理部门注册的创业投资企业，由副省级城市备案管理部门受理备案申请。

依据《办法》第二十八条中的“省级（含副省级城市）管理部门应当及时向国务院管理部门报告所辖地区创业投资企业的备案情况”规定，省级备案管理部门在对经审查符合备案条件的创业投资企业签发《已予备案通知》的同时，应将《已予备案通知》连同创业投资企业备案申请文件及相关表格的电子文本抄报国家发展和改革委。

三、关于省级备案管理部门授予地市级机关对创业投资企业备案申请进行初审问题

在地市级及以下工商行政管理部门注册的创业投资企业，可以由省级（含副省级城市）备案管理部门授权的地市级管理机关接收创业投资企业的备案申请文件并进行初审后，再将备案申请文件转报省级（含副省级城市）备案管理部门，由省级（含副省级城市）备案管理部门按程序审查有关备案申请文件，并决定是否受理和予以备案。对省级备案管理部门经审查符合备案条件的创业投资企业，应在向其发出《已予备案通知》的同时，将《已予备案通知》告知地市级管理机关。

被授权的地市级管理机关接收创业投资企业备案申请文件并进行初审，到省级（含副省级城市）备案管理部门决定是否受理备案申请的时限，应当遵守《办法》第十一条关于在5个工作日内决定是否受理的规定。

省级（含副省级城市）备案管理部门是否授权地市级管理机关协助初审创业投资企业备案申请文件，由省级备案管理部门根据实际情况自行确定。

四、关于《办法》实施前已设立创业投资企业的备案问题

对今年3月1日《办法》实施以前设立的创业投资企业，若其有申请备案意愿但经营范围、资本金规模和合格的高管人员数量尚不完全符合《办法》第九条规定的各项条件，备案管理部门应指导其按照《办法》第九条规定的各项条件进行规范，待符合条件后才能受理其备案申请。

联系人：刘健钧 （010）68502371 liujj@ndrc.gov.cn

刘宏伟 （010）68502372 liuhw@ndrc.gov.cn

二〇〇六年四月十七日

附件：（略）

中国证监会关于开展创新创业公司债券试点的指导意见

中国证券监督管理委员会公告

(〔2017〕10号)

为落实国家创新驱动发展战略，完善债券市场服务实体经济模式，支持创新创业，现就上海证券交易所、深圳证券交易所开展创新创业公司债券试点提出本指导意见。

一、总体要求

(一) 指导思想

全面贯彻落实党的十八大和十八届三中、四中、五中、六中全会精神，深入学习贯彻习近平总书记系列重要讲话精神和治国理政新理念新思想新战略，牢固树立和贯彻落实新发展理念，加快实施创新驱动发展战略，充分发挥交易所债券市场支持高科技成长性企业发展、服务实体经济的积极作用，努力探索适合创新创业企业发展的债券市场服务支持新模式。

(二) 基本原则

1. 遵循现有制度框架。创新创业公司债的发行、交易与信息披露，应当符合《公司法》《证券法》《公司债券发行与交易管理办法》和其他法律法规及部门规章的规定。

2. 立足市场需求。充分认识创新创业企业资本形成特点，有效适应创新创业企业、创业投资企业融资需求，借鉴成熟市场经验，在试点推进中有的放矢、有所侧重。

3. 加强政策引导。在现行公司债券规制框架下，完善创新创业公司债政策供给，有效对接和引导地方政府金融支持政策，营造优化创新创业企业金融服务良好环境。

4. 统筹协调，稳步推进。加强政府、企业和市场协作，整合各方优势，充分发挥证券公司中介机构职能，有效结合高新科技园区创新创业资源聚集优势，有序推动试点开展，积累经验后稳步推广。

（三）试点目标

通过开展创新创业公司债试点，推动资本市场精准服务创新创业，优化种子期、初创期、成长期的创新创业企业的资本形成机制，有效增加创新创业金融供给，完善金融供给结构，探索交易所债券市场服务实体经济新模式，促进资本市场更好地服务于供给侧结构性改革。

二、试点范围

（一）适用范围

本指导意见所称创新创业公司债，是指符合条件的创新创业公司、创业投资公司，依照《公司法》《证券法》《公司债券发行与交易管理办法》和其他法律法规及部门规章发行的公司债券。

创新创业公司，是指从事高新技术产品研发、生产和服务，或者具有创新业态、创新商业模式的中小型公司。创新创业公司发行创新创业公司债，应当就本公司创新创业特征作专项披露；债券承销机构应当依据以下规范性文件进行审慎筛查，就发行人是否具有创新创业特征发表明确意见：

1. 国家战略性新兴产业相关发展规划；

2.《国务院关于印发〈中国制造2025〉的通知》（国发〔2015〕28号）及相关政策文件；

3. 国务院及相关部委出台的大众创业万众创新政策文件；

4. 国家及地方高新技术企业认定标准；

5. 其他创新创业相关政策文件。

创业投资公司，是指符合《私募投资基金监督管理暂行办法》、《创业投资企业管理暂行办法》等有关规定，向创新创业企业进行股权投资的公司制创业投资基金和创业投资基金管理机构。发行创新创业公司债募集的资金应专项投资于种子期、初创期、成长期的创新创业公司的股权。

（二）重点支持对象

试点初期，重点支持以下公司发行创新创业公司债：

1. 注册或主要经营地在国家“双创”示范基地、全面创新改革试验区域、国家综合配套改革试验区、国家级经济技术开发区、国家高新技术产业园区和国家自主创新示范区等创新创业资源集聚区域内的公司；

2. 已纳入全国中小企业股份转让系统（新三板）创新层的挂牌公司。

中国证监会将及时总结试点工作成效，根据试点工作开展情况适时扩大试点范围。

三、制度安排

（一）实行专项审核

创新创业公司债受理及审核设立专项机制，实行“专人对接、专项审核”，适用“即报即审”政策，提高上市审核、挂牌转让条件确认工作效率。

（二）支持设置转股条款

非公开发行的创新创业公司债，可以附可转换成股份的条款。附可转换成股份条款的创新创业公司债，应当符合中国证监会相关监管规定。债券持有人行使转股权后，发行人股东人数不得超过 200 人。新三板挂牌公司发行的附可转换成股份条款的创新创业公司债，转换成挂牌公司股份时，减免股份登记费用及转换手续费。

证券交易所、全国中小企业股份转让系统公司、中国证券登记结算有限责任公司应制定相关配套规则。

（三）鼓励业务创新

支持和鼓励证券公司履行社会责任和行业责任，积极开展创新创业公司债中介服务，同时加强创新创业公司债理论研究和业务创新。包括但不限于：

1. 探索创新创业公司债增信机制创新。拓宽抵押、质押品范围，研究以发行人合法拥有的依法可以转让的股权，或者注册商标专用权、专利权、著作权等知识产权为创新创业公司债提供增信等措施。

2. 探索市场化手段有效防范和分散创新创业公司债信用风险。研究设置多样化的偿债保障条款，保持发行人偿债能力，包括控制权变更限制条款、核心资产划转限制条款、交叉违约条款、新增债务限制条款、支出限制条款等。

（四）完善激励机制

证券公司承销创新创业公司债的情况，作为证券公司分类评价中社会责任评价的重要内容。

中国证券业协会应建立创新创业公司债专项信息统计和评估机制，对证券经营机构开展创新创业公司债中介服务的工作成效进行考评。

四、保障措施

（一）加强统筹协调

中国证监会加强统筹协调指导，完善相关政策支持，加强监管，促进各方形成合力，营造金融服务创新创业的良好环境。

（二）推进配套机制建设

证券交易所应当对创新创业公司债进行统一标识，适时与证券指数编制机构合作发布创新创业公司债指数。加强创新创业公司债业务推广和政策培训，提升市场影响力。积极引导商业银行、保险机构、证券公司、证券投资基金等具备风险识别和承担能力的机构投资者依法合规投资创新创业公司债。加强配套产品和机制创新，研究发展信用违约互换等风险管理工具。

（三）加强政策对接和引导

主动对接辖区地方人民政府和高新科技园区，充分研究各地区、各园区现有科技金融支持政策，做好与创新创业公司债政策的对接，推动创新创业公司债纳入地方政府科技金融支持政策体系。

二、投资运作

发展改革委、人民银行、财政部、银保监会、证监会、外汇局关于进一步明确规范金融机构资产管理产品投资创业投资基金和政府出资产业投资基金有关事项的通知

（发改财金规〔2019〕1638号）

各省、自治区、直辖市及计划单列市发展改革委、财政厅（局），中国人民银行上海总部，各分行、营业管理部、省会（首府）城市中心支行、副省级城市中心支行，各银保监局，各证监局，外汇局各省、自治区、直辖市分局、外汇管理部，深圳、大连、青岛、厦门、宁波市分局，各有关市场机构：

创业投资基金和政府出资产业投资基金（以下简称两类基金）是实现技术、资本、人才、管理等创新要素与实体经济有效结合的投融资方式，是推动经济高质量发展的重要资本力量，对于保持补短板力度，持续激发民间投资活力意义重大。根据《国务院关于促进创业投资持续健康发展的指导意见》（国发〔2016〕53号）、《国务院办公厅关于保持基础设施领域补短板力度的指导意见》（国办发〔2018〕101号）等文件精神，为进一步落实《关于规范金融机构资产管理业务的指导意见》（银发〔2018〕106号，以下简称《指导意见》）中关于两类基金有关规定另行制定的要求，现就《指导意见》中金融机构资产管理产品投资两类基金有关事项进一步明确如下。

一、本通知所称创业投资基金，是指向处于创建或重建过程中的未上市成长性创业企业进行股权投资，以期所投资创业企业发育成熟或相对成熟后，主要通过股权转让获取资本增值收益的股权投资基金。适用本通知的创业投资基金应同时满足以下条件：

（一）符合《创业投资企业管理暂行办法》（发展改革委2005年第39号令）或者《私募投资基金监督管理暂行办法》（证监会2014年第105号令）关于创业投资基金的有关规定，并按要求完成备案。

（二）基金投向符合产业政策、投资政策等国家宏观管理政策。

（三）基金投资范围限于未上市企业，但所投资企业上市后基金所持股份的未转让及其配售部分除外。

（四）基金运作不涉及债权融资，但依法发行债券提高投资能力的除外。

（五）基金存续期限不短于7年；对基金份额不得进行结构化安排，但政府出资设立的创业投资引导基金作为优先级的除外。

（六）基金名称体现“创业投资”字样或基金合同和基金招募说明书中体现“创业投资”策略。

二、本通知所称政府出资产业投资基金，是指包含政府出资，主要投资于非公开交易企业股权的股权投资基金和创业投资基金。适用本通知的政府出资产业投资基金应同时满足以下条件：

（一）中央、省级或计划单列市人民政府（含所属部门、直属机构）批复设立，且批复文件或其他文件中明确了政府出资的；政府认缴出资比例不低于基金总规模的10%，其中，党中央、国务院批准设立的，政府认缴出资比例不低于基金总规模的5%。

（二）符合《政府出资产业投资基金管理暂行办法》（发改财金规〔2016〕2800号）和《政府投资基金暂行管理办法》（财预〔2015〕210号）有关规定。

（三）基金投向符合产业政策、投资政策等国家宏观管理政策。

（四）基金运作不涉及新增地方政府隐性债务。

三、《指导意见》出台前，金融机构已与符合本通知规定要求的两类基金签订的认缴协议继续有效。

四、对于《指导意见》出台前已签订认缴协议且符合本通知规定要求的两类基金，过渡期内，金融机构可以发行老产品出资，但应当控制在存量产品整体规模内，并有序压缩递减，防止过渡期结束时出现断崖效应；过渡期结束仍未到期的，经金融监管部门同意，采取适当安排妥善处理。除党中央、国务院另有规定外，《指导意见》出台后新签订认缴协议的两类基金，涉及金融机构发行资产管理产品出资的，应严格按照《指导意见》有关规定执行。

五、过渡期内，对于投资方向限定于符合本通知规定要求的两类基金的资产管理产品，其管理机构应当加强投资者适当性管理，在向投资者充分披露并提示产品投资性质和投资风险的前提下，可以将该产品整体视为合格投资者，不合并计算该产品的投资者人数。对金融机构未充分履行告知义务的，金融监管部门依法依规从严从重处罚。

六、符合本通知规定要求的两类基金接受资产管理产品及其他私募投资基金投资时，该两类基金不视为一层资产管理产品。

七、各部门按照职责分工，对符合本通知规定要求的两类基金和金融机构执行本通知的情况加强监管，强化监管协调。两类基金应在接受金融机构发行老产品出资后 15 个工作日内，将金融机构出资及证明该基金符合本通知规定要求的相关材料报发展改革委，发展改革委及时将相关材料与财政部、人民银行、银保监会、证监会、外汇局共享。发展改革、财政、证监部门对两类基金日常监管中发现金融机构发行老产品违规投资于不符合本通知规定要求的两类基金的，应及时通知金融管理部门。金融管理部门按照有关法律法规、规章和《指导意见》规定，采取适当监管措施或视情节对金融机构作出行政处罚。

发展改革委　人民银行
财　政　部　银保监会
证　监　会　外 汇 局
2019 年 10 月 19 日

中国保监会关于保险资金投资创业投资基金有关事项的通知

（保监发〔2014〕101号）

各保险集团（控股）公司、保险公司、保险资产管理公司：

为贯彻落实《国务院关于加快发展现代保险服务业的若干意见》（国发〔2014〕29号）精神，规范保险资金投资创业投资基金行为，支持科技型企业、小微企业、战略性新兴产业发展，防范投资风险，根据《保险资金运用管理暂行办法》等监管规定，现将有关事项通知如下：

一、本通知所称创业投资基金，是指依法设立并由符合条件的基金管理机构管理，主要投资创业企业普通股或者依法可转换为普通股的优先股、可转换债券等权益的股权投资基金。

本通知所称创业企业，是指处于初创期至成长初期，或者所处产业已进入成长初期但尚不具备成熟发展模式的未上市企业。

二、保险资金可以投资创业投资基金。保险资金投资创业投资基金的基金管理机构应当符合下列条件：

（一）依法设立，公司治理、内控机制和管理制度健全有效，具有5年以上创业投资管理经验，历史业绩优秀，累计管理创业投资资产规模不低于10亿元；

（二）为创业投资基金配备专属且稳定的管理团队，拥有不少于5名专业投资人员，成功退出的创业投资项目合计不少于10个，至少3名专业投资人员共同工作满5年；投资决策人员具备5年以上创业投资管理经验，其中至少2人具有3年以上企业管理运营经验；

（三）建立激励约束机制、跟进投资机制、资产托管机制和风险隔离机制，管理的不同资产之间不存在利益冲突；

（四）接受中国保监会涉及保险资金投资的质询，并报告有关情况；

（五）最近三年不存在重大违法违规行为。

三、保险资金投资的创业投资基金，应当不是基金管理机构管理的首只创业投资基金，且符合下列条件：

（一）所投创业企业在境内依法设立，符合国家产业政策，具有优秀的管理团队和较强的成长潜力，企业及主要管理人员无不良记录；

（二）单只基金募集规模不超过5亿元；

（三）单只基金投资单一创业企业股权的余额不超过基金募集规模的10%；

（四）基金普通合伙人（或基金管理机构）及其关联方、基金主要管理人员投资或认缴基金余额合计不低于基金募集规模的3%。

四、保险公司投资创业投资基金，应当具备股权投资能力，投资时上季度末偿付能力充足率不低于120%，投资规范、风险控制、监督管理等遵循《保险资金投资股权暂行办法》及相关规定。

五、保险公司应当强化分散投资原则，投资创业投资基金的余额纳入权益类资产比例管理，合计不超过保险公司上季度末总资产的2%，投资单只创业投资基金的余额不超过基金募集规模的20%。

六、保险资金可以通过投资其他股权投资基金间接投资创业企业，或者通过投资股权投资母基金间接投资创业投资基金。投资其他股权投资基金和股权投资母基金的基金管理机构、主要投向、管理运作等应当符合中国保监会关于保险资金间接投资股权的规定。

七、保险资金投资创业投资基金的基金管理机构可以聘请专业机构提供相关服务，包括托管机构、投资咨询机构、募集代理机构、律师事务所、会计师事务所等，上述机构应当符合相关监管规定，并接受中国保监会涉及保险资金投资的质询，报告有关情况。

八、保险公司、基金管理机构、托管机构应当按照《保险资金投资股权暂行办法》及相关规定，向中国保监会报告保险资金投资创业投资基金的资金运作情况。

基金管理机构应当于基金募集保险资金后20个工作日内，向中国保监会或其指定的信息登记平台报送基金相关信息。

九、保险公司、基金管理机构或专业机构违反本通知及相关监管规定的，中国保监会有权责令相关当事人改正，并依法给予行政处罚或列入负面清单管理。

十、本通知自发布之日起施行。有关监管政策与本通知不一致的，以本通知为准。

中国保监会

2014 年 12 月 12 日

三、减持退出

发行监管问答——关于首发企业中创业投资基金股东的锁定期安排

一、首发审核中对发行人控股股东、实际控制人所持股票锁定期的一般性要求有哪些？

答：根据《公司法》第141条的规定，发行人首次公开发行股票前已发行的股份，自发行人股票在证券交易所上市之日起一年内不得转让。根据证券交易所《股票上市规则》的有关规定，发行人控股股东和实际控制人所持股份自发行人股票上市之日起36个月内不得转让。对于发行人没有或难以认定实际控制人的，为确保发行人股权结构稳定、正常生产经营不因发行人控制权发生变化而受到影响，审核实践中，要求发行人的股东按持股比例从高到低依次承诺其所持股份自上市之日起锁定36个月，直至锁定股份的总数不低于发行前股份总数的51%。

二、首发审核中落实《国务院关于促进创业投资持续健康发展的若干意见》的具体措施有哪些？

答：为落实《国务院关于促进创业投资持续健康发展的若干意见》精神，支持创业投资持续健康发展，对于创业投资基金作为发行人股东的股份限售期安排，发行审核中按照下列原则和要求进行处理：

1. 发行人有实际控制人的，非实际控制人的创业投资基金股东，按照《公司法》第141条的有关规定，自发行人股票在证券交易所上市交易之日起一年内不得转让。

2. 发行人没有或难以认定实际控制人的，对于非发行人第一大股东但位列合计持股51%以上股东范围，并且符合一定条件的创业投资基金股东，按照《公司法》第141条的有关规定，自发行人股票在证券交易所上市交易之日起一年内不得转让。

3. 上述“符合一定条件的创业投资基金股东”的认定程序，由创业投资基金股东向保荐机构提出书面申请，经保荐机构和发行人律师核查后认为符合相关认定标准的，在收到相关首发项目反馈意见后由保荐机构向证监会发行审核部门提出书面申请，证监会发行审核部门在认定时应当征求证监会相关职能部门的意见。

4. 对于存在刻意规避股份限售期要求的，证监会将按照实质重于形式的原则，要求相关股东参照控股股东、实际控制人的限售期进行股份锁定。

私募基金监管问答——关于首发企业中创业投资基金股东的认定标准

近期，证监会发行监管问答提到关于创业投资基金作为首发企业股东的锁定期安排，对于符合一定条件的创业投资基金作为发行人股东在锁定期方面提出了处理原则，请问“符合一定条件的创业投资基金”是指符合哪些条件的创业投资基金?

答：根据《国务院关于促进创业投资持续健康发展的若干意见》（国发〔2016〕53号），创业投资基金主要指向处于创建或重建过程中的未上市成长性创业企业进行股权投资，以期所投资企业成熟后主要通过股权转让获得资本增值收益的私募股权基金。

关于首发企业中创业投资基金所持股份锁定期的政策是对专注于早期投资、长期投资和价值投资的创业投资基金给予的特别安排。发行监管问答提到的“符合一定条件的创业投资基金”是指符合下列全部条件的创业投资基金：

一、创业投资基金首次投资该首发企业时，该首发企业成立不满60个月。

二、创业投资基金首次投资该首发企业时，该首发企业同时符合以下条件：经企业所在地县级以上劳动和社会保障部门或社会保险基金管理单位核定，职工人数不超过500人；根据会计师事务所审计的年度合并会计报表，年销售额不超过2亿元、资产总额不超过2亿元。

三、截至首发企业发行申请材料接收日，创业投资基金投资该企业已满36个月。

四、按照《私募投资基金监督管理暂行办法》，已在中国证券投资基金业协会备案为“创业投资基金”。

五、该创业投资基金的基金管理人已在中国证券投资基金业协会登记，规范运作并成为中国证券投资基金业协会会员。

投资时点以创业投资基金投资后，被投企业取得工商部门核发的营业执照或工商核准变更登记通知书为准。相关指标按投资时点之上一年末的数据进行认定。投资时点以第一次投资为准，后续对同一标的企业的投资均按初始时点确认。

根据发行监管问答要求，创业投资基金管理人在确认创业投资基金符合上述条件后，可以向保荐机构提出书面申请，经保荐机构和发行人律师核查后认为符合上述标准的，由保荐机构向证监会发行审核部门提出书面申请。

上市公司创业投资基金股东减持股份的特别规定

中国证券监督管理委员会公告

（〔2020〕17 号）

第一条 为了贯彻落实《国务院关于促进创业投资持续健康发展的若干意见》要求，对专注于长期投资和价值投资的创业投资基金减持其持有的上市公司首次公开发行前的股份给予政策支持，更好地发挥创业投资对于支持中小企业、科创企业创业创新的作用，依据《公司法》《证券法》等法律法规和中国证券监督管理委员会的规定，制定本规定。

第二条 在中国证券投资基金业协会（以下简称基金业协会）备案的创业投资基金，其所投资符合条件的企业上市后，通过证券交易所集中竞价交易减持其持有的发行人首次公开发行前发行的股份，适用下列比例限制：

（一）截至发行人首次公开发行上市日，投资期限不满 36 个月的，在 3 个月内减持股份的总数不得超过公司股份总数的 1%；

（二）截至发行人首次公开发行上市日，投资期限在 36 个月以上但不满 48 个月的，在 2 个月内减持股份的总数不得超过公司股份总数的 1%；

（三）截至发行人首次公开发行上市日，投资期限在 48 个月以上但不满 60 个月的，在 1 个月内减持股份的总数不得超过公司股份总数的 1%；

（四）截至发行人首次公开发行上市日，投资期限在 60 个月以上的，减持股份总数不再受比例限制。

投资期限自创业投资基金投资该首次公开发行企业金额累计达到 300 万元之日或者投资金额累计达到投资该首次公开发行企业总投资额 50% 之日开始计算。

第三条 创业投资基金所投资符合条件的企业是指满足下列情形之一的企业：

（一）首次接受投资时，企业成立不满 60 个月；

（二）首次接受投资时，企业职工人数不超过500人，根据会计事务所审计的年度合并会计报表，年销售额不超过2亿元、资产总额不超过2亿元；

（三）截至发行申请材料受理日，企业依据《高新技术企业认定管理办法》（国科发火〔2016〕32号）已取得高新技术企业证书。

第四条　创业投资基金通过大宗交易方式减持其持有的公司首次公开发行前发行的股份，股份出让方、受让方应当遵守证券交易所关于减持数量、持有时间等规定。

第五条　在基金业协会备案的私募股权投资基金，参照本规定执行。

第六条　不符合本规定条件，通过弄虚作假等手段进行减持的，中国证监会依照有关规定可以采取行政监管措施。

第七条　本规定未规定的上市公司股东减持股份事项，适用《上市公司股东、董监高减持股份的若干规定》（证监会公告〔2017〕9号）及其他有关规定。

第八条　本规定自2020年3月31日起施行。《上市公司创业投资基金股东减持股份的特别规定》（证监会公告〔2018〕4号）同时废止。

四、税收政策

财政部、税务总局、发展改革委、证监会
关于创业投资企业个人合伙人所得税政策问题的通知

（财税〔2019〕8号）

各省、自治区、直辖市、计划单列市财政厅（局）、发展改革委、证券监督管理机构，国家税务总局各省、自治区、直辖市、计划单列市税务局，新疆生产建设兵团财政局、发展改革委：

为进一步支持创业投资企业（含创投基金，以下统称创投企业）发展，现将有关个人所得税政策问题通知如下：

一、创投企业可以选择按单一投资基金核算或者按创投企业年度所得整体核算两种方式之一，对其个人合伙人来源于创投企业的所得计算个人所得税应纳税额。

本通知所称创投企业，是指符合《创业投资企业管理暂行办法》（发展改革委等10部门令第39号）或者《私募投资基金监督管理暂行办法》（证监会令第105号）关于创业投资企业（基金）的有关规定，并按照上述规定完成备案且规范运作的合伙制创业投资企业（基金）。

二、创投企业选择按单一投资基金核算的，其个人合伙人从该基金应分得的股权转让所得和股息红利所得，按照20%税率计算缴纳个人所得税。

创投企业选择按年度所得整体核算的，其个人合伙人应从创投企业取得的所得，按照“经营所得”项目、5%－35%的超额累进税率计算缴纳个人所得税。

三、单一投资基金核算，是指单一投资基金（包括不以基金名义设立的创投企业）在一个纳税年度内从不同创业投资项目取得的股权转让所得和股息红利所得按下述方法分别核算纳税：

（一）股权转让所得。单个投资项目的股权转让所得，按年度股权转让收

入扣除对应股权原值和转让环节合理费用后的余额计算，股权原值和转让环节合理费用的确定方法，参照股权转让所得个人所得税有关政策规定执行；单一投资基金的股权转让所得，按一个纳税年度内不同投资项目的所得和损失相互抵减后的余额计算，余额大于或等于零的，即确认为该基金的年度股权转让所得；余额小于零的，该基金年度股权转让所得按零计算且不能跨年结转。

个人合伙人按照其应从基金年度股权转让所得中分得的份额计算其应纳税额，并由创投企业在次年3月31日前代扣代缴个人所得税。如符合《财政部　税务总局关于创业投资企业和天使投资个人有关税收政策的通知》（财税〔2018〕55号）规定条件的，创投企业个人合伙人可以按照被转让项目对应投资额的70%抵扣其应从基金年度股权转让所得中分得的份额后再计算其应纳税额，当期不足抵扣的，不得向以后年度结转。

（二）股息红利所得。单一投资基金的股息红利所得，以其来源于所投资项目分配的股息、红利收入以及其他固定收益类证券等收入的全额计算。

个人合伙人按照其应从基金股息红利所得中分得的份额计算其应纳税额，并由创投企业按次代扣代缴个人所得税。

（三）除前述可以扣除的成本、费用之外，单一投资基金发生的包括投资基金管理人的管理费和业绩报酬在内的其他支出，不得在核算时扣除。

本条规定的单一投资基金核算方法仅适用于计算创投企业个人合伙人的应纳税额。

四、创投企业年度所得整体核算，是指将创投企业以每一纳税年度的收入总额减除成本、费用以及损失后，计算应分配给个人合伙人的所得。如符合《财政部　税务总局关于创业投资企业和天使投资个人有关税收政策的通知》（财税〔2018〕55号）规定条件的，创投企业个人合伙人可以按照被转让项目对应投资额的70%抵扣其可以从创投企业应分得的经营所得后再计算其应纳税额。年度核算亏损的，准予按有关规定向以后年度结转。

按照“经营所得”项目计税的个人合伙人，没有综合所得的，可依法减除基本减除费用、专项扣除、专项附加扣除以及国务院确定的其他扣除。从多处取得经营所得的，应汇总计算个人所得税，只减除一次上述费用和扣除。

五、创投企业选择按单一投资基金核算或按创投企业年度所得整体核算后，3 年内不能变更。

六、创投企业选择按单一投资基金核算的，应当在按照本通知第一条规定完成备案的 30 日内，向主管税务机关进行核算方式备案；未按规定备案的，视同选择按创投企业年度所得整体核算。2019 年 1 月 1 日前已经完成备案的创投企业，选择按单一投资基金核算的，应当在 2019 年 3 月 1 日前向主管税务机关进行核算方式备案。创投企业选择一种核算方式满 3 年需要调整的，应当在满 3 年的次年 1 月 31 日前，重新向主管税务机关备案。

七、税务部门依法开展税收征管和后续管理工作，可转请发展改革部门、证券监督管理部门对创投企业及其所投项目是否符合有关规定进行核查，发展改革部门、证券监督管理部门应当予以配合。

八、本通知执行期限为 2019 年 1 月 1 日起至 2023 年 12 月 31 日止。

财政部　税务总局　发展改革委　证监会

2019 年 1 月 10 日

财政部、税务总局 关于创业投资企业和天使投资个人有关税收政策的通知

（财税〔2018〕55 号）

注释：第二条第（一）项关于初创科技型企业条件中的“从业人数不超过200人”调整为“从业人数不超过300人”，“资产总额和年销售收入均不超过3000万元”调整为“资产总额和年销售收入均不超过5000万元”。参见：《财政部 税务总局关于实施小微企业普惠性税收减免政策的通知》（财税〔2019〕13号）

各省、自治区、直辖市、计划单列市财政厅（局）、国家税务局、地方税务局，新疆生产建设兵团财政局：

为进一步支持创业投资发展，现就创业投资企业和天使投资个人有关税收政策问题通知如下：

一、税收政策内容

（一）公司制创业投资企业采取股权投资方式直接投资于种子期、初创期科技型企业（以下简称初创科技型企业）满 2 年（24 个月，下同）的，可以按照投资额的 70% 在股权持有满 2 年的当年抵扣该公司制创业投资企业的应纳税所得额；当年不足抵扣的，可以在以后纳税年度结转抵扣。

（二）有限合伙制创业投资企业（以下简称合伙创投企业）采取股权投资方式直接投资于初创科技型企业满 2 年的，该合伙创投企业的合伙人分别按以下方式处理：

1. 法人合伙人可以按照对初创科技型企业投资额的 70% 抵扣法人合伙人从合伙创投企业分得的所得；当年不足抵扣的，可以在以后纳税年度结转抵扣。

2. 个人合伙人可以按照对初创科技型企业投资额的 70% 抵扣个人合伙人从合伙创投企业分得的经营所得；当年不足抵扣的，可以在以后纳税年度结转抵扣。

（三）天使投资个人采取股权投资方式直接投资于初创科技型企业满2年的，可以按照投资额的70%抵扣转让该初创科技型企业股权取得的应纳税所得额；当期不足抵扣的，可以在以后取得转让该初创科技型企业股权的应纳税所得额时结转抵扣。

天使投资个人投资多个初创科技型企业的，对其中办理注销清算的初创科技型企业，天使投资个人对其投资额的70%尚未抵扣完的，可自注销清算之日起36个月内抵扣天使投资个人转让其他初创科技型企业股权取得的应纳税所得额。

二、相关政策条件

（一）本通知所称初创科技型企业，应同时符合以下条件：

1. 在中国境内（不包括港、澳、台地区）注册成立、实行查账征收的居民企业；

2. 接受投资时，从业人数不超过200人，其中具有大学本科以上学历的从业人数不低于30%；资产总额和年销售收入均不超过3000万元；

3. 接受投资时设立时间不超过5年（60个月）；

4. 接受投资时以及接受投资后2年内未在境内外证券交易所上市；

5. 接受投资当年及下一纳税年度，研发费用总额占成本费用支出的比例不低于20%。

（二）享受本通知规定税收政策的创业投资企业，应同时符合以下条件：

1. 在中国境内（不含港、澳、台地区）注册成立、实行查账征收的居民企业或合伙创投企业，且不属于被投资初创科技型企业的发起人；

2. 符合《创业投资企业管理暂行办法》（发展改革委等10部门令第39号）规定或者《私募投资基金监督管理暂行办法》（证监会令第105号）关于创业投资基金的特别规定，按照上述规定完成备案且规范运作；

3. 投资后2年内，创业投资企业及其关联方持有被投资初创科技型企业的股权比例合计应低于50%。

（三）享受本通知规定的税收政策的天使投资个人，应同时符合以下条件：

1. 不属于被投资初创科技型企业的发起人、雇员或其亲属（包括配偶、父母、子女、祖父母、外祖父母、孙子女、外孙子女、兄弟姐妹，下同），且与被投资初创科技型企业不存在劳务派遣等关系；

2. 投资后 2 年内，本人及其亲属持有被投资初创科技型企业股权比例合计应低于 50%。

（四）享受本通知规定的税收政策的投资，仅限于通过向被投资初创科技型企业直接支付现金方式取得的股权投资，不包括受让其他股东的存量股权。

三、管理事项及管理要求

（一）本通知所称研发费用口径，按照《财政部　国家税务总局　科技部关于完善研究开发费用税前加计扣除政策的通知》（财税〔2015〕119 号）等规定执行。

（二）本通知所称从业人数，包括与企业建立劳动关系的职工人员及企业接受的劳务派遣人员。从业人数和资产总额指标，按照企业接受投资前连续 12 个月的平均数计算，不足 12 个月的，按实际月数平均计算。

本通知所称销售收入，包括主营业务收入与其他业务收入；年销售收入指标，按照企业接受投资前连续 12 个月的累计数计算，不足 12 个月的，按实际月数累计计算。

本通知所称成本费用，包括主营业务成本、其他业务成本、销售费用、管理费用、财务费用。

（三）本通知所称投资额，按照创业投资企业或天使投资个人对初创科技型企业的实缴投资额确定。

合伙创投企业的合伙人对初创科技型企业的投资额，按照合伙创投企业对初创科技型企业的实缴投资额和合伙协议约定的合伙人占合伙创投企业的出资比例计算确定。合伙人从合伙创投企业分得的所得，按照《财政部　国家税务总局关于合伙企业合伙人所得税问题的通知》（财税〔2008〕159 号）规定计算。

（四）天使投资个人、公司制创业投资企业、合伙创投企业、合伙创投企业法人合伙人、被投资初创科技型企业应按规定办理优惠手续。

（五）初创科技型企业接受天使投资个人投资满 2 年，在上海证券交易所、深圳证券交易所上市的，天使投资个人转让该企业股票时，按照现行限售股有关规定执行，其尚未抵扣的投资额，在税款清算时一并计算抵扣。

（六）享受本通知规定的税收政策的纳税人，其主管税务机关对被投资企业是否符合初创科技型企业条件有异议的，可以转请被投资企业主管税务机关提供相关材料。对纳税人提供虚假资料，违规享受税收政策的，应按税收征管法相关规定处理，并将其列入失信纳税人名单，按规定实施联合惩戒措施。

四、执行时间

本通知规定的天使投资个人所得税政策自 2018 年 7 月 1 日起执行，其他各项政策自 2018 年 1 月 1 日起执行。执行日期前 2 年内发生的投资，在执行日期后投资满 2 年，且符合本通知规定的其他条件的，可以适用本通知规定的税收政策。

《财政部　税务总局关于创业投资企业和天使投资个人有关税收试点政策的通知》（财税〔2017〕38 号）自 2018 年 7 月 1 日起废止，符合试点政策条件的投资额可按本通知的规定继续抵扣。

财政部　税务总局

2018 年 5 月 14 日

国家税务总局关于实施创业投资企业所得税优惠问题的通知

（国税发〔2009〕87号）

各省、自治区、直辖市和计划单列市国家税务局、地方税务局：

为落实创业投资企业所得税优惠政策，促进创业投资企业的发展，根据《中华人民共和国企业所得税法》及其实施条例等有关规定，现就创业投资企业所得税优惠的有关问题通知如下：

一、创业投资企业是指依照《创业投资企业管理暂行办法》（国家发展和改革委员会等10部委令2005年第39号，以下简称《暂行办法》）和《外商投资创业投资企业管理规定》（商务部等5部委令2003年第2号）在中华人民共和国境内设立的专门从事创业投资活动的企业或其他经济组织。

二、创业投资企业采取股权投资方式投资于未上市的中小高新技术企业2年（24个月）以上，凡符合以下条件的，可以按照其对中小高新技术企业投资额的70%，在股权持有满2年的当年抵扣该创业投资企业的应纳税所得额；当年不足抵扣的，可以在以后纳税年度结转抵扣。

（一）经营范围符合《暂行办法》规定，且工商登记为“创业投资有限责任公司”、“创业投资股份有限公司”等专业性法人创业投资企业。

（二）按照《暂行办法》规定的条件和程序完成备案，经备案管理部门年度检查核实，投资运作符合《暂行办法》的有关规定。

（三）创业投资企业投资的中小高新技术企业，除应按照科技部、财政部、国家税务总局《关于印发〈高新技术企业认定管理办法〉的通知》（国科发火〔2008〕172号）和《关于印发〈高新技术企业认定管理工作指引〉的通知》（国科发火〔2008〕362号）的规定，通过高新技术企业认定以外，还应符合职工人数不超过500人，年销售（营业）额不超过2亿元，资产总额不超过2亿元的条件。

2007年底前按原有规定取得高新技术企业资格的中小高新技术企业，且在2008年继续符合新的高新技术企业标准的，向其投资满24个月的计算，可自创业投资企业实际向其投资的时间起计算。

（四）财政部、国家税务总局规定的其他条件。

三、中小企业接受创业投资之后，经认定符合高新技术企业标准的，应自其被认定为高新技术企业的年度起，计算创业投资企业的投资期限。该期限内中小企业接受创业投资后，企业规模超过中小企业标准，但仍符合高新技术企业标准的，不影响创业投资企业享受有关税收优惠。

四、创业投资企业申请享受投资抵扣应纳税所得额，应在其报送申请投资抵扣应纳税所得额年度纳税申报表以前，向主管税务机关报送以下资料备案：

（一）经备案管理部门核实后出具的年检合格通知书（副本）；

（二）关于创业投资企业投资运作情况的说明；

（三）中小高新技术企业投资合同或章程的复印件、实际所投资金验资报告等相关材料；

（四）中小高新技术企业基本情况（包括企业职工人数、年销售（营业）额、资产总额等）说明；

（五）由省、自治区、直辖市和计划单列市高新技术企业认定管理机构出具的中小高新技术企业有效的高新技术企业证书（复印件）。

五、本通知自2008年1月1日起执行。

国家税务总局

二〇〇九年四月三十日

国家税务总局
关于有限合伙制创业投资企业法人合伙人企业所得税有关问题的公告

国家税务总局公告

（2015 年第 81 号）

根据《中华人民共和国企业所得税法》及其实施条例、《财政部　国家税务总局关于将国家自主创新示范区有关税收试点政策推广到全国范围实施的通知》（财税〔2015〕116 号）规定，现就有限合伙制创业投资企业法人合伙人企业所得税有关问题公告如下：

一、有限合伙制创业投资企业是指依照《中华人民共和国合伙企业法》、《创业投资企业管理暂行办法》（国家发展和改革委员会令第 39 号）和《外商投资创业投资企业管理规定》（外经贸部、科技部、工商总局、税务总局、外汇管理局令 2003 年第 2 号）设立的专门从事创业投资活动的有限合伙企业。

二、有限合伙制创业投资企业的法人合伙人，是指依照《中华人民共和国企业所得税法》及其实施条例以及相关规定，实行查账征收企业所得税的居民企业。

三、有限合伙制创业投资企业采取股权投资方式投资于未上市的中小高新技术企业满 2 年（24 个月，下同）的，其法人合伙人可按照对未上市中小高新技术企业投资额的 70% 抵扣该法人合伙人从该有限合伙制创业投资企业分得的应纳税所得额，当年不足抵扣的，可以在以后纳税年度结转抵扣。

所称满 2 年是指 2015 年 10 月 1 日起，有限合伙制创业投资企业投资于未上市中小高新技术企业的实缴投资满 2 年，同时，法人合伙人对该有限合伙制创业投资企业的实缴出资也应满 2 年。

如果法人合伙人投资于多个符合条件的有限合伙制创业投资企业，可合并计算其可抵扣的投资额和应分得的应纳税所得额。当年不足抵扣的，可结转以后纳税年度继续抵扣；当年抵扣后有结余的，应按照企业所得税法的规定计算缴纳企业所得税。

四、有限合伙制创业投资企业的法人合伙人对未上市中小高新技术企业的投资额，按照有限合伙制创业投资企业对中小高新技术企业的投资额和合伙协议约定的法人合伙人占有限合伙制创业投资企业的出资比例计算确定。其中，有限合伙制创业投资企业对中小高新技术企业的投资额按实缴投资额计算；法人合伙人占有限合伙制创业投资企业的出资比例按法人合伙人对有限合伙制创业投资企业的实缴出资额占该有限合伙制创业投资企业的全部实缴出资额的比例计算。

五、有限合伙制创业投资企业应纳税所得额的确定及分配，按照《财政部　国家税务总局关于合伙企业合伙人所得税问题的通知》（财税〔2008〕159 号）相关规定执行。

六、有限合伙制创业投资企业法人合伙人符合享受优惠条件的，应在符合条件的年度终了后 3 个月内向其主管税务机关报送《有限合伙制创业投资企业法人合伙人应纳税所得额分配情况明细表》（附件 1）。

七、法人合伙人向其所在地主管税务机关备案享受投资抵扣应纳税所得额时，应提交《法人合伙人应纳税所得额抵扣情况明细表》（附件 2）以及有限合伙制创业投资企业所在地主管税务机关受理后的《有限合伙制创业投资企业法人合伙人应纳税所得额分配情况明细表》，同时将《国家税务总局关于实施创业投资企业所得税优惠问题的通知》（国税发〔2009〕87 号）规定报送的备案资料留存备查。

八、本公告自 2015 年 10 月 1 日起执行。2015 年度符合优惠条件的企业，可统一在 2015 年度汇算清缴时办理相关手续。《国家税务总局关于苏州工业园区有限合伙制创业投资企业法人合伙人企业所得税政策试点有关征收管理问题的公告》（国家税务总局公告 2013 年第 25 号）同时废止。

特此公告。

附件：1. 有限合伙制创业投资企业法人合伙人应纳税所得额分配情况明细表（略）

2. 法人合伙人应纳税所得额抵扣情况明细表（略）

国家税务总局

2015 年 11 月 16 日

国家税务总局
关于创业投资企业和天使投资
个人税收政策有关问题的公告

（国家税务总局公告2018年第43号）

为贯彻落实《财政部　税务总局关于创业投资企业和天使投资个人有关税收政策的通知》（财税〔2018〕55号，以下简称《通知》），现就创业投资企业和天使投资个人税收政策有关问题公告如下：

一、相关政策执行口径

（一）《通知》第一条所称满2年是指公司制创业投资企业（以下简称“公司制创投企业”）、有限合伙制创业投资企业（以下简称“合伙创投企业”）和天使投资个人投资于种子期、初创期科技型企业（以下简称“初创科技型企业”）的实缴投资满2年，投资时间从初创科技型企业接受投资并完成工商变更登记的日期算起。

（二）《通知》第二条第（一）项所称研发费用总额占成本费用支出的比例，是指企业接受投资当年及下一纳税年度的研发费用总额合计占同期成本费用总额合计的比例。

（三）《通知》第三条第（三）项所称出资比例，按投资满2年当年年末各合伙人对合伙创投企业的实缴出资额占所有合伙人全部实缴出资额的比例计算。

（四）《通知》所称从业人数及资产总额指标，按照初创科技型企业接受投资前连续12个月的平均数计算，不足12个月的，按实际月数平均计算。具体计算公式如下：

月平均数＝（月初数＋月末数）÷2

接受投资前连续12个月平均数＝接受投资前连续12个月平均数之

和÷12

（五）法人合伙人投资于多个符合条件的合伙创投企业，可合并计算其可抵扣的投资额和分得的所得。当年不足抵扣的，可结转以后纳税年度继续抵扣；当年抵扣后有结余的，应按照企业所得税法的规定计算缴纳企业所得税。

所称符合条件的合伙创投企业既包括符合《通知》规定条件的合伙创投企业，也包括符合《国家税务总局关于有限合伙制创业投资企业法人合伙人企业所得税有关问题的公告》（国家税务总局公告 2015 年第 81 号）规定条件的合伙创投企业。

二、办理程序和资料

（一）企业所得税

1. 公司制创投企业和合伙创投企业法人合伙人在年度申报享受优惠时，按照《国家税务总局关于发布修订后的〈企业所得税优惠政策事项办理办法〉的公告》（国家税务总局公告 2018 年第 23 号）的规定办理有关手续。

2. 合伙创投企业的法人合伙人符合享受优惠条件的，合伙创投企业应在投资初创科技型企业满 2 年的年度以及分配所得的年度终了后及时向法人合伙人提供《合伙创投企业法人合伙人所得分配情况明细表》（附件 1）。

（二）个人所得税

1. 合伙创投企业个人合伙人

（1）合伙创投企业的个人合伙人符合享受优惠条件的，合伙创投企业应在投资初创科技型企业满 2 年的年度终了后 3 个月内，向合伙创投企业主管税务机关办理备案手续，备案时应报送《合伙创投企业个人所得税投资抵扣备案表》（附件 2），同时将有关资料留存备查（备查资料同公司制创投企业）。合伙企业多次投资同一初创科技型企业的，应按年度分别备案。

（2）合伙创投企业应在投资初创科技型企业满 2 年后的每个年度终了后 3 个月内，向合伙创投企业主管税务机关报送《合伙创投企业个人所得税投资抵扣情况表》（附件 3）。

（3）个人合伙人在个人所得税年度申报时，应将当年允许抵扣的投资额填至《个人所得税生产经营所得纳税申报表（B表）》“允许扣除的其他费用”栏，并同时标明“投资抵扣”字样。

2. 天使投资个人

（1）投资抵扣备案

天使投资个人应在投资初创科技型企业满24个月的次月15日内，与初创科技型企业共同向初创科技型企业主管税务机关办理备案手续。备案时应报送《天使投资个人所得税投资抵扣备案表》（附件4）。被投资企业符合初创科技型企业条件的有关资料留存企业备查，备查资料包括初创科技型企业接受现金投资时的投资合同（协议）、章程、实际出资的相关证明材料，以及被投资企业符合初创科技型企业条件的有关资料。多次投资同一初创科技型企业的，应分次备案。

（2）投资抵扣申报

①天使投资个人转让未上市的初创科技型企业股权，按照《通知》规定享受投资抵扣税收优惠时，应于股权转让次月15日内，向主管税务机关报送《天使投资个人所得税投资抵扣情况表》（附件5）。同时，天使投资个人还应一并提供投资初创科技型企业后税务机关受理的《天使投资个人所得税投资抵扣备案表》。

其中，天使投资个人转让初创科技型企业股权需同时抵扣前36个月内投资其他注销清算初创科技型企业尚未抵扣完毕的投资额的，申报时应一并提供注销清算企业主管税务机关受理并注明注销清算等情况的《天使投资个人所得税投资抵扣备案表》，以及前期享受投资抵扣政策后税务机关受理的《天使投资个人所得税投资抵扣情况表》。

接受投资的初创科技型企业，应在天使投资个人转让股权纳税申报时，向扣缴义务人提供相关信息。

②天使投资个人投资初创科技型企业满足投资抵扣税收优惠条件后，初创科技型企业在上海证券交易所、深圳证券交易所上市的，天使投资个人在

转让初创科技型企业股票时，有尚未抵扣完毕的投资额的，应向证券机构所在地主管税务机关办理限售股转让税款清算，抵扣尚未抵扣完毕的投资额。清算时，应提供投资初创科技型企业后税务机关受理的《天使投资个人所得税投资抵扣备案表》和《天使投资个人所得税投资抵扣情况表》。

（3）被投资企业发生个人股东变动或者个人股东所持股权变动的，应在次月15日内向主管税务机关报送含有股东变动信息的《个人所得税基础信息表（A表）》。对天使投资个人，应在备注栏标明“天使投资个人”字样。

（4）天使投资个人转让股权时，扣缴义务人、天使投资个人应将当年允许抵扣的投资额填至《扣缴个人所得税报告表》或《个人所得税自行纳税申报表（A表）》“税前扣除项目”的“其他”栏，并同时标明“投资抵扣”字样。

（5）天使投资个人投资的初创科技型企业注销清算的，应及时持《天使投资个人所得税投资抵扣备案表》到主管税务机关办理情况登记。

三、其他事项

（一）税务机关在公司制创投企业、合伙创投企业合伙人享受优惠政策后续管理中，对初创科技型企业是否符合规定条件有异议的，可以转请初创科技型企业主管税务机关提供相关资料，主管税务机关应积极配合。

（二）创业投资企业、合伙创投企业合伙人、天使投资个人、初创科技型企业提供虚假情况、故意隐瞒已投资抵扣情况或采取其他手段骗取投资抵扣，不缴或者少缴应纳税款的，按税收征管法有关规定处理。

四、施行时间

本公告天使投资个人所得税有关规定自2018年7月1日起施行，其他所得税规定自2018年1月1日起施行。施行日期前2年内发生的投资，适用《通知》规定的税收政策的，按本公告规定执行。

《国家税务总局关于创业投资企业和天使投资个人税收试点政策有关问题的公告》（国家税务总局公告2017年第20号）自2018年7月1日起废止，符合试点政策条件的投资额可按本公告规定继续办理抵扣。

特此公告。

附件：1．合伙创投企业法人合伙人所得分配情况明细表（略）

2．合伙创投企业个人所得税投资抵扣备案表（略）

3．合伙创投企业个人所得税投资抵扣情况表（略）

4．天使投资个人所得税投资抵扣备案表（略）

5．天使投资个人所得税投资抵扣情况表（略）

国家税务总局

2018 年 7 月 30 日

私募基金监管问答——关于享受税收政策的创业投资基金标准及申请流程

问：财税部门出台《关于创业投资企业和天使投资个人有关税收政策的通知》（财税〔2018〕55号），提到符合《私募投资基金监督管理暂行办法》规定的创业投资企业，完成备案且规范运作，符合相关条件的可享受该税收政策，请问在中国证券投资基金业协会备案的哪些创业投资基金可申请享受该项政策？

答：根据《国务院关于促进创业投资持续健康发展的若干意见》（国发〔2016〕53号），创业投资基金主要指向处于创建或重建过程中的未上市成长性创业企业进行股权投资，以期所投资企业成熟后主要通过股权转让获得资本增值收益的私募股权基金。

享受该税收政策的创业投资基金除需符合中国证监会和中国证券投资基金业协会有关私募基金的管理规范外，还应当符合下列条件：

一、创业投资基金实缴资本不低于3000万元人民币，或者首期实缴资本不低于1000万元人民币且全体投资者承诺在工商注册后5年内实缴资本不低于3000万元人民币；

二、创业投资基金存续期限不短于7年；

三、创业投资基金管理团队有至少3名具备2年以上创业投资或者相关业务经验的人员负责投资管理运作；

四、创业投资基金对单个企业的投资金额不超过该创业投资基金总资产的20%；

五、创业投资基金未投资已上市企业，所投资未上市企业上市（包括被上市公司收购）后，创业投资基金所持股份的未转让部分及其配售部分不在此限；

创业投资基金主要采取非公开募集方式，保密性较强，可供披露的信息和数据相对有限。

基于此，我们经反复讨论后，首先，将全书的章节按主次进行分类；以传统的“募、投、管、退”作为主干章节，并辅以特殊背景投资人对创业投资基金的影响、创业投资基金的税收机制及优惠政策等内容，力求在深度和广度上均有所延伸。其次，在起草和修订的过程中，将最新的监管规则纳入，并将部分数据更新至2021年。最后，本书对创业投资基金和其他私募股权投资基金的划分予以特别关注，特别是在法律和监管层面着重凸显了创业投资基金的特殊性。此外，我们还在本书的大部分章节后加入了附或附表，以案例、表格、数据等尽可能直观的方式展现创业投资基金的实践。

事实上，我们希望本书不是单纯的理论堆砌，而是可以为每个业内人士提供助益的工具。但受限于时间、信息和知识结构等多方面的因素，我们也深知本书难免存在疏漏乃至错误。真诚希望各位读者、专家对本书进行批评和指正。我们也期望通过本书与各位做进一步的交流。

我们为生活、工作在这样一个安全和舒适的环境而感到幸运，正如我们庆幸自己正见证、经历着这个创业投资基金飞速发展和不断革新的时代。谨以此书献给每一位耕耘在创业投资基金一线的从业者。

是为后记。